EASY WAY TO LITHUANIAN

EASY WAY TO LITHUANIAN

Translated and adopted by Juozas Masilionis
from
EASY WAY TO LATVIAN
by Līga K. Streipa

Lithuanian Educational Council of U.S.A., Inc.
Chicago 1990

Acknowledgments

This publication was sponsored in part by
LITHUANIAN FOUNDATION / Lietuviu Fondas and Gražoma Lautaud

Special thanks to Dr. Liga K. Streips and Dievturu Universitate for permission to translate and adapt "Easy Way to Latvian" to "Easy Way to Lithuanian."

Cassettes recorded by Steponas Puodžiunas and Viktoras Kucas

Original publication by Lithuanian Educational Council of the U.S.A., Inc. Chicago, Illinois 1990
    Managing Editor: Regina Kučienė
    Editor of English Text: Patricia Wappner
    Preparation of Manuscript for Printer: Danutė Bindokienė
    Technical Assistant: Henrietta Vepėtienė
    Printing: Morkunas Printing

Copyright © 1990 by Lithuanian Educational Council of the U.S.A., Inc. All rights reserved.

No part of this publication may be reproduced, stored in a retrieval system, or transmitted, in any form or by any means, electronic, mechanical, photocopying, recording, or otherwise, without the prior permission of the publisher.

ISBN: 0-88432-458-3
Library of Congress Catalog Card No. 90-63817

Published by Audio-Forum
a division of Jeffrey Norton Publishers, Inc.
On-the-Green, Guilford, CT 06437

Contents

A Brief History of Lithuania	9
The Lithuanian Language	11
How to Use this Course	13
Lesson #1 — Hello!	18
Lesson #2 — Getting acquainted	27
Lesson #3 — Where do you live?	36
Lesson #4 — Do you speak Lithuanian?	46
Lesson #5 — Meals	57
Lesson #6 — At a party	67
Lesson #7 — What time and when?	78
Lesson #8 — Weather	88
Lesson #9 — The telephone	98
Lesson #10 — What shall we do?	108
Lesson #11 — Hobbies	117
Lesson #12 — More about the family	124
Lesson #13 — Going places	132
Lesson #14 — To school	140
Lesson #15 — At camp	148
Lesson #16 — Athletics	155
Lesson #17 — I don't feel well	163
Lesson #18 — Excuses	170
Lesson #19 — At a concert	178
Lesson #20 — During the intermission	186
Lesson #21 — To the Song Festival	193
Lesson #22 — In a Lithuanian store	201
Lesson #23 — On the job	209
Lesson #24 — Friendship and love	217
Grammar Supplement	225
Lithuanian-English Dictionary	236
English-Lithuanian Dictionary	260
Answers to exercises	283
Resources and materials	293

A BRIEF HISTORY OF LITHUANIA

Though Lithuanians have lived in their current homeland for more than 4,000 years, the state and kingdom of Lithuania was established in the middle of the 13th century by Mindaugas. Before Mindaugas, Lithuania comprised many individual principalities. King Mindaugas united Lithuania under one ruler and created a strong Lithuanian state. In 1316 Gediminas took power and started a dynasty of Lithuanian rulers which lasted over 250 years. The most famous Lithuanian rulers of this period were Jogaila, who also became the king of Poland, and Vytautas (1392-1430). Under Vytautas, Lithuania became the largest country in Europe, occupying some 930,000 square kilometers. During Sigismund Augustus' reign (1548-1572), the last and least effective king of the Gediminas dynasty, the Union of Lublin was concluded between Lithuania and Poland in 1569, forming a confederation of states operative until the partition of 1795.

From 1795 to 1915, Lithuania was occupied by Russia, followed by German occupation until 1918. On February 16, 1918, Lithuania declared independence. Between the two World Wars, Lithuania built a thriving economy and participated in all aspects of European and world affairs, including membership in the League of Nations. World War II brought an end to the Lithuanian Republic: In 1939, the Molotov-Ribbentrop pact between Adolf Hitler and Josef Stalin placed Lithuania, Latvia and Estonia under Soviet influence. Only few months later, June 15, 1940 Soviet troops occupied the country, and a year-long reign of terror followed. After that, Nazi Germany occupied the country until the end of the war, continuing the terror. Hitler's defeat in 1945 left Lithuania forcibly annexed to the Soviet republic.

More than 100,000 Lithuanians fled their country during the last years of World War II, and Lithuanian communities of varying sizes can be found in most Western countries. In Lithuania, the Soviets have ruled with an iron hand: Political and religious dissidents were persecuted, often deported to Siberia, and basic human rights have been denied. Most of the Western powers have never recognized the occupation of the three Baltic nations.

Map of Lithuania and the Baltic States

Capital — Vilnius (founded in 1323 AD). Over 500,000 people in 1988.

Size: 26,173 sq. miles (about the size of the state of Indiana).

Population: 3,215,000 in 1939; 3,500,000 in 1988 (currently 85% native Lithuanians).

Religion — Predominantly Roman Catholic.

Current Economy — Farming, fishing, forestry, machinery, electronics.

Language — Lithuanian, Baltic branch of Indoeuropean languages.

Government: Independent republic 1918-1940. Presently a forceably annexed Republic of the USSR.

The Lithuanian Language

Each language has its own peculiarities and its own character. Here are a few points to remember when learning Lithuanian.

There are no articles, **a, an** and **the** in the Lithuanian language. However, the articles can be implied by the endings of adjectives.

There are special markings called diacritical marks for the letters **a, e, i, u** and **c, s, z**. These become ą, ę, ė, į, ų, ū and č, š, ž, indicating changes in pronunciation. The Lithuanian alphabet and explanations for pronunciation follow, but the best way to learn the correct intonation is to listen to and repeat after the speakers on the cassette.

Lithuanian is a highly inflected language. This means that the endings of nouns, pronouns, adjectives and numerals change depending upon their gender and the context of their use. Other changes apply to verbs. For the beginner, this can be confusing; the general explanations and grammar in Lessons I-X, as well as the supplement, should clear up most questions.

The Alphabet

Lithuanian uses the Latin alphabet with some additions and modifications. There are 32 letters in the Lithuanian alphabet. This includes most of the letters of the Latin alphabet as used in English with the exception of w, x and q, which are found, however, in the usage of foreign words and names. The Lithuanian alphabet is: *a, ą, b, c, č, d, e, ę, ė, f, g, h, i į, y, j, k, l, m, n, o, p, r, s, š, t, u, ų, ū, v, z, ž.*

Lithuanian letters which differ from English are: *ą, ę, ė, į, ų, ū, č, š, ž.*

A	a	galva (head)	away
Ą	ą	ąžuolas (oak)	father
B	b	brolis (brother)	big
C	c	cukrus (sugar)	cats
Č	č	čia (here)	church
D	d	diena (day)	day
E	e	neš (will bring)	egg
Ę	ę	pelę (mouse)	bad
Ė	ė	ėsti (eat)	chair
F	f	foto (photo)	find
G	g	galas (end)	good
H	h	humoras (humor)	hello
I	i	šis (this)	sit
Į	į	įmonė (concern)	keep
Y	y	yra (is, are)	keep
J	j	jaunas (young)	yes
K	k	koja (leg)	king
L	l	labas (good)	left
M	m	motina (mother)	main
N	n	naktis (night)	no
O	o	opera (opera)	more
P	p	pas (at, with)	pen
R	r	ranka (hand)	brogue (trilled)
S	s	sūnus (son)	seven
Š	š	šeši (six)	shoe
T	t	tėvas (father)	ten
U	u	ugnis (fire)	put

Ų	ų	vaikų (children)	food
Ū	ū	ūkis (farm)	food
V	v	vadas (leader)	vote
Z	z	zuikis (hare)	zero
Ž	ž	žemė (earth)	pleasure

Notes on pronunciation

The Lithuanian standard alphabet is a phonetic alphabet, with each of its letters corresponding to one sound only. In two instances, two-letter combinations (*dz, dž*) are used to indicate single sounds. Occasionally there are contrasts in pitch between words containing the same letters: The Lithuanian words **laũkas** 'field' and **láukti** 'wait' both contain the letters **a** and **u**, but due to the application of a different pitch, the correct pronunciation differs slightly.

There are cases where the correct use of the pitch indicates different meanings: **rýt** 'tomorrow' and **rỹti** 'swallow' are one example. These you learn through listening and talking.

The stress can fall on almost any syllable of a word and sometimes one form of a word may carry the stress on a different syllable than another form of the same word. In this book. Lithuanian words are not marked with the intonation.

There is also a standard pattern for stressing entire sentences. Unless the stress pattern is purposely altered, there is a light stress at the beginning of each sentence and a heavier stress at the end: **Lauke** yra labai **ŠALTA**. 'Outside it is very cold'. In sentences of only two words, the stress is placed on the second word: Jis **skaito**. In addition, the pitch of both the sentence and paragraph is a descending one.

How to use this course

Learning a language is easy. Everyone in the world appears to have done it. On the other hand, learning a foreign language seems to be much harder. The easiest way to learn a second language is to do it the same way as the first — by speaking it. For that reason an audio course such as **EASY WAY TO LITHUANIAN** provides the student with practice both in listening and in speaking. The following course can be studied in three ways.

1. By listening and memorizing the phrases provided in the three conversations of each lesson.

2. By listening to and studying the conversations **and** explanations provided with each lesson.

3. By studying the above **and** the two optional grammar pages in Lessons I-X and then going to further studies on your own or by attending a course given in Lithuanian for beggining speakers. A list of such courses is provided at the end of the book.

EASY WAY TO LITHUANIAN is a language course consisting of six cassettes, which provide 240 minutes of instruction in clear and correct Lithuanian. The texts are about everyday situations that you are likely to encounter, and the course uses a controlled vocabulary of approximately 1,250 words. Each new word or phrase is spoken first in Lithuanian and then in English, with time provided for you to practice what you have just heard. Each lesson contains three short conversations.

EASY WAY TO LITHUANIAN is primarily a course in phraseology; it is intended to provide the student with phrases and sentences that can be memorized easily and used in actual conversations. The course does not attempt the systematic teaching of grammar, but permits you to learn correct forms by listening and repeating.

In each lesson, additional vocabulary is given, and the most basic and necessary grammatical points are explained in special sections which follow the conversations. Also included are exercises to test your understanding of Lithuanian and an optional unit of grammar offering additional help in comprehension. The text spoken in the cassettes is printed in this book.

An advantage of studying Lithuanian with the help of cassettes is the ease of using the course material: You can study a cassette almost anytime and anyplace — it can be slipped into a pocket and taken to the beach or listened to in the car while driving to work. You are free to develop your own study habits, set your own hours, and proceed at your own pace.

If after you have finished this course, you wish to continue studying Lithuanian, there are several excellent Lithuanian grammar books available. These are listed at the end of the book. During this course, however, we encourage you to ask those persons with whom you will be speaking to correct any errors or inconsistencies in your speech.

What to expect from each lesson

Dialogues and explanations
Listen to the dialogues and the accompanying explanations one unit at a time, first without stopping the tape to get a feel for the lesson ahead. Then go over each dialogue with the book. Stop whenever necessary to give yourself time to think, listen to the sentences a number of times, and review them. In this section, you will also find **Notes about us**, which we hope will help you to understand about Lithuanians and their culture.

Grammar
When you reach this part, you will be ready for some practical explanations; these will be found in the book only. You can skip this part and still learn a lot, but it will be helpful, and it might even be fun, to find out why Lithuanian works the way it does.

Listen, understand...
This section contains a selection of listening exercises which will test your knowledge of the material just learned. To complete these exercises you will have to work with the book. You might, for instance, be asked to listen to a piece on the tape and fill in answers, or to write an exercise and then check the answers on the cassette.

and speak
This is the part where you will have a chance to speak. Usually you will be asked to take part in a conversation. You will hear a

question or statement in Lithuanian, followed by a suggestion in English as to how you might answer. You will give your answer in Lithuanian and listen to find out whether you were right. Should you make a mistake, don't worry about it — use the STOP and REWIND buttons.

In Lithuanian only
By this section you should feel confident enough to test yourself. The text from the preceding dialogues is repeated, in Lithuanian only. Do you understand everything and would you be able to take part in these conversations?

Answers
The answers to most of the exercises are found on tape, the rest at the back of the book.

General hints to help you use the course

Because the purpose of this course is to provide you with phrases that you can use, you will find certain things in the lessons which are not explained in detail. Don't worry about this. You will find that many things will become clear as you proceed through the course.

Try to study regularly, but in short periods. Half an hour daily is preferable to 4 hours once a week.

To help you speak, say the words and phrases out loud. There is a space of a few seconds provided for this purpose between the Lithuanian phrases and their English translations.

Feel free to add your own notes, questions and comments throughout the instruction booklet, and carry it with you wherever you go. We spend a lot of time waiting whether for the train or at the dentist's. Reviewing a few phrases will help the time pass more quckly. Short trips on a subway, or longer trips on a plane, can be used in the same way. In the car, use your tape player. While it would be an exaggeration to say that we can learn a language on our way to and from work, we can certainly get a good start.

It's a good idea to review frequently. Occasionally it is nice to have someone test you. Learning Lithuanian will take time, but, having bought this course, you already have taken the first step. Be patient and determined, and you will see that you can succeed.

One last hint: Do try, whenever and wherever possible, to get out among Lithuanians. If you like to dance, join a folk dance group. Go to church, join the choir, or find out when the volleyball team practices. It is true that when you join these groups, it will be easier both for you and others present to talk in English. **Do not let this happen;** Speak only Lithuanian, however raggedly, and insist that others speak only Lithuanian to you.

And so, go ahead, study the first few lessons of the EASY WAY TO LITHUANIAN, and then — plunge right in and start to speak. Whether you are a total beginner or you already know some Lithuanian, you will be pleasantly surprised to see how quickly you can learn. And after being with Lithuanians for even a short time, you may find that you know much more than you thought you did.

Sėkmės, and have fun!

Lesson #1 — Hello!

Dialogues and explanations

Before you start, please read the introduction to the book. Some people like to read through the course material for each lesson before they listen to the tape, others prefer to listen to the phrases first and then do their reading. Either way is acceptable, as long as you keep it up on a regular basis. Your very first Lithuanian lesson will consist of some useful phrases needed when meeting people. You might know a few already.

Laba diena, Onute!	Hello, Onutė!
Sveikas, Petrai!	Hello, Petras!
Onute, susipažink su mano draugu Jurgiu.	Onutė, meet my friend, Jurgis.
Malonu, Jurgi.	Pleased (to meet you), Jurgis.
Tai mano draugė Daiva.	This is my friend Daiva.
Laba diena, Daiva!	Hello, Daiva!
Malonu susipažinti.	(Its) nice to meet you.
Kaip tau einasi?	How are you?
Ačiū, gerai.	Thank you, fine.
O tau?	And you?
Ačiū, gerai.	Thank you, I'm alright.

Notes about us

Lithuanians, like most Europeans, generally tend to be more formal about the use of first names than English speaking people. If they ask you to call them by their first names and use **tu** instead of **jūs**, you can be pretty sure that they consider you a friend. This formality might be because in Lithuanian there *is* the linguistic possibility to distinguish between friends and acquaintances. While young people tend to be more informal, it is safest to stick to **jūs** with people of the middle or older generation unless or until you are asked to say **tu**.

Lesson #1

So far you have learned how to say 'hello' and how to make basic introductions. The words for 'hello' are **sveikas** (masculine) or **sveika** (feminine) and **laba diena**. The actual translation of **laba diena** is 'good day' and while it is more formal, the two greetings are interchangeable. Other greetings are **labas rytas** for 'good morning' and **labas vakaras** for 'good evening'.

A friend in Lithuanian can be either **draugas** (masculine) or **draugė** (feminine). The pronouns **jis** and **šis** are used to replace masculine nouns, **ji** and **ši** for feminine nouns. Therefore you would say **jis** (or **šis**) **yra mano draugas** or **ji** (or **ši**) **yra mano draugė**.

In directly addressing a person or thing, the noun is used in the vocative case: **Petras** (nom.), **Petrai** (voc.), **Jurgis, Jurgi, tėvas** 'father', **tėve**.

Incidentally, isn't the word **susipažink**, or worse, **susipažinkite**, practically impossible to pronounce? We didn't do it on purpose, but this *is* the worst word in the course. If you can say this one, the rest should be easy.

Labas rytas, pone Kalvaiti!	Good morning, Mr. Kalvaitis!
Kaip jums sekasi?	How are you?
Man sekasi gerai, ačiū.	I am fine, thank you.
Tai mano žmona,	This is my wife,
Aldona Kalvaitienė.	Aldona Kalvaitienė.
Prašau, susipažinkite.	Pleased to meet you.
	(Please be acquainted)
Malonu,	Nice to meet you
ponia Kalvaitiene.	Mrs. Kalvaitienė.
Koks jūsų vardas, prašau?	What is your name, please?
Mano vardas ir pavardė	My name is
Jonas Balčiūnas.	Jonas Balčiūnas.
O koks tavo vardas?	And what is your name?
Aš esu Marytė Balčiūnaitė.	I am Marytė Balčiūnaitė.
Maryte, kaip tau einasi?	Marytė, how are you?
Labai gerai, ačiū.	Very well, thank you.
Malonu.	That's nice.
Sveikas, drauge!	Hello, friend!
Kas naujo?	What's new?
Na, nieko ypatingo.	So-so, nothing much.

O tau?	And with you?
Pas mane taip pat nieko ypatingo.	Me, too, nothing much.
Atleisk, prašau, bet aš skubu.	Excuse me, please, but I'm in a hurry.
Aš tau paskambinsiu.	I will call you.
Ačiū, bus malonu.	Thank you, that will be nice.
Nėra už ką.	Don't mention it.
Iki pasimatymo!	I'll see you!
Mums taip pat reikia eiti.	We must go, too.
Sudiev!	Good-bye!
Su!	Bye!

Vladas Kalvaitis. Ponas Kalvaitis. The introduction used the words **ponas** 'Mr.' and **ponia** 'Mrs.'. 'Miss' is **panelė**. **Ponia Kalvaitienė** 'Mrs. Kalvaitis' is Mr. Kalvaitis' **žmona** 'wife'. The word for husband is **vyras.**

Did you notice that both **kaip tau einasi?** and **kaip tau sekasi?** are translated as 'how are you?' Like **sveikas** and **laba diena**, these are used interchangeably.

As you have learned, in Lithuanian there are two ways of addressing a person, **tu** and **jūs**, which is the pronoun 'you' in its singular and plural forms. When talking to good friends or children, use the singular form. (In English it corresponds to the now extinct 'thee' or 'thou'.) Therefore, when talking to Marytė, say **Koks tavo vardas?** 'what is your name?' and **kaip tau einasi?** 'how are you?' When talking to Mr. Kalvaitis, i.e. to someone you do not know well or to whom you wish to show respect, say **koks jūsų vardas** or **kaip jums einasi?** Watch for these differences throughout the lessons.

Malonu or **puiku.** 'That's nice'. **Gerai.** 'that's good'. And **blogai** 'that's bad' or 'that's too bad.'

Bus malonu 'That'll be nice!' **Bus** is the future tense of **būti** 'to be', third person singular or plural. The past tense is **buvo**. Therefore: **yra malonu** (present tense), **buvo malonu** (past tense), **bus malonu** (future tense). (See p. 41 for complete conjugation.)

Now it is time to say 'good bye'. You've learned **sudiev!** 'good-bye' and **iki pasimatymo!** 'I'll see you!' You can also say **labanakt** 'good night'. Quite often Lithuanians say **likite sveiki!**, which means 'stay in good health'. **Su** is short for **sudiev** 'good-bye', on the level of 'bye, bye!' that is used by children or when talking to children.

Did you notice that the word **sveikas, sveiki (gyvi)** has been used both as a greeting (meaning: 'I hope you are alive and well and upon leaving: **Likite sveiki** (meaning 'I wish you may remain in good health'). You learn thus one word and you're doing fine for informal occasions. Otherwise say something longer and more difficult.

Grammar

(optional, not on tape)

As you know, there will be a short section of grammar with each lesson that will provide you with the basics of Lithuanian and give you some background on which to build an understanding of the language. While studying, do not be overly concerned with any mistakes you might make. The main object at this point is for you to make yourself understood in Lithuanian.

One of the basic functions of a language is to be able to talk about yourself or about your friends. Therefore, we will begin with the personal pronouns.

Singular		**Plural**	
aš	I	mes	we
tu	you	jūs	you
jis	he	jie	they (masc.)
ji	she	jos	they (fem.)

Tu (singular) is used only to address children, close friends or members of the family and pets. **Jūs** (plural) is used when addressing more than one person. It is also the polite singular form when talking to strangers and adults who are not close friends.

Next you need to know how to conjugate the verb **būti** 'to be'; it is given here in its present tense only. As in English, it is an irregular verb and like any other Lithuanian verb, it changes endings to mark person, number and tense. The interchanges of these verbal endings are called **conjugations.**

Singular

1st person	**aš esu**	I am
2nd person	**tu esi**	you are
3rd person	**jis, ji yra**	he, she is

1st person	**Aš nesu**	I am not
2nd person	**Tu nesi**	You are not
3rd person	**jis, ji nėra**	he, she is not

Plural

1st person	**mes esame**	we are
2nd person	**jūs esate**	you are
3rd person	**jie, jos yra**	they are

1st person	**mes nesame**	we are not
2nd person	**jūs nesate**	you are not
3rd person	**jie, jos nėra**	they are not

Note that *the third person has the same forms in singular and plural.* This is true of all Lithuanian verbs in all tenses and conjugations. From now on these will be designated **jis, ji** (singular), **jie, jos** (plural).

Lithuanian word classes

Lithuanian is a highly inflected language; it uses the inflectional endings where English relies on word order and function markers to clarify the relationship of words within sentences. The changing endings are added to word *roots*, which usually do not change. Lithuanian word classes are divided into three systems:

a. **The declensional system for nouns, pronouns, numerals and adjectives.** These have two numbers (singular and plural), three genders (masculine, feminine, neutral), and seven declensional cases (nominative, genitive, dative, accusative, instrumental, locative and sometimes vocative).

b. **The conjugational system for verbs.** There are three persons (first, second, third), two numbers (singular and plural) and four tenses (present, simple past, frequentative past and future). In this course we will concentrate on the above, although the verbal system also has several moods and states.

c. **Uninflected word classes for adverbs, prepositions, conjunctions and interjections** and various categories of particles (function words), such as clause introducers and negatives.

We shall study the above word classes in the following lessons to enable you to form your own sentences rather than simply to memorize the phrases given in the text.

Exercise: Fill in the proper pronouns and verbs. (For answers see p. 283).

Aš esu — — — čia,	*I am* here,
bet — — — — ten.	but *you are* (singular) there.
Ar ponas Brazaitis yra namie?	Is Mr. Brazaitis at home?
Ne, — — — — — mokykloje.	No, *he is* at school.
Ar Onutė yra namie?	Is Onutė at home?
Ne, — — — — darbe.	No, *she is* at work.
— — — — — mano draugai,	*You* (plural) *are* my friends,
bet — — — — mano draugės.	but they are my (fem.) friends.
— — — — — Onutė.	*I am not* Onutė.
— — — — — Daiva.	*I am* Daiva.

Listen, understand and speak

This part of the lesson is designed to help you strengthen your knowledge of what you have learned. You will need your book and the cassette to do the exercises. Read the directions before playing the tape. (All answers are either on tape or at the back of the book.)

1. You have just met someone. Choose the most appropriate answers from the box below and write them in the spaces provided. Then listen to the tape.

a. Koks jūsų vardas ir pavardė?. ....
b. Kaip jums sekasi? ....
c. Kaip tau einasi? ....
d. Kas naujo? ....

| Nieko ypatingo. | Aš esu Jonas Balčiūnas. |
| Ačiū, gerai (sekasi). | Labai gerai. |

2. We have recorded four couples greeting each other. What time of day is it? Listen to one couple at a time, stop the tape and check the correct box in the grid below.

	morning	daytime	evening	night
a. first couple				
b. second couple				
c. third couple				
d. fourth couple				

3. You are talking to several people. For each sentence, choose whether you are talking to a friend or an acquaintance and circle either D (**draugas** 'friend') or P (**pažįstamas** 'acuaintance).

a.	Kaip Jums sekasi?	D	P
b.	Koks tavo vardas, pavardė?	D	P
c.	Aš tau paskambinsiu.	D	P
d.	Aš jums paskambinsiu.	D	P

The exercises for this section are on the cassette. They will give you practice speaking, as though you were taking part in an actual conversation. On the cassette someone will give you the Lithuanian part of the conversation. A space will be provided for you to reply, after which the answer will be given. If you need to, repeat this section several times, until you are able to answer correctly. In this exercise you will be talking to Mr. Kalvaitis.

New word: atleisk or **atleiskite** 'forgive me', 'excuse me.'

4.

a. Ponas Kalvaitis: Laba diena!
   Your answer: ....
b. Ponas Kalvaitis: Koks jūsų vardas, pavardė?
   Your answer: ....
c. Ponas Kalvaitis: Prašau, susipažinkite su mano
                    žmona, Aldona Kalvaitiene.
   Your answer: ....
d. Ponas Kalvaitis: Ir kaip jums sekasi?
   Your answer: ....
e. Ponas Kalvaitis: Atleiskite, bet man reikia eiti.
   Your answer: ....

In Lithuanian only

This part is a review of what you have learned. The following text is given in Lithuanian only. Do you understand everything that is being said? If not, play the lesson through once more before going on to the next one. The more you listen and repeat, the more familiar you will become with the language.

Conversation No. 1

"Laba diena, Onute!"
"Sveikas, Petrai!"
"Onute, susipažink su mano draugu Jurgiu."
"Malonu, Jurgi. Tai mano draugė Daiva."
"Laba diena, Daiva. Malonu susipažinti. Kaip tau einasi?"
"Ačiū, gerai. O tau?"
"Ačiū, gerai."

Conversation No. 2

"Labas rytas, pone Kalvaiti! Kaip jums sekasi?"
"Man gerai sekasi, ačiū. Tai mano žmona, Aldona Kalvaitienė. Prašau susipažinkite."
"Malonu, ponia Kalvaitiene."
"Koks jūsų vardas, prašau?"
"Mano vardas ir pavardė Jonas Balčiūnas."
"O koks tavo vardas (O kaip tu vadinies?)"
"Aš esu Marytė Balčiūnaitė."
"Maryte, kaip tau sekasi?"
"Labai gerai, ačiū."
"Malonu."

Conversation No. 3

"Sveikas, drauge! Kas naujo?"
"Na, nieko ypatingo."
"O tau? (O pas tave?)"
"Pas mane taip pat nieko ypatingo."
"Atleisk, prašau, bet aš skubu. Aš tau paskambinsiu."
"Ačiū, bus malonu."
"Nėra už ką. Iki pasimatymo!"
"Mums taip pat reikia eiti. Sudiev!"
"Su!"

Study hints

Kaip tau einasi? 'How are you?' (literally, 'How are you going?')
Kaip tau sekasi? 'How are you? (literally, 'How are you getting on?) These two examples should suffice to show that one cannot translate every phrase or sentence word for word: The results will not always make sense. What's more, there are many such idiomatic phrases, products of social evolvement. And while they are indispensible ingredients of any language and provide interesting clues about its users, the only thing for a person learning the language is *to simply learn all idiomatic phrases by heart.*

Lesson #2 — Getting Acquainted

Dialogues and explanations

One of the first opportunities to try to speak Lithuanian should come when you go on a visit or perhaps invite someone to your home. The following lesson will provide additional help with introductions, as well as teach you about family relationships. As you listen and learn, please remember that Lithuanian does not use the definite (the) or indefinite (a/an) article.

Laba diena, Petrai.	Hello, Petras.
Prašau, eik į vidų.	Please come in.
Nusivilk paltą.	Take off (your) coat.
Sveika, Onute.	Hello, Onutė.
Kaip tau einasi?	How are you doing?
Ačiū, gerai.	Thank you, fine.
O tau?	And you?
Man taip pat gerai einasi, ačiū.	I'm fine, too, thank you.
Petrai, tai mano sesuo Danutė.	Petras, this is my sister Danutė.
Malonu.	Pleased (to meet you).
O tas yra mano brolis.	And that is my brother.
Jo vardas Jonas.	His name is Jonas.
Sveikas, Jonai!	Hello, Jonas.
Aš jį pažįstu.	I know him.
Mes einam drauge mokyklon.	We go to school together.

Notes about us

Before their Christianization, Lithuanians used single personal names. These were formed by compounding two word-roots into so called two-stem names such as **Tautginas** or **Gintautas** 'defender of the people'. These two-stem names were too long and in the course of time have been shortened by dropping one of the two stems: Taučius, Gintas. With the Christianization of the country, Christian names spread rapidly, and from these, new patronymics were derived from the old pattern: Petraitis, Petrulis, Petrauskas and so forth.

Lesson #2

In modern Lithuania we observe a two-name system made up of a given, or Christian name and a surname. However, a custom spread rapidly in independent Lithuania of giving a newborn child two Christian names, one of a patron saint and another of a national Lithuanian figure, with a marked preference for historical names (A. Salys).

Two pronouns, **šis** and **ši** (tai) 'this, which you learned in the previous lesson, are used to point out a person or an object that is within reach or is the closer of two. **Tas** and **ta** 'that' are used with things or people that are at a distance or farther away. (For a complete declentional listing see page 231 of the supplement.)

During the dialogue, introductions were made to **brolis** 'brother' and **sesuo** 'sister'. Other family members are **tėvai** 'parents', **motina** 'mother', **tėvas** 'father', **senelė** 'grandmother', and **senelis** 'grandfather'. Some others are: **vaikas** 'child', **sūnus** 'son', **duktė** 'daughter', **berniukas** 'boy', **mergaitė** 'girl', **krikšto motina** 'godmother', **krikšto tėvas** 'godfather', **vaikaitis** 'grandchild', **dėdė** 'uncle', **teta** 'aunt', **pusbrolis** and **pusseserė**, a male and female cousin respectively. **Šeima** is 'family'.

In Lithuanian there are *three genders,* the masculine, the feminine and the neuter. Masculine nouns in the nominative singular case end in -as, -is, -ys, -us, -uo: **kaimas** 'village', **brolis** 'brother', **vagis** 'thief', **arklys** 'horse', **sūnus** 'son', **vanduo** 'water'; a few end in -a and -ė: **Aleksa** (a surname), **dėdė** 'uncle'. Feminine nouns in the nominative singular case end in -a, -i, ė, -is: **ranka** 'hand', **pati** 'wife,' **upė** 'river', **antis** 'duck'. Neuter nouns (there are very few of them) in the nominative singular case end in -a: **elgeta** 'beggar'.

Labas vakaras, pone Kalniau!	Good evening, Mr. Kalnius!
Labas vakaras, Onute!	Good evening, Onutė!
Malonu jus sutikti.	How nice to meet you.
Prašau, įeikite vidun!	Please come in!
Ar jūs pažįstate mano seserį Danutę?	Do you know my sister Danutė?

Džiaugiuosi, Danute.	Pleased (to meet you), Danutė.
Tai yra jos vaikai.	These are her children.
Kiek jūs turite vaikų?	How many children do you have?
Aš turiu tris vaikus:	I have three children,
vieną dukterį ir du sūnus.	one daughter and two sons.
Aš neturiu vaikų.	I don't have any children.
Jūs turite gražią šeimą.	You have a nice family!
Algi, tai ponas Kalnius.	Algis, this is Mr. Kalnius.
Kiek tau metų, Algi?	How old are you, Algis?
Man septyneri metai.	I am seven years old.
Labas rytas, Algi.	Good morning, Algis.
Labas rytas,	Good morning,
ponia Kalniuviene!	Mrs. Kalniuvienė!
Ar tavo tėvai namie?	Are your parents at home?
Ne, jų nėra namie.	No, they are not at home.
Kur yra tavo tėvai?	Where are your parents?
Motina dirba.	Mother is at work.
O kur yra tavo tėvas?	And where is your father?
Jis išėjo į krautuvę.	He went to the store.
Ar jis greit bus namie?	Will he be back soon?
Taip. Ar jūs norite	Yes. Do you want to
jo palaukti?	wait for him?
Tai eikime vidun!	Then let's go inside.
Štai jis pareina.	Here he comes.
Ne, tai mano senelis.	No, that is my grandfather.
Čia aš esu, seneli!	Here I am, grandfather!

Primary numbers are a part of any basic vocabulary. The cardinal numbers are: **vienas** 'one', **du** 'two', **trys** 'three', **keturi** 'four', **penki** 'five', **šeši** 'six', **septyni** 'seven', **aštuoni** 'eight', **devyni** 'nine', and **dešimt** 'ten'. You will pick up more in the following lessons.

The possessive pronouns **mano, tavo, savo** — 'my', 'his, hers, its', and the reflexive pronound **savęs** 'of oneself' are used only in the genitive case. All other adjectives, pronouns and numerals must agree with the gender and case of the noun. We will talk more about this later.

In Lithuanian the endings of words change according to their use within the sentence. In this lesson's grammar section there is a listing of the seven cases which we will be using. Also, examples of all declensions are given in the supplement of this book. We strongly suggest that you learn them; it will be of great help throughout the course if you understand how the language inflections work.

A necessity in any language is the question. It is easy to form a question in Lithuanian: you simply take a statement and use the proper particle in front of it. The most basic question, because it demands a simple 'yes' or 'no' answer, is formed with: **Ar jūs pažįstate mano seserį?** 'Do you know my sister?' **Ar jūs norite palaukti Daivos?** 'Do you want to wait for Daiva?'

The next set of questions, the K-questions, correspond to the *Wh*-questions in English; they are introduced by a question word beginning with K- and they demand a more complex answer. **Kas tas? (tai?)** 'What's that?' **Kur yra tavo tėvas?** '*Where* is your father?' **Koks tavo vardas (Kaip vadiniesi?)** '*What* is your name?' **Ką tu veiki?** '*What* are you doing?'

Grammar

(optional, not on tape)

As we have said, Lithuanian is a highly inflected language. That means that the changes needed to indicate what the subject is, where the ownership lies, to whom something is given, who receives an action, or even where something is happening are all shown within the noun, pronoun, adjective or numeral, marked by distinctive endings.

Lithuanian nouns are divided into five groups called declensions. These are determined by the endings of genitive singular. The nouns have seven cases, marked by distinctive endings and answering to definite questions.

Nominative	**Kas?**	'who' or 'what' (subject)
Genitive	**Ko?**	'whose' or 'of what'
Dative	**Kam?**	'to whom' or 'for whom?'
Accusative	**Ką?**	'whom?' or 'what?'
Instrumental	**Kuo?**	'with whom?' or 'with what?'
Locative	**Kur?**	'where?' or 'in what?'
Vocative		used for addressing, calling

Expressions of Being

aš esu	I am
tu esi	you are
jis, ji yra	he, she is
mes esame	we are
jūs csate	you are
jie, jos yra	they are

Expressions of Having

aš turiu	I have
tu turi	you have
jis, ji turi	he, she has
mes turime	we have
jūs turite	you have
jie, jos turi	they have

Jis yra brolis. He is a brother.
Tu esi motina. You are a mother.
Berniukai yra draugai. The boys are friends.

Jis turi brolį. He has a brother.
Tu turi motiną. You have a mother.
Berniukai turi draugų. The boys have friends.

In Lithuanian the verb **turėti** 'to have' requires the accusative case. We will continue to study declensions in the subsequent lessons. Now check your understanding of the section above by trying the following exercise.

Exercise: Fill in the proper pronouns and verbs. (For answers see p. 283).

.... Daiva Kalvaitienė.	*I am* Daiva Kalvaitienė.
.... vaikus.	*I have* three children.
Ar. .... Daiva Kalvaitienė?	*Are you* Daiva Kalvaitienė?
Ar .... .du vaikus?	*Do you have* two children?
.... labai graži.	*She is* very pretty.
.... gerą motiną.	*He has* a good mother.
.... geri draugai.	*We are* good friends.
.... draugus.	*We have* six friends.
.... senelis?	*Are you* (formal) Daiva's grandfather?
.... gražų namą.	*You* (formal) *have* a beautiful house.
Ar. .... yra darže?	*Are they* in the garden?
.... daug giminių.	*They have* many relatives.

Listen, understand and speak

Once again we have come to the section in which you will have a chance to listen, understand and practice what you have learned. Read the instructions for each exercise before you listen to the tape.

1. A guest has arrived and introductions must be made. In the book, write in English who is being introduced.

a. ....
b. ....
c. ....
d. ....

Lesson #2   33

2. On the tape you will be given statements containing numbers. Please write how many and what each speaker has. (Notice the difference between the masculine and feminine forms.)

a. ....
b. ....
c. ....
d. ....

3. Mr. Kalnius is asking Algis some questions. Listen to the questions and answers and then put the following in the correct sequence by numbering them 1, 2, 3, and 4. Mr. Kalnius is asking:

> a. Algis' age. ....
> b. Where his parents are. ....
> c. How Algis is doing. ....
> d. What Algis' name is. ....

4. Listen to the descriptions of the situations set up for you. Answer as prompted and then wait to hear whether you were correct.

a. Someone is at the door. You want him or her to come in.
   You say: ....
b. You want to introduce your husband.
   You say: ....
c. You want to know where your friend's children are.
   You say: ....
d. You are being introduced, but you already know the person.
   You say: ....

5. This time you will be asking the questions. Say them in Lithuanian and then listen to the answers. (If you need help with the use of personal pronouns, see the grammar sections and the supplement.)

a. How are you (informal)? ....
b. Do you (formal) want to wait? ....
c. How old are you (informal)? ....
d. Where are your (formal) children? ....

6. Write Lithuanian translations for the following sentences, then listen to the tape. Repeat each sentence out loud in the pause provided.

a. This is my sister. ....
b. That is my brother Jonas. ....
c. This is Mr. Kalnius. ....
d. That is my (girl) friend. ....

Lithuanian only

As before, listen to the conversations. See whether you understand everything that is being said. If not, please repeat the lesson before going on to the next one.

Conversation No. 1
"Laba diena, Petrai. Prašau, eik į vidų. Nusivilk paltą."
"Sveika, Onute. Kaip tau einasi?"
"Ačiū, gerai. O tau?"
"Man taip pat gerai einasi, ačiū."
"Petrai, tai mano sesuo Danutė."
"Malonu."
"O tas yra mano brolis. Jo vardas Jonas."
"Aš jį pažįstu. Mes einam drauge mokyklon."

Conversation No. 2
"Labas vakaras, pone Kalniau!"
"Labas vakaras, Onute!"
"Malonu jus sutikti. Prašau įeikite vidun. Ar jūs pažįstate mano seserį Danutę?"
"Džiaugiuos, Danute."
"Tai yra jos vaikai."
"Kiek jūs turite vaikų?"
"Aš turiu tris vaikus: vieną dukterį ir du sūnus."
"Aš neturiu vaikų. Jūs turite gražią šeimą."
"Algi, tai ponas Kalnius."
"Kiek tau metų, Algi?"
"Man septyneri metai."

Conversation No. 3
"Labas rytas, Algi!"
"Labas rytas, ponia Kalniuviene!"
"Ar tavo tėvai namie?"
"Ne, jų nėra namie."
"Kur yra tavo tėvai?"
"Motina dirba."
"O kur yra tavo tėvas?"
"Jis išėjo į krautuvę."
"Ar jis greit bus namie?"
"Taip. Ar jūs norite jo palaukti? Tai eikime vidun. Štai jis pareina. Ne, tai mano senelis. Čia aš esu, seneli!"

Study hints

As you study, and it might have happened as early as this second lesson, you may become frustrated by a lack of words or explanations. *Remember that this is primarily a study of phraseology.* It will give you something to say in *most* situations — when visiting, at a concert, trying to register your son at a Lithuanian summer camp, in a Lithuanian store.

As you study the phrases, think of how you can use them in immediate conversations. Then think of what else you might want to say. If you do not find it in the next lessons — and it is likely that you will — make a list and ask.

Lesson #3 — Where do you live?

Dialogues and explanations

With the introductions out of the way, you might want to find out something more about the people you have just met. In this lesson you will learn the numbers necessary to ask for a person's address and telephone number. You will also learn how to give this information about yourself, as well as a few other things about neighbors in general.

Čia tu esi, Daiva.	Here you are, Daiva.
Prašau, susipažinti su mano draugu Martynu!	Please meet my friend Martynas!
Malonu tave sutikti, Martynai.	It is nice to meet you, Martynas!
Kokia yra tavo pavardė?	What is your last name?
Mano pavardė yra Kiškis.	My last name is Kiškis.
Kur tu gyveni?	Where do you live?
Aš gyvenu visai netoli, Lindeno gatvėje.	I live quite near, on Linden Street.
Koks yra tavo adresas?	What is your address?
Mano adresas yra: Lindeno gatvė 17.	My address is 17 Linden Street.
Ji yra čia pat, kaimynystėje.	That's right in the neighborhood.
O koks yra tavo telefono numeris?	And what's your telephone number?
964-5832.	964-5832.

Notes about us

Lithuanians live scattered throughout the world. Of an estimated 4 million total, a little more than 3 million live in Soviet-occupied Lithuania and about 100,000 throughout the rest of Soviet Union, many in confinement or exile. During World War II, more than 35,000 Lithuanians left their country in search of a safer and freer place to live. Of these, about 400,000 (including old immigrants) live in the United States, 27,000 in Canada, 20,000 in England,

10,000 in Australia, about 80,000 in South America and some thousands in Western Europe (E.L.VI, 264).

- In the last lesson you learned the numbers one to ten. Next you will learn the first set of derived numbers, the -lika or '-teen' numbers. They are made up of the base primary numbers + lika, and they are: **vienuolika** 'eleven', **dvylika** 'twelve', **trylika** 'thirteen', **keturiolika** 'fourteen', **penkiolika** 'fifteen', **šešiolika** 'sixteen', **septyniolika** 'seventeen', **aštuoniolika** 'eighteen' and **devyniolika** 'nineteen'.

- You know that **koks tavo vardas?** or **koks jūsų vardas?** means 'what is your name?' **Vardas** means 'first name'. If you want to know surname, you ask **kokia tavo pavardė? kokia jūsų pavardė?** 'what is your last name?'

- In the conversation, Martynas lives near his friends. **Jis yra kaimynas** 'He is a neighbor.' **Martynas gyvena arti** 'Martynas lives nearby.' The opposite of **arti** is **toli** 'far' or 'far away' as in **Ar tu gyveni toli?** 'Do you live far away?' Two more examples: **Lietuva yra toli** 'Lithuania is far.' **Mano motina gyvena arti** 'My mother lives nearby.'

Kur jūs gyvenate?	Where do you live?
Mano draugas ir aš gyvename Čikagoje.	My friend and I live in Chicago.
Koks yra jūsų adresas?	What is your address?
Mes gyvename Granto gatvėje, 274, gražiame naujame name.	We live at 274 Grant Street, in a beautiful new house.
Vasarą aš gyvenu kaime pas tėvus.	During summer I live in the country, with (my) parents.
Ar jums patinka gyventi mieste?	Do you like to live in the city?
Ne, man nepatinka miestai.	No, I don't like cities.
Man labiau patinka gyventi kaime.	I prefer to live in the country.
Taip, man taip pat patinka kaimas.	Yes, I like the country too.

Lesson #3

Jurgi, ar tu nori pamatyti mūsų namą?	Jurgis, do you want to see our house?
Mielai.	Gladly.
Jūs turite didelį namą.	You have a large house.
Mūsų namas yra mažas.	Our house is small.
Čia yra gyvenamasis kambarys.	This is the living room.
Man patinka jūsų paveikslai.	I like your paintings.
Jūs turite daug knygų.	You have many books.
Čia yra virtuvė.	Here is the kitchen.
Viršuje yra miegamieji.	The bedrooms are upstairs.
Apačioje yra rūsys.	Downstairs is the basement.
Parodyk man taip pat daržą.	Show me the garden, too.
Gerai, eikime laukan!	Fine, let's go outside.
Kokios gražios gėlės!	What beautiful flowers!
Kas gyvena tame name?	Who lives in that house?
Ten gyvena mano draugė Daiva	My friend Daiva lives there

- The second set of derived numbers is that of the **-dešimt** or '-ty' numbers. They are made up of the base primary numbers plus **dešimt**: **dešimt** 'ten', **dvidešimt** 'twenty', **trisdešimt** 'thirty', **keturiasdešimt** 'forty', **penkiasdešimt** 'fifty', **šešiasdešimt** 'sixty', **septyniasdešimt** 'seventy', **aštuoniasdešimt** 'eighty' and **devyniasdešimt** 'ninety'.

- Other numbers are **nulis** 'zero', **šimtas** 'hundred', **tūkstantis** 'thousand', **milijonas** 'million' and **bilijonas** 'billion'. All Lithuanian numbers are made up of combinations of these: **septyniasdešimt keturi** 'seventy-four', **aštuoni šimtai** 'eight hundred', **penki šimtai šešiasdešimt trys** 'five hundred sixty-three', and so on.

- **Man patinka** or **Aš mėgstu** 'I like', or literally, 'It appeals to me.'

- **Man nepatinka gyventi mieste** or **Aš nemėgstu gyventi mieste** 'I don't like to live in the city.' In Lithuanian, the negative verb form is constructed by using **ne-** in front of the verb. **Aš mokau, aš nemokau** 'I teach, I do not teach'. **Jis nori, jis nenori** 'he wants, he does not want.'

- The reflexive particle **si** or **s** is added at the end of the verb: **aš mokau-s(i)** 'I study'; **si** is also inserted between the prefix and the verb proper: **su-si-tikti** 'to meet each other.' The negative particle **ne** is treated in such cases as a prefix: **ne-si-mokau** 'I do not study.' Reflexive verbs with prefix are conjugated as regular verbs.

- The third conversation was, mostly, about rooms: **gyvenamasis kambarys, svetainė, salonas** 'living room', **miegamasis** 'bedroom' and **virtuvė** 'kitchen'. Some other rooms are **valgomasis** 'dining-room', **svečių kambarys** 'guest room', **vonios kambarys** 'bathroom'.

- Here is some **baldai** 'furniture': **kėdė** 'chair', **stalas** 'table', **sofa** 'sofa', **lova** 'bed', **knygų lentyna,** 'book shelf', **užuolaidos** 'curtains', **drabužinė, sieninė spinta** 'closet', **televizija** 'TV', **kriauklė** 'sink', **krosnis** 'stove', **lempa** 'lamp', **kilimas** 'rug' or 'carpet' and **rašomasis stalas** 'desk'.

- Notice the agreement of the adjective and noun endings: didelis namas and namas yra mažas. The word **namas** 'house' is masculine and is used here with a nominative case ending. An example of a feminine noun and adjective is **mano kėdė yra maža** 'my chair is small'.

- **Tame name** 'in that house', **dideliame name** 'in a large house,' **šiame darže** 'in this garden' use the locative ending, answering the question 'where?'

Grammar

(optional, not on tape)

More about declensions. In the last lesson we learned the seven declensional cases we will be using throughout the course: **vardininkas** 'nominative', **kilmininkas** 'genitive', **naudininkas** 'dative', **galininkas** 'accusative', **įnagininkas** 'instrumental', **vietininkas** 'locative' and **šauksmininkas** 'vocative'.

The **nominative case** answers the question **kas** 'who' or 'what'. **Kas tas yra?** 'What (or who) is that?' **Tas yra brolis** 'That is (a) brother. **Ta yra sesuo** 'That is (a) sister.' The nominative case is also used as a complement after a linking verb: **Karolis yra berniukas** 'Karolis is (a) boy.' **Daiva yra mergaitė** 'Daiva is (a) girl.' (Remember that Lithuanian does not use the articles a/an and the.)

It is important to learn the genitive singular case of the nouns. If you know both the nominative and the genitive case, you can handle the other cases correctly. For that reason the principal parts of nouns in the dictionary list both the nominative and genitive:

I	II	III
brolis, -io 'brother'	mama, -os, 'mother'	vagis, -ies 'thief'
namas, -o 'house'	katė, -ės 'cat'	žuvis, -ies 'fish'

IV	V
sūnus, -aus 'son'	akmuo, -ens 'stone'
lietus, -aus 'rain'	duktė, -ers 'daughter'

The **dative case** answers the question **kam** 'to whom/which' and usually indicates to whom one is giving or saying something. **Aš duodu broliui** 'I give (to my) brother'. **Aš sakau berniukui** 'I tell the boy'.

The **accusative case** functions as the case of the direct object of the verb: **Aš skaitau knygą** 'I am reading a book.' The **instrumental** case may denote the means by which, or the instrument with which, something is done. **Jis rašo pieštuku.** 'He is writing with a pencil.'

The **locative case** answers the question **kur** 'where'. Notice that singular locative endings always have the vowel -e: **Aš gyvenu mieste** 'I live in the city'.

The **vocative case** is used for addressing, calling. **Jonai, kur tu eini?** 'John, where are you going?'

The main classification of verbs

The base forms of Lithuanian verbs are **bendratis** 'the infinitive', **esamojo laiko trečiasis asmuo** 'third person, present tense' and **būtojo kartinio laiko trečiasis asmuo** 'third person, past tense.' From these three forms all Lithuanian verbal forms are made. The verbs in Lithuanian are divided into three conjugations. The conjugation is determined by the ending of the third person, present tense (1st -a: **dirba** 'he works', and -i: **žiūri** 'he looks', 3rd -o: **sako** 'he says'). Verbs use their endings to show person, number and tense. The 3rd person singular and plural have the same form.

First conjugation verbs

All verbs whose ending of the third person of the present tense is -a belong to the first conjugation. The verb **būti** 'to be' is considered irregular. Study the following verb **būti** 'to be' in the present, past, past frequentative and future tenses.

Esamasis laikas/Present				Būtasis kartinis/Past	
Aš	I	**es-u**	am	**buv-au**	was
tu	you	**es-i**	are	**buv-ai**	were
jis/ji	he/she	**yr-a**	is	**buv-o**	was
mes	we	**esa-me**	are	**buvo-me**	were
jūs	you	**esa-te**	are	**buvo-te**	were
jie/jos	they	**yr-a**	are	**buv-o**	were

Būtasis dažninis/Past frequentative			Būsimasis/Future	
Aš	**Bū-davau**	I used to be	**bū-siu**	I will be
tu	**bū-davai**		**bū-si**	
jis/ji	**bū-davo**		**bus**	
mes	**bū-davome**		**bū-sime**	
jūs	**bū-davote**		**bū-site**	
jie/jos	**bū-davo**		**bus**	

Esamasis/Present				Būtasis kartinis/Past	
Aš	I	**nes-u**	am not	**nebuv-au**	was not
tu	you	**nes-i**	are not	**nebuv-ai**	was not
jis/ji	he, she	**nėr-a**	is not	**nebuv-o**	was not
mes	we	**nes-ame**	are not	**nebuvo-me**	was not'
jūs	you	**nes-ate**	are not	**nebuvo-te**	was not
jie/jos	they	**nėr-a**	are not	**nebuvo**	was not

Past frequentative and future tenses are also conjugated by prefixing **ne**: **nebūdavau** 'I used not to be', **nebūsiu**, 'I will not be'.

Listen, understand and speak

Please read the directions for the following three exercises and then listen to the tape. (All answers are either on tape or at the back of the book.)

1. Listen to the tape and write in English where each person lives.

a. Martynas: ....
b. Daiva: ....
c. Ponas Kalvaitis: ....
d. Onutė: ....

2. In this exercise, write the answers before you listen to the tape, selecting them from the box below. Then listen to the tape to see whether you were correct.

a. Koks yra jūsų adresas? ....
b. Kur gyvena tavo draugė? ....
c. Kokia yra jūsų pavardė? ....
d. Ar tu nori pamatyti daržą? ....

> Mano pavardė yra Liepa.
> Mielai. Prašau, parodyk man daržą.
> Mano draugė gyvena New Yorke.
> Mano adresas yra 3345 Vašingtono gatvė, Bostone.

3. Listen to the tape. Daiva is giving out her friends telephone numbers. Write them in the box provided.

> a. Jurgis:
> b. Ieva:
> c. Rimas:
> d. Ponas Balčiūnas:

Review the conversations of this lesson, if you feel the need to. Now it is your turn to speak. Listen to the tape. Someone will prompt you on what to say.

4. You are visiting people you do not know well. Listen to the questions and answer in Lithuanian. New phrase: **Kaip, prašau?** 'Pardon me?'

Laba diena. Malonu susipažinti.

a. Koks yra jūsų vardas? ....
b. Kokia yra jūsų pavardė? ....
c. Koks yra jūsų adresas? ....
d. Ir telefono numeris? ....

5. Someone is asking you directions: **Kur yra. . .?** 'Where is. . .?'
Answer according to the prompts.
a. Kur yra telefonas? ....
b. Kur yra vonios kambarys? ....
c. Kur yra tavo tėvas? ....
d. Kur tu esi? ....

6. Answer the following questions fully:
a. Ar jums patinka modernūs paveikslai? Ne, ...
b. Ar tau patinka mūsų namas? Taip, ...
c. Ar tau patinka mano brolis? Taip, ...
d. Ar jums patinka gėlės? Ne, ...

7. **Bonus exercise.** At this point stop the cassette and figure out, in Lithuanian, all the information about yourself: your name, age, address, size of family, etc. Since we cannot supply you with answers to this one, you'll have to do your own checking. If you are not sure, ask someone.

In Lithuanian only

Listen to the third lesson again, if you feel you need to. Then listen to the three conversations. If you understood every word, you're doing wonderfully well. Even if you missed here and there, you're still doing fine.

Conversation No. 1

"Čia tu esi, Daiva. Prašau susipažinti su mano draugu Martynu."
"Malonu tave sutikti, Martynai. Kokia tavo pavardė?"
"Mano pavardė yra Kiškis."
"Kur tu gyveni?"
"Aš gyvenu visai netoli, Lindeno gatvėje."
"Koks tavo adresas?"
"Mano adresas yra: Lindeno gatvė 17."
"Aš žinau. Ji yra čia pat kaimynystėje. O koks tavo telefono numeris?"
"964-5832."

Conversation No. 2

"Kur jūs gyvenate?"
"Mano draugas ir aš gyvename Čikagoje."
"Koks yra jūsų adresas?"
"Mes gyvename Granto gatvėje 274, gražiame naujame name. Vasarą aš gyvenu kaime pas tėvus."
"Ar jums patinka gyventi mieste?"
"Ne, man nepatinka miestai. Man labiau patinka gyventi kaime."
"Taip, man taip pat patinka kaimas."

Conversation No. 3

"Jurgi, ar tu nori pamatyti mūsų namą?"
"Mielai. Jūs turite didelį namą. Mūsų namas yra mažas."
"Čia yra gyvenamasis kambarys."
"Man patinka jūsų paveikslai. Jūs turite daug knygų."
"Čia yra virtuvė. Viršuje yra miegamieji. Apačioje yra rūsys."
"Parodyk man taip pat daržą."
"Gerai, eikime laukan".
"Kokios gražios gėlės! Kas gyvena tame name?"
"Ten gyvena mano draugė Daiva."

Study hints

As you study, make it a habit to listen mainly to the Lithuanian phrases (repeating each and every one out loud in the space provided on tape) and to listen to the English translations as little as possible. This way you will begin to understand Lithuanian as soon as possible, without relying on the English.

Look over the previous lesson. Even at this point there are words and phrases which are used for a second or even third time and which you should know. **Get into the habit on relying on Lithuanian** and using the English translations only when new words come up.

Lesson #4 — Do you speak Lithuanian?

Dialogues and explanations

You have been learning diligently and now you can say 'hello' and can manage to get through introductions. But what do you do when the person next to you begins a story of which you understand, at the very best, every fifth word?

You might say **Atleiskite, aš nesuprantu lietuviškai.** 'Excuse me, I do not understand Lithuanian.' At which point the conversation might switch to English. Or you can try some of the following phrases.

Laba diena.	Hello.
Prašau susipažinti.	Please be acquainted.
Tai mano draugė Elena.	This is my friend Elena.
Ar tu esi lietuvė?	Are you Lithuanian?
Ne, aš esu amerikietė.	No, I am an American.
Aš mokausi lietuviškai.	I am learning Lithuanian.
Tu kalbi gana gerai.	You speak quite well.
Ačiū už komplimentą.	Thanks for the compliment.
Aš tik neseniai pradėjau mokytis.	I just recently began studying.
Aš daug ko nesuprantu.	I don't understand quite a lot.
Tačiau yra malonu, kad tu mokaisi lietuviškai.	It still is nice that you are learning Lithuanian.
Ką tu sakai?	What did you say?
Ar gali tai pakartoti?	Can you repeat that?
Malonu, kad tu mokaisi...	It's nice that you're learning...
Prašau, kalbėk lėčiau!	Please talk slower!
Kitaip aš nesuprantu.	Otherwise I don't understand.

Notes about us

Lithuanian belongs to the Baltic branch of the Indoeuropean languages and has been spoken in its present form since before the sixth century. People often ask which language it most resembles. The fact is that Latvian and Lithuanian are the only two languages left in the Baltic branch (Old Prussian having died out in the seventeenth century). Similarities to other languages come mainly because of lengthy contact with such languages as German and Russian. And, of course, there are international words such as **auto** or **televizija**, which you can recognize even without knowing the language.

- When talking about nationality, remember the differences in gender. If you are a woman, say **aš esu amerikietė**, if a man — **aš esu amerikietis**. A Lithuanian would say **aš esu lietuvė** or **aš esu lietuvis**. Similar gender differences apply to proper names: **Bronius Vaitiekūnas** is a man, **Bronė Vaitiekūnienė**, a woman. If a masculine surname ends in **-us** or **-ius**, the feminine ending **-uvienė** instead of **-ienė**: **Sutkus, Sutkuvienė**; **Kalnius, Kalniuvienė**. Unmarried women have also different endings to their surnames: **Vaitiekūnas, Vaitiekūnaitė; Raudonis, Raudonytė; Sutkus, Sutkutė; Kalnius, Kalniūtė**.

- **Ar tu moki lietuviškai?** 'Do you know Lithuanian?' **Ar tu supranti lietuviškai?** 'Do you understand Lithuanian?'

- If you do not understand a language, it is wise to ask the other person to speak slowly: **lėtai** or **pamažu**. **Prašau, kalbėk lėčiau!** means 'Please speak more slowly!' Other directions might be: **kalbėk greitai** or **greičiau** 'speak fast' or 'faster'; **kalbėk tyliai** or **tyliau** 'speak quietly' or 'more quietly'; **kalbėk balsiai** or **balsiau** 'speak loudly' or 'louder'.

As you know, it is possible to study this course on several levels, the easiest being simple memorization of phrases needed. For further advancement you need to understand the use of verbs. We suggest that you check the grammar sections, p. 52, 53, 62, and the supplement, p. 231-233.

Lesson #4

Sveikas, pone Kalvaiti!	Hello, Mr. Kalvaitis!
Tai yra Robertas.	This is Robertas.
Jis mokosi lietuviškai.	He is learning Lithuanian.
Kur jūs mokotės?	Where are you studying?
Aš mokausi pas ponią Karaitienę.	I am studying with Mrs. Karaitienė.
Ar jums patinka mokytis lietuviškai?	Do you like learning Lithuanian?
Atsiprašau? Prašau nekalbėkite taip greitai!	Excuse me, please don't talk so fast!
Aš klausiau, ar jums...	I asked whether you...
Aš suprantu!	I understand!
Taip, man patinka mokytis kalbas.	Yes, I like studying languages.
Bet man atrodo, kad lietuvių kalba yra... kaip jūs tą sakot lietuviškai?	But it seems to me that the Lithuaninan language is... how do you say that in Lithuanian?
Gana sunki?	Quite difficult?
Teisingai. Labai sunki.	That's right. Very difficult.

Ar tu namie kalbi lietuviškai?	Do you speak Lithuanian at home?
Taip, žinoma.	Yes, of course.
Aš esu lietuvis.	I am Lithuanian.
Mes paprastai namie kalbame lietuviškai.	We usually speak Lithuanian at home.
Mano tėvai kalba tiktai lietuviškai.	My parents speak only Lithuanian.
Aš taip pat kalbu lietuviškai su vyro motina.	I also speak Lithuanian with (my) mother-in-law.
Su savo seserimis aš kartais kalbu angliškai.	With (my) sisters I sometimes speak English.
O jis?	And he?
Tai yra mano vyro brolis.	That is my brother-in-law.
Jis prastai kalba lietuviškai.	He speaks Lithuanian poorly.
Bet jis taip pat mokosi.	But he, too, is learning.

Lesson #4 49

- As you noticed, **Atsiprašau** has been translated as 'Pardon me'. Should you need to ask for actual forgiveness, say **Atleisk!** or **Atleiskite!** or **Prašau, dovanok! Dovanokite!**

- So far we have been using many adverbs — **lėtai, tyliai, balsiai,** etc. Adverbs are easier to use than adjectives because they do not have to agree with the noun in gender and case endings. Many Lithuanian adverbs end in the letters **ai**. By removing the endings you can change them into adjectives. **Sunkiai** is an adverb, meaning 'hard' or 'difficult'. However, **lietuvių kalba yra sunki** uses an adjective modifying the feminine noun **kalba** 'language'. The opposites are **lengvai** (adverb) and **lengvas, lengva** (adjective), meaning 'easy' or 'light'.

- At this point we think you deserve a break, so we'll give you two very useful phrases: **Kas tai yra?** 'What is that?' and **Ką tai reiškia?** 'What does that mean?' Whenever you don't understand something, use them!

- Where do you speak Lithuanian? I speak Lithuanian 'at home' or **namie**. In Lithuanian the word for 'house' is **namas** (noun) and **namie** (adverb) 'at home'. 'Where do you live?' **Aš gyvenu name** (locative of the noun) 'I live in a house.' **Kur jis eina? Jis eina namo** (adverb) 'He is going home'.

- In Lithuanian there is no direct translation for the word 'in-law'. We say **vyro tėvas** or **uošvis** 'husband's father', **vyro motina** or **uošvė** 'husband's wife', **žmonos tėvas, žmonos motina** or **uošvis, uošvė** 'wife's father, wife's mother'. However, 'son-in-law' is **žentas** and 'daughter-in-law' — **marti**. 'Brother-in-law' and 'sister-in-law' are **svainis** and **svainė**.

- Notice that the English translations have more words than the Lithuanian: **su vyro motina** 'with (my) mother-in-law'. In Lithuanian, whatever is made clear by endings can be left out.

- Some other useful adverbs are: **kartais** 'sometimes', **dažnai** 'often', **retai** 'seldom', **paprastai** 'usually', **visuomet** 'always' and **niekada** 'never'. To correctly use **niekada** you have to prefix **ne-** to the front of the verb it modifies, thus forming a double negative: **Aš niekada nekalbu garsiai** 'I never talk loudly.'

Grammar

(optional, not on tape)

The genitive case is a very common case in Lithuanian, answering the question **ko?** 'whose' or 'of what'. It indicates possession: **berniuko namas** 'the boy's house'; **brolio paveikslas** 'the brother's painting'.

The genitive is also used to compound words: **vyro motina** 'mother-in-law'. or, literally, 'husband's mother', **vyno stiklas** 'glass of wine', **kavos puodukas** 'cup of coffee', **gėlės žiedas** 'blossom of flower'. Look over the following first and second declensions, noticing the various endings:

The first declension of nouns

To the first declension belong all nouns ending in **-as, -is, -ys** gen. **-o** or **-io**. They are masculine nouns: **tiltas** 'bridge', **brolis** 'brother', **arklys** 'horse'.

	s.	pl.	s.	pl.
Nom.	tilt-as	-ai	brol-is	-iai
Gen.	tilt-o	-ų	brol-io	-ių
Dat.	tilt-ui	-ams	brol-iui	-iams
Acc.	tilt-ą	-us	brol-į	-ius
Ins.	tilt-u	-ais	brol-iu	-iais
Loc.	tilt-e	-uose	brol-yje	-iuose
Voc.	tilt-e	-ai	brol-i	-iai

	s.	pl.
Nom.	arkl-ys	-iai
Gen.	arkl-io	-ių
Dat.	arkl-iui	-iams
Acc.	arkl-į	-ius
Ins.	arkl-iu	-iais
Loc.	arkl-yje	-iuose
Voc.	arkl-y	-iai

The second declension of nouns

To the second declension belong feminine nouns which end in **-a**, **-ė** and **-i**: **diena** 'day', **upė** 'river'; there are only two nouns in **-i**: **marti** 'daughter-in-law' and **pati** 'wife'.

	s.	pl.	s.	pl.
Nom.	dien-a	-os	up-ė	-ės
Gen.	dien-os	-ų	up-ės	-ių
Dat.	dien-ai	-oms	up-ei	-ėms
Acc.	dien-ą	-as	up-ę	-es
Ins.	dien-a	-omis	up-e	-ėmis
Loc.	dien-oje	-ose	up-ėje	-ėse
Voc.	dien-a	-os	up-e	-ės

	s.	pl.
Nom.	mart-i	-ios
Gen.	marč-ios	-ių
Dat.	marč-iai	-ioms
Acc.	marč-ią	-ias
Ins.	marč-ia	-iomis
Loc.	marč-ioje	-iose
Voc.	mart-i	-ios

The genitive case is also used in negative clauses: **Aš turiu laikrodį** (acc.) 'I have a watch'. **Aš neturiu laikrodžio** (gen.) 'I kave no watch'. It's also used when talking about things that can be counted or measured, with the adverb **kiek** 'how many', 'how much'. The genitive is also used with certain prepositions. We will take up these in the grammar section of Chapter IX and throughout the course.

Exercise: Fill in the missing words, being careful to use the genitive case. (For answers see p. 284).

.... yra lietuvis. **Sister's friend** is Lithuanian.
..................yra ant stalo. **The coffee cup** is on the table.
........................namie. **Mother is not** at home.
Kiek jūs turite .... How many **children** do you have?

1. Conjugation, continued

In the previous chapter we looked at the irregular first conjugation verb **būti** 'to be'. Now we will take up other first conjugation verbs, **augti** 'to grow' and **remti** 'to support'. As we mentioned on page 41, Lithuanian verbs have three principal forms. You can check them by looking in any good dictionary. The Lithuanian present tense is made from the present tense 3rd person stem, the past tense from it's 3rd person stem, the past frequentative and future tenses are made from the infinitive, dropping the end **ti**. In all tenses and moods, the 1st person plural has the ending **-me**, 2nd — **-te**; the 3rd person sing. and pl. have the same form for **jis, ji** 'he, she' and **jie, jos** 'they' (masc. and fem.).

Esamasis laikas / Present tense

aš	aug-u	rem-iu
tu	aug-i	rem-i
jis	aug-a	rem-ia
mes	aug-ame	rem-iame
jūs	aug-ate	rem-iate

Būtasis kartinis / Past tense

aš	aug-au	rėm-iau
tu	aug-ai	rėm-ei
jis	aug-o	rėm-ė
mes	aug-ome	rėm-ėme
jūs	aug-ote	rėm-ėte

Būtasis dažninis laikas / Past frequentative tense

aš	aug-davau	rem-davau
tu	aug-davai	rem-davai
jis	aug-davo	rem-davo
mes	aug-davome	rem-davome
jūs	aug-davote	rem-davote

Būsimasis laikas / Future tense

aš	aug-siu	rem-siu
tu	aug-si	rem-si
jis	aug-s	rem-s
mes	aug-sime	rem-sime
jūs	aug-site	rem-site

The imperative (Liepiamoji nuosaka)

When ordering someone to do something, use the imperative form. There are three forms — the 2nd person singular and first and second person plural. The imperative form is made from the infinitive, dropping the end **-ti** and adding **-k, -kime, -kite: aug-k** (g + k = k) **auk; rem-k, rem-kime, rem-kite** 'grow!' 'support!' The same rule applies to verbs of any conjugation.

Listen, understand and speak

Now we've come to the listening section, which gives you a chance to check how well you understand spoken Lithuanian. As before, your chance to speak will come later in the lesson. Read the instructions in the book before you listen to the tape and remember to stop the tape whenever you need more time to think or talk.

1. Listen to the tape and write in the names of the people being spoken about next to their descriptions.

a. does not understand English. . . .*Onutė*......................
b. likes to study languages..
c. never speaks Lithuanian. ....
d. is studying with Mrs. Karaitis. ....
e. speak Lithuanian and English. ....

54 Lesson #4

2. Write in the correct translation for each sentence, choosing from the box below.

a. Ką tai reiškia? ....
b. Mano draugas prastai kalba lietuviškai. ....
c. Prašau, kalbėkite lėčiau. ....
d. Atsiprašau? Ką tu sakai? ....

> Please talk more slowly!   Excuse me. What did you say?
> What does that mean?
> My friend speaks Lithuanian poorly.

3. Listen to the following section and answer the questions in English. Notice that some review material has been included.

a. Ar Elena gyvena nuomotame bute? ....
b. Koks yra jos telefono numeris? ....
c. Ar Elena yra lietuvė? ....
d. Ar ji kalba lietuviškai? ....

This is your chance to speak. If you do not get everything right, do not worry about it. Repeat the exercise before moving on to the next lesson.

4. Listen to the tape and answer the questions, using the English prompts as a guide. Do so sentence by sentence in the space provided on tape and, if you wish, in the book.

a. Ar jūs kalbate lietuviškai? ....
b. Kas (who) kalba garsiai? ....
c. Kas nekalba greitai? ....
d. Ar tavo tėvai kalba angliškai? ....

5. Listen to the tape and translate the following statements into Lithuanian:

a. Please do not talk so fast (formal)! ....
b. What does that mean? ....
c. I do not understand Lithuanian. ....
d. Do you (inf.) speak Lithuanian? ....

6. This time it is your turn to ask the questions. Repeat each sentence in Lithuanian.

a. How do you say that in Lithuanian? ....
b. Can you (form.) repeat that? ....
c. Are you a Lithuanian (masc., inf.)? ....
d. Do you (inf.) understand that? ....

In Lithuanian only

Listen to the following three conversations and see how well you can understand them. When you begin to use your newly acquired Lithuanian, remember that it is perfectly acceptable to ask people to speak more slowly or to repeat themselves.

Conversation No. 1

"Laba diena. Prašau susipažinti. Tai mano draugė Elena."
"Ar tu esi lietuvė?"
"Ne, aš esu amerikietė. Aš mokausi lietuviškai."
"Tu gana gerai kalbi."
"Ačiū už komplimentą. Aš tik neseniai pradėjau mokytis. Aš daug ko nesuprantu."
"Tačiau yra malonu, kad mokaisi lietuviškai."
"Ką tu sakai? Ar gali tai pakartoti?"
"Malonu, kad tu mokaisi..."
"Prašau, kalbėk lėčiau! Kitaip aš nesuprantu."

Conversation No. 2

"Sveikas, pone Kalvaiti. Tai yra Robertas. Jis mokosi lietuviškai."
"Kur jūs mokotės?"
"Aš mokausi pas ponią Karaitienę."
"Ar jums patinka mokytis lietuviškai?"
"Atsiprašau! Prašau, nekalbėkite taip greitai!"
"Aš klausiau, ar jums..."
"Aš suprantu. Taip, man patinka mokytis kalbas. Bet man atrodo, kad lietuvių kalba yra... kaip jūs tai sakote lietuviškai?"
"Gana sunki."
"Teisingai. Labai sunki."

Conversation No. 3

"Ar tu kalbi lietuviškai?"
"Taip, žinoma. Aš esu lietuvis. Mes paprastai namie kalbame lietuviškai. Mano tėvai kalba tiktai lietuviškai."
"Aš taip pat kalbu lietuviškai su vyro motina. Su savo seserimis aš kartais kalbu angliškai."
"O jis?"
"Tai yra mano vyro brolis. Jis blogai kalba lietuviškai. Bet jis taip pat mokosi."

Study hints

In order to build a larger speaking vocabulary, it is a good idea to buy a small notebook and to keep a list of questions that come up and of words that you need but are still missing. We hope you have taken up our original suggestion of studying for a short time daily rather than a longer time once or twice a week. Thus, whenever you have a page or two of questions, ask someone. Since every one of you is studying Lithuanian either because you have met someone with whom you would like to talk to in Lithuanian or because you have decided to catch up on something you missed in your growing-up years, it is likely that **you do have someone to ask**. Please do.

Lesson #5 — Meals

Dialogues and explanations

Eating is one of the basic human needs as witnessed by the very word, which appears to come from the same root Latvian (est), English (eat), German (essen), and other languages. In Lithuanian there are two words for eating: **ėsti** for animals and **valgyti** for human beings. The next two lessons will be devoted to foods and table behavior, first at home and then at a party.

Labas rytas!	Good morning!
Ar pusryčiai paruošti?	Is breakfast ready?
Tuojau bus.	It will be right away.
Belaukdamas, prašau, padenk stalą.	While you are waiting please set the table.
Mielai. Kur yra indai?	Gladly. Where are the dishes?
Spintoj, ant lentynų.	In the cabinet, on the shelves.
Padėk juos ant stalo.	Put them on the table.
Ar tu nori arbatos?	Do you want some tea?
Ne. Prašau, duok man apelsinų sunkos ir minkštai ar kietai virtą kiaušinį.	No. Please give me some orange juice and a soft — or hard — boiled egg.
Kokios duonos tu nori: juodos ar baltos?	What kind of bread do you want, rye bread or white bread?
Jurgi, ką tu valgai?	Jurgis, what are you eating?
Aš valgau duoną su uogiene.	I'm eating bread with jam.
Prašau, duok taip pat man.	Please, give me some, too.
Prašau. Gero apetito!	Here it is. Bon appetit!

Notes about us

Lithuanians, living as they do all across the world, have developed rather cosmopolitan tastes in food. The Lithuanians you are apt to meet probably eat beef, pork, chicken, and everything else. Then what do we consider typically Lithuanian food? Lithuanians like sauerkraut with sausages, beet or barley soup, rye bread, beef or pork, meat or cheese dumplings, etc.

Lesson #5

- The main meals are **pusryčiai** (n. pl.) 'breakfast', **pietūs** 'lunch' or 'dinner' (served at noon) and **vakarienė** 'supper' (n. sing.). These are nominative forms of the words. In use, they change to the genitive: **Aš einu pusryčių** 'I am going to breakfast'; **Prašau eikite pietų** 'Please, come to dinner'; or **Eikite vakarienės** 'Come to supper.'

- **Prašau, padenk stalą!** 'Please set the table!' **Staltiesė** 'tablecloth', **servetėlė** 'napkin', **lėkštė** 'plate', **dubuo** 'bowl', **puodukas** 'cup', **lėkštelė** 'saucer', **stiklinė** 'glass', **peilis** 'knife', **šakutė** 'fork', **šaukštas** 'spoon', **šaukštelis** 'teaspoon'. **Ten yra staltiesė** 'There is the tablecloth'. **Užtiesk staltiesę** (acc.) 'Spread the tablecloth' **Tai yra lėkštė** (nom.). 'This is a plate'. **Padėk lėkštę** (acc.) 'Set out a plate'. Occasionally one noun will modify another: **kavos puodukas** 'coffee cup', **sriubos dubuo** 'soup bowl'.

- When asking for or answering about things wanted, use the genitive case of **ko** 'Of what.' **Ar tu nori arbatos?** 'Do you want (some) tea?' **Taip, aš noriu arbatos** 'Yes, I want (some) tea'. Or **Ar tu nori alaus?** 'Do you want (some) beer **Ne, aš nenoriu alaus** 'No, I don't want (any) beer'.

- Lithuanian does not use a word for 'some', it is understood. 'Take (some) bread' **Paimk duonos**, or 'pour (some) milk.' — **įpilk pieno.**

Ar jūs jau norite valgyti?	Do you want to eat already?
Prašau prie stalo!	Please come to the table.
Gerai. Aš noriu valgyti.	Good. I want to eat (I'm hungry).
Aš esu išalkęs ir noriu gerti.	I am hungry and I am thirsty.
Mes valgysime daržovių sriubos ir sumuštinį.	We'll have vegetable soup and a sandwich.
Aš mėgstu daržovių sriubą.	I like vegetable soup.
Aš taip pat.	Me, too.
Aš labiau mėgstu vištienos sriubą.	I prefer chicken soup.
Mama, kur yra sviestas?	Mom, where is the butter?
Sviestas yra šaldytuve.	The butter is in the refrigerator.
Eik ir pasiimk.	Go and take it.
Atnešk taip pat daugiau duonos.	Bring some more bread, too.
Algi, prašau, nuvalyk stalą!	Algis, please clear the table.
Ir suplauk indus!	**And wash the dishes!**

Vakarienė paruošta!	Supper is ready!
Ar viskas tvarkoje.	Is everything in order?
Taip. Pienas yra čia.	Yes. The milk is here.
Druska yra ten, jau ant stalo.	And the salt is there, on the table already.
Prašau, pradėkite valgyti.	Please start to eat.
Ar tau skanus šis viščiukas?	How do you like this chicken?
Man jis visai neskanus.	I do not like it at all.
Ar nori ką nors gerti?	Do you want something to drink?
Ką mes gersim, vyno ar sunkos?	What shall we drink, wine or juice?
Aš norėčiau kavos.	I'd like some coffee.
Aš tuojau atnešiu.	I'll bring it right away.
Ar tu nori cukraus ir grietinės?	Do you want sugar and cream?
Ne, aš geriu juodą kavą.	No. I drink black coffee.

- Here is a list of some foods, in the nominative and genitive cases: **mėsa/mėsos** 'meat', **malta mėsa/maltos mėsos** 'ground meat', **kiauliena/kiaulienos** 'pork', **veršiena/veršienos** 'veal', **jautiena/jautienos** 'beef', **lašiniai/lašinių** (pl.) 'bacon', **kepsnys/kepsnio** 'roast', **dešra/dešros** 'sausage', **kotletas/kotleto** 'hamburger', **kumpis/kumpio** 'ham', **viščiukas/viščiuko** 'chicken', **kalakutas/kalakuto** 'turkey', **žuvis/žuvies** 'fish'.

- Some others, in the nominative case only are: **daržovės** 'vegetables', **bulvė** 'potato', **žirniai** 'peas', **kopūstai** 'cabbage', **svogūnas** 'onion', **morka** 'carrot', **pomidoras** 'tomato', **agurkas** 'cucumber', **vaisius** 'fruit', **obuolys** 'apple', **apelsinas** 'orange', **citrina** 'lemon', **bananas** 'banana', **žemuogė**, **braškė** 'strawberry'.

- From the grain family: **duona** 'bread', **makaronai** 'macaroni', **ryžiai** 'rice', **blynas** or **sklindis** 'pancake', **balta duona** or **pyragas** and **juoda duona** 'white bread' and 'rye bread' respectively. Also, from the dairy family: **pienas** 'milk', **varškė** 'cottage cheese', **grietinė** 'cream', **sviestas** 'butter', **sūris** 'cheese'.

- **Ar vakarienė paruošta?** 'Is supper ready?' In the previous conversation it was ready. If not, you might say **Palauk, tuoj bus.** 'Wait, it will be soon' or **Ne, dar ne (paruošta)** 'No, not yet'. **Aš dar tebeverdu kiaušinius** 'I'm still cooking the eggs'. **Aš dar tebekepu žuvį** 'I'm still frying/baking the fish'.

- **Man skanu** and **man neskanu** mean 'I like the taste' of something and 'I do not like the taste'. Notice that in Lithuanian the person who likes or dislikes something is in dative case. The literal translation is something like 'to me it tastes'. Other examples of the dative construction are: **man norisi** 'I would like', **man užtenka** 'I have had enough'.

- To express the idea of 'would like to', take the infinitive of the verb **norėti** 'to want', take away the ending -ti and add -čiau, -tum, -tų, -tume, -tute. Thus 'I would like to' is **norėčiau, aš norėčiau**. Notice that this form changes with persons: **Aš norėčiau valgyti** 'I'd like to eat'. **Tu norėtum gerti** 'You'd like to drink'. **Jis norėtų virti** 'He'd like to cook.' **Mes norėtume kepti** 'We'd like to bake.'

Grammar (optional, not on tape)

The accusative case

The last case to be studied is the accusative. It is the direct object case and answers the question of **ką** 'who/whom' or 'what'. Look over the examples. Also, notice the dative case of the indirect object **man** and **jiems**, 'to me' and 'to them' in the 3rd and 4th examples.

Aš matau **ką**? 'I see *whom*?' **Aš matau berniuką.** 'I see (the) boy'.
Jis mato **ką**? 'He sees *whom*?' **Jis mato motiną.** 'He sees mother.' — and Duok man **ką**? 'Give me *what*?' **Paduok man duoną.** 'Give me (some) bread.' Paduok jiems ką? 'Give them *what*?' **Paduok jiems sunką.** 'Give them (some) juice.'

The third declension of the nouns

To the third declension belong feminine and a few masculine nouns ending in **-is**, gen. **-ies: nosis** 'nose', **žuvis** 'fish', **vagis** 'thief'.

Feminine

	s.	pl.	s.	pl.
Nom.	nos-is	-ys	žuv-is	-ys
Gen.	nos-ies	-ių	žuv-ies	-ų
Dat.	nos-iai	-ims	žuv-iai	-ims
Acc.	nos-į	-is	žuv-į	-is
Ins.	nos-imi	-imis	žuv-imi	-imis
Loc.	nos-yje	-yse	žuv-yje	-yse
Voc.	nos-ie	-ys	žuv-ie	-ys

Masculine

	s.	pl.
Nom.	vag-is	-ys
Gen.	vag-ies	-ių
Dat.	vag-iui	-ims
Acc.	vag-į	-is
Ins.	vag-imi	-imis
Loc.	vag-yje	-yse
Voc.	vag-ie	-ys

Some nouns of the third declension genitive plural end in **-ių**, some in **-ų**. Feminine dative singular nouns end in **-iai**, masculine in **-iui**.

An excellent reason for learning both the nominative and genitive forms of all nouns is that since they show both the gender and the declension and thus help with their correct usage. (Examples for declensions of nouns are given in the supplement.)

Second conjugation verbs

As you know, Lithuanian verbs are divided into three conjugations, I, II and III. In the last two lessons we looked at the I. conjugation.

The conjugation is determined by the ending of the third person, present tense. The 2nd conjugation 3rd person ends in -i, the infinitive in -ėti: **myli, mylėti** 'to love', **žiūri, žiūrėti** 'to look'.

Esamasis laikas/Present tense

aš	myl-iu	žiūr-iu
tu	myl-i	žiūr-i
jis	myl-i	žiūr-i
mes	myl-ime	žiūr-ime
jūs	myl-ite	žiūr-ite

Būtasis kartinis/Past tense

aš	mylėj-au	žiūrėj-au
tu	mylėj-ai	žiūrėj-ai
jis	mylėj-o	žiūrėj-o
mes	mylėj-ome	žiūrėj-ome
jūs	mylėj-ote	žiūrėj-ote

Būtasis dažninis laikas / Past frequentative tense

aš	mylė-davau	žiūrė-davau
tu	mylė-davai	žiūrė-davai
jis	mylė-davo	žiūrė-davo
mes	mylė-davome	žiūrė-davome
jūs	mylė-davote	žiūrė-davote

Būsimasis laikas / Future tense

aš	mylė-siu	žiūrė-siu
tu	mylė-si	žiūrė-si
jus	mylė-s	žiūrė-s
mes	mylė-sime	žiūrė-sime
jūs	mylė-site	žiūrė-site

Exercise: Answer the questions using the above verbs and pronouns. (For answers see p. 284).

1. Ką tu myli?   Aš . . . .
2. Ką ji mylėjo?   Ji . . . .
3. Ką mes mylėdavome?   Mes . . . .
4. Ką jie mylės?   Jie . . . .
5. Ar tu myli motiną?   Taip, ...
6. Ar tu mylėjai brolį?   Taip, ...
7. Ar tu mylėdavai seserį?   Taip, ...
8. Ar tu mylėsi savo vyrą?   Taip, ...

Listen, understand and speak

Before going on with the exercises, please read the directions, since you will need both the book and the tape. Also, remember to say each sentence out loud whenever asked for. This will give you valuable practice in speaking.

1. a. Kas tai yra?   a. Tai yra . . . .*pyragas* . . . .
    b. Kas tai yra   b. Tai yra . . . .
    c. Kas tai yra?   c. Tai yra . . . .
    d. Kas tai yra?   d. Tai yra . . . .
    e. Kas tai yra?   e. Tai yra . . . .

> pyragas   salotos   balta duona
> sumuštinis su dešra   veršienos kepsnys

2. Listen to the tape and write, in English, what each person wants. **New phrase: man vis tiek** 'I don't care'.

a. *I want some white bread with jam.* . . . .
b. . . . .
c. . . . .
d. . . . .
e. . . . .

Lesson #5

3. Listen to the tape and write the translation in the space below.

....
....
....
....
....

This is your chance to speak. You can do so in the space provided on tape, the better way, or, if you feel you need the extra time to think, you can write the answers in the book first.

4. Listen to the questions and answer in full sentences.
a. Ar pietūs paruošti? *Taip, pietūs paruošti*......................
b. Ar tu norėtum arbatos? Ne, aš ....
c. Ar tau skanu obuolys? Taip, ...
d. Ar sviestas yra šaldytuve? Taip, ...
e. Ar jis valgo vakarienę? Ne, ...

5. Listen to the questions and answers, then give your own answer, according to the English prompts.

Ką tu valgai? Aš valgau sūrį. *Aš taip pat noriu truputį sūrio.*
Ką jūs valgote?
Aš valgau kiaulienos kepsnį su raugintais kopūstais. ....
Ką jis valgo?
Jis valgo žirnius ir morkas. ....
Ką tu geri?
Aš geriu kavą su cukrumi ir grietine. ....
Ką jūs geriate?
Aš geriu arbatą su citrina. ....

6. Listen to the tape and say each of the sentences in Lithuanian, making sure to use the dative case for the subject.
a. *Onutei skanu sūris.* ....
b. ....
c. ....
d. ....
e. ....

In Lithuanian only

This, as you know, is a review of what you have learned. Do you understand everything that is being said? If not, play the lesson through once more before going on to the next one.

Conversation No. 1

"Labas rytas! Ar pusryčiai jau paruošti?"
"Tuojau bus. Belaukdamas, prašau, padenk stalą."
"Mielai. Kur yra indai?"
"Spintoj ant lentynų. Padėk juos ant stalo. Ar nori arbatos?"
"Ne. Prašau, duok man apelsinų sunkos ir minkštai ar kietai virtą kiaušinį."
"Kokios duonos tu nori: juodos ar baltos?"
"Jurgi, ką tu valgai?"
"Aš valgau duoną su uogiene."
"Prašau, duok taip pat ir man."
"Prašau. Gero apetito!"

Conversation No. 2

"Ar jūs jau norite valgyti? Prašau prie stalo!"
"Gerai. Aš noriu valgyti."
"Aš esu išalkęs ir noriu gerti."
"Mes valgysime daržovių sriubos ir sumuštinį."
"Aš mėgstu daržovių sriubą."
"Aš taip pat."
"Aš labiau mėgstu vištienos sriubą. Mama, kur yra sviestas?"
"Sviestas yra šaldytuve. Eik ir pasiimk."
"Atnešk taip pat daugiau duonos."
"Algi, prašau, nuvalyk stalą. Ir suplauk indus."

Conversation No. 3.

"Vakarienė paruošta. Ar viskas tvarkoje?"
"Taip. Pienas yra čia. Druska yra ten, jau ant stalo."
"Prašau, pradėkite valgyti. Ar tau skanus šis viščiukas?"
"Man jis visai neskanus."
"Ar nori ką nors gerti? Ką mes gersim, vyno ar sunkos?"
"Aš norėčiau kavos."
"Aš tuojau atnešiu. Ar nori cukraus ir grietinės?"
"Ne, aš geriu juodą kavą."

Study hints

At this point it might be good to start making other lists. For example, in this chapter you studied about food and meals. Make one list of the foods you just learned and begin adding to it. Do you prefer asparagus to peas? Asparagus is **smydras**. Perhaps you're missing the salt and pepper shakers. Ask for **druskinė** and **pipirinė**.

As you need them, make lists of foods, dishes, kitchen utensils. Later develop other lists of clothing, colors — whatever you need. Refer to them often and keep adding them according to your own interests.

Lesson #6 — At a party

Dialogues and explanations

This, the last lesson on this cassette, consists of four rather than the usual three conversations. The first one will give you something to say when arriving at a party, the second and third will help you at the table and the last when leaving. Undoubtedly you will still be at a loss as to what to say during longer conversations, but never fear, you will learn.

Svečiai tuoj bus čia.	The guests will be here soon.
Ar aš galiu jums padėti?	Can I help you?
Prašau, padėk ant stalo žvakes.	Please put some candles on the table.
Gerai. Kur jos yra?	Fine. Where are they?
Ten, šalia servetėlių.	There, next to the napkins.
Štai mes čia!	Here we are!
Labas vakaras!	Good evening!
Prašau. Aš jums atnešiau gėlių.	Here. I brought you some flowers.
Vai, kokios gražios!	How pretty they are!
Ačiū. Nereikėjo.	Thank you. You shouldn't have.
Prašau, sėskite!	Please sit down.
Daiva, jauskis kaip namie!	Daiva, make yourself at home.
Ar galiu pasiūlyti ką nors išgerti?	May I offer something to drink?
Ir lašiniuočių?	And some bacon rolls?
Ačiū. Jie yra labai skanūs.	Thank you. They are very good.
Ar jie namie kepti?	Are they homemade?

Notes about us

When visiting, Lithuanians usually like to bring something small — flowers, a box of candy, a bottle of wine or anything else they think their hosts might like. We call this **kiškio pyragas**, which is something like a house gift. When going to visit at a new house, whether it be the first apartment of newlyweds or a larger house for a growing family, take along a bread-and-butter gift, **lauktuvės**. While it is a "fun" touch to include an actual loaf of bread and some salt, the name is a leftover from those times when salt was expensive and bread was considered a blessing for the house.

Aš atnešiau gėlių 'I brought (some) flowers'. Other things you might bring: **saldainių** 'candy', **knygą** 'book', **žaislų vaikams** 'a game for the children' or **vyno butelį** 'a bottle of wine'.

At most parties **užkandžiai** 'appetizers' or 'snacks' are served. **Lašiniuočiai** 'bacon rolls' are a Lithuanian delicacy. Others, of a more cosmopolitan nature, might be **riešutai** 'nuts', **sūris ir sausainiai** 'cheese and crackers', **svogūnų grietinėlė** or **svogūnų padažas** 'onion dip', **bulvių drožlės** 'potato chips'. For drinks most likely — **limonadas** 'lemonade', **kokteilis** 'cocktail', **vynas** 'wine', **alus** 'beer'.

Viskas paruošta.	Everything is ready.
Eikime prie stalo!	Let's go to the table.
Pirmiausia aš noriu nusiplauti rankas.	First I want to wash my hands.
Aš tuoj ten būsiu.	I'll be right there.
Viskas atrodo nuostabiai!	Everything looks wonderful!
Ir taip skaniai kvepia!	And it smells so good!
Jurgi, prašau, sėskis čia, šalia manęs. Martynai, ar aš galiu pasiūlyti žuvies?	Jurgis, please sit here, next to me. Martynas, may I offer you some fish?
Ne, ačiū. Aš žuvies nevalgau.	No, thank you. I do not eat fish.
Pamėgink mažą gabaliuką.	Try a small piece.
Daiva, paduok man druską.	Daiva, pass me the salt.
Aš noriu tik salotų.	I want just the salad.
Prašau, paimkite daugiau.	Please, take some more.
Ar eisime į svetainę?	Shall we go into the living room?
Ten bus patogiau.	It'll be more comfortable there.
Vladai, įjunk muziką!	Vladas, put on some music.
Uždėk lietuvišką plokštelę.	Put on some Lithuanian records.

Daiva, tu atrodai labai gražiai.	Daiva, you look lovely.
Ar tai nauja suknelė?	Is that a new dress?
Kas nori kavos?	Who wants some coffee?
Man atrodo, kad Jurgis nori alaus.	I think, Jurgis wants some beer.
Martynai, įpilk Jurgiui alaus!	Martynas, pour Jurgis some beer.
Tuojau. Prašau.	Right away. Here.
Pone Kalvaiti, ar aš galiu rūkyti?	Mr. Kalvaitis, may I smoke?
Taip, prašau. Vilija, kur yra peleninė?	Yes, please. Vilija, where is the ashtray?
Pakelkime stiklus!	Let's make a toast!
Na, Daiva, papasakok, kas naujo?	Well, Daiva, tell us what's new

- **Eikime prie stalo!** 'Let's go to the table!' The Lithuanian language makes extensive use of prepositions such as **prie** 'at' or 'next to', **ant** 'on'. The singular noun following these propositions always uses the genitive case: **prie stalo** 'at the table', **ant stalo** 'on the table', **prie kėdės** 'next to the chair', **ant kėdės** 'on the chair'.

- A good word to know is **daugiau**, which means 'more'. Using the genitive case of the noun you ask **Ar yra daugiau bulvių?** 'Are there more potatoes?' or **Ar yra daugiau pieno?** 'Is there more milk?'

- For times when you do not want any more, there are the following words or phrases you might use: **Tiktai truputį, nedaug, šiek tiek** 'just a little, please.' **Ne, ačiū, daugiau ne** 'No, thank you, no more.' **Tai yra per daug!** 'that is too much!' **Man užtenka** 'I've had enough.' and **Aš daugiau negaliu** 'I can't any more.'

- Some other drinks besides **kava** 'coffee', **arbata** 'tea' and **alus** 'beer' are **kokteilis** 'cocktail', **pienas** 'milk', **pasukos** 'buttermilk', **sunka** 'juice', **vanduo** 'water', **vynas** 'wine'.

- Some popular desserts are **sausainiai** 'cookies', **saldainiai** 'candies', **pyragas** 'cake', **tortas** 'layer cake', **ledai** 'ice cream', **drebučiai** 'gelatin', and **vaisiai** 'fruit'. Two typically Lithuanian desserts are **kisielius** 'clear pudding' and **raguotis** a huge, sweet pastry.

• Whenever you're feeling good, and sometimes when you're feeling miserable, superlatives are needed: **Ten yra patogu. Ten yra patogiau** 'Here it is comfortable. There it is more comfortable.' Adjectives, of course, take on the gender and case of the noun they modify: **gera kava, geresnė kava, geriausia kava** 'good coffee, better coffee, the best coffee.'

Ak, aš nežinojau, kad yra jau taip vėlu!	My, I didn't know that it's so late already!
Jurgi, mums jau reikia važiuoti namo.	Jurgis, we must go home.
Ar iš tiesų?	Really?
Dar nėra taip vėlu.	It's not that late yet.
Prašau, pasilikite truputį ilgiau!	Please stay a little longer.
Man labai gaila, bet mus reikia važiuoti.	I'm really sorry, but we do have to go.
Mes norime atsisveikinti.	We want to say good-bye.
Ačiū už vaišingumą.	Thank you for your hospitality.
Buvo malonu jus sutikti.	It was nice to meet you.
Taip. Buvo malonus pobūvis.	Yes. It was a nice party.
Aš tikiu, kad mes vėl susitiksime.	I hope we'll meet again.
Tikrai.	Definitely.
Aš jums paskambinsiu.	I'll call you.
Na, tai labanaktis!	Well, then, good night!
Būk sveikas.	Take care!

• **Vėlu. Mums reikia važiuoti namo** 'It is late. We have to go home.' In Lithuanian necessity or obligation — 'we have to' or 'we must' — is expressed with the dative construction, using the third person of the verb **reikėti (reikia, reikėjo, reikėdavo, reikės** or **reikėtų)** and the infinitive of the action verb: **Tau reikia toli važiuoti** 'You have far to go'. **Jam** (dat. pronoun) **reikia skaityti knygą** (acc. noun.) 'He has to read a book'. Note that in all cases the subject of the **reikia** predicate is in the dative case. The object might te in nominative or the accusative case.

'Early' is **ankstus/anksti** (adj.) or **anksti** (adj.). **Dar anksti. Dar mums nereikia važiuoti.** 'It is still early. We don't have to go yet'. Instead of **reikėti** we may use **turėti**. Using **turėti**, the subject is in the nominative case.

- **Mums reikia važiuoti namo** 'We have to go home'. In Lithuanian we try to differentiate between **važiuoti** 'to go (by car)' and **eiti** 'to go (on foot)'. Thus **važiuoti namo** most likely means taking the car while **aš einu namo** probably means 'I'm walking home'. **Man reikia eiti namo** 'I have to walk home'.

- Here are a few useful adverbs: **dabar** 'now', **tuojau pat** 'right now', **vėl** 'again', and **niekad** 'never'. **Mums dabar reikia važiuoti namo.** 'We must go home now.' **Ar tau tuoj pat reikia važiuoti?** 'Do you have to go right now?' **Jam niekad nereikia važiuoti namo.** 'He never has to go home.'

Grammar

(optional, not on tape)

Forming plurals

Plural forms, as with singular ones, are made by adding the proper endings to word bases. To determine the correct endings, you must know to which declension a given noun belongs. The Lithuanian nouns are divided into five declensions according to the ending of the genitive singular. Take away the genitive ending, we have the stem.

Nominative and vocative plurals: 1st declension **-ai** or **-iai**, 2nd **-os, -ios** or **-ės**, 3rd **-ys**, 4th **-ūs** or **-iai** and 5th **-ys**.

Genitive for all declensions: **-ų** or **-ių**.

Dative for all declensions: 1st **-ams** or **-iams**, 2nd **-oms** or **-ioms**, 3rd and 5th **-ims**, 4th **-ums** or **-iams**.

Accusative: 1st **-us** or **-ius**; 2nd **-as** or **-ias, -es**; 3rd **-is**; 4th **-us** or **-ius**; 5th **-is**.

Instrumental: 1st **-ais** or **-iais**, 2nd, 3rd, 4th, 5th **-mis**.

Locative: 1st **-uose** or **-iuose**, 2nd **-ose**, **-ėse**, 3rd and 5th **- yse**, 4th **-uose** or **-iuose**.

The fourth declension

All nouns ending in **-us** and in **-ius** belong to the fourth declension. (Gen. **-aus** or **-iaus**). They are all masculine. Study the following declensions, noting the differences between the singular and the plural: **sūnus** 'son', **lietus** 'rain', **skaičius** 'number'.

	s.	pl.		s.	pl.
Nom.	sūn-us	-ūs	N.	liet-us	-ūs
Gen.	sūn-aus	-ų	G.	liet-aus	-ų
Dat.	sūn-ui	-ums	D.	liet-ui	-ums
Acc.	sūn-ų	-us	A.	liet-ų	-us
Ins.	sūn-umi	-umis	I.	liet-umi	-umis
Loc.	sūn-uje	-uose	L.	liet-uje	-uose
Voc.	-sūn-au	-ūs	V.	liet-au	-ūs

	s.	pl.
Nom.	skaič-ius	-iai
Gen.	skaič-iaus	-ių
Dat.	skaič-iui	-iams
Acc.	skaič-ių	-ius
Ins.	skaič-iumi	-iumis
Loc.	skaič-iuje	-iuose
Voc.	skaič-iau	-iai

Third conjugation verbs

All verbs whose ending of the third person, present tense is **-o** belong to the third conjugation: **sakyti, sako, sakė** 'to say', **mokyti, moko, mokė** 'to teach'.

Esamasis laikas/Present tense   Būtasis kartinis/Past tense

aš	sak-au	mok-au	sak-iau	mok-iau
tu	sak-ai	mok-ai	sak-ei	mok-ei
jis	sak-o	mok-o	sak-ė	mok-ė
mes	sak-ome	mok-ome	sak-ėme	mok-ėme
jūs	sak-ote	mok-ote	sak-ėte	mok-ėte

As you study and compare the three conjugations, remember that only the present tense contains ending variations. In the past, past frequentative and future tenses, the same sets of endings are used for all verbs. They are given in the following chart with the three sets of present tense endings. (Exception are reflexive verbs, which will be covered in chapter VIII.)

	Present tense			Past tense	
	I	II	III		
1st pers. s.	-u	-u	-au	-au	
2nd pers. s.	-i	-i	-ai	-ai	
3rd pers. s. & pl.	-a	-i	-o	-o	
1st pers. pl.	-a-me	-i-me	-o-me	-o-me	
2nd pers. pl.	-a-te	-i-te	-o-te	-o-te	

	Past frequentative tense	Future tense
1st pers. s.	-davau	-siu
2nd pers. s.	-davai	-si
3rd pers. s. & pl.	-davo	-s
1st pers. pl.	-davo-me	-si-me
2nd pers. pl.	-davo-te	-si-te

Listen, understand and speak

Read the directions to the exercises; as always, you will need both the book and the cassette. Whenever necessary, write your answers before listening to the tape.

1. Listen to the tape and write in English what each person has brought as a hostess gift. **New words: saldžioji** or **trečiasis** 'dessert'.

a. Jurgis: ....
b. Kalvaitienė: ....
c. Martynas: ....
d. Daiva: ....

2. Listen to the tape and write in English what each person wants to do.

a. Daiva: ....
b. Martynas: ....
c. Onutė: ....
d. Jurgis: ....

3. Look at the box below and choose which sentences go with which location. Then listen to the tape for the English translations. Did you know them?

a. on the table *Puodukas yra ant stalo.* ....
b. at the table ....
c. on the chair ....
d. on the shelf ....
e. next to the bed ....

> Padėk stiklines ant lentynos.
> Puodukas yra ant stalo.
> Televizija yra prie lovos.
> Tėvas yra prie stalo.
> Paltas yra ant kėdės.

4. Listen to the tape and say each sentence in Lithuanian. Then listen to hear how you have done.

a. Where are you? — I am here. *Kur tu esi? Aš esu čia.* ....
b. Mr. Kalnius, please make yourself at home.
....
c. Onutė, please sit here. ....
d. May I offer you some wine? ....
e. Thank you for your hospitality. ....

5. Listen to the tape and put the adjective into the comparative form.
   a. Ta yra gera kava. *Ši kava yra geresnė.*
   b. Čia yra patogu. ....
   c. Šis pyragas yra skanus. ....
   d. Mano arbata yra karšta (hot). ....
   e. Daiva yra graži. *Onutė* ....

6. Listen to the tape and change each sentence into the plural. Remember that adjectives agree with the nouns they modify in gender, case and number. Say each sentence in the pause provided.
   a. Pyragas yra skanus. *Pyragai yra skanūs.*
   b. Stiklinė yra švari (clean). ....
   c. Motina yra maloni. ....
   d. Saldainis yra saldus. ....
   e. Riešutas yra kietas (hard). ....

In Lithuanian only

This, the last lesson of this cassette, was longer than usual and in it you covered quite a lot of ground. Listen to the conversations and see whether you understand everything that is said. Perhaps you have to review a few parts or even entire conversations. Do so before proceeding to the next cassette.

Conversation No. 1

"Svečiai tuoj bus čia. Ar aš galiu jums padėti?"
"Prašau, padėk ant stalo žvakes!"
"Gerai. Kur jos yra?"
"Ten, šalia servetėlių."
"Štai mes čia! Labas vakaras!"
"Prašau. Aš jums atnešiau gėlių."
"Vai, kokios jos gražios. Ačiū. Nereikėjo Prašau sėskitės. Daiva, jauskis kaip namie. Ar galiu pasiūlyti ką nors išgerti? Ir lašiniuočių?"
"Ačiū. Jie yra labai skanūs. Ar jie namie kepti?"

Conversation No. 2

"Viskas paruošta. Eikime prie stalo!"
"Pirmiausia aš noriu nusiplauti rankas. Aš tuojau ten būsiu."
"Viskas atrodo nuostabiai! Ir taip skaniai kvepia."
"Jurgi, prašau, sėskis čia, šalia manęs. Martynai, ar galiu pasiūlyti žuvies?"
"Ne, ačiū. Aš žuvies nevalgau."
"Pamėgink mažą gabaliuką."
"Daiva, paduok man druską."
"Aš noriu tiktai salotų."
"Prašau, paimkite daugiau."

Conversation No. 3.

"Ar eisime į svetainę? Ten bus patogiau. Vladai, įjunk muziką.
"Uždėk lietuvišką plokštelę."
"Daiva, tu atrodai labai gražiai. Ar tai nauja suknelė?"
"Kas nori kavos?"
"Man atrodo, kad Jurgis nori alaus. Martynai, įpilk Jurgiui alaus!"
"Tuojau. Prašau."
"Pone Kalniau, ar aš galiu rūkyti?"
"Taip, prašau. Vilija, kur yra peleninė?"
"Pakelkime stiklines! Na, Daiva, papasakok, kas naujo."

Conversation No. 4.

"Ak, aš nežinojau, kad yra jau taip vėlu! Jurgi, mums jau reikia važiuoti namo."
"Ar iš tiesų? Dar nėra taip vėlu."
"Prašau, pasilikite truputį ilgiau!"
"Man labai gaila, bet mums reikia važiuoti. Mes norime atsisveikinti. Ačiū už vaišingumą."
"Buvo malonu jus sutikti."
"Taip. Buvo malonus pobūvis. Aš tikiu, kad mes vėl susitiksime."
"Tikrai. Aš jums paskambinsiu."
"Na, tai labanaktis! Būk sveikas!"
"Važiuokite atsargiai!"

Study hints

Flash cards. Do you remember them from school or from your children's school? You, too, can use them to great advantage by making lists of words you have studied or those you would like to add to your working vocabulary.

To make flash cards cut commercially available 3x5 cards in half and keep them together with a rubber band. Keep separate word files for each of the word classes — verbs, nouns, pronouns, etc., making each file alphabetical and keeping the word classes separately. Write out the principal parts in their entirety: **sakyti, sako, sakė; namas, namo; žalias, žalia.**

Lesson #7 — What time and when?

Dialogues and explanations

In this lesson you will learn to ask what time it is, as well as to ask when something will happen.

Ką tu veiki?	What are you doing?
Aš laukiu Daivos.	I'm waiting for Daiva.
Kiek laiko?	What time is it?
Antra. Antra valanda.	Two. It is two o'clock.
Malonu. Kiek dabar laiko?	Fine. What time is it now?
Penkios minutės po dviejų.	Five minutes past two.
Gerai... Kiek dabar laiko?	Alright... What time is it now?
Dabar yra lygiai penkiolika po dviejų.	Now it is exactly two-fifteen.
Tuoj bus dvi trisdešimt.	Soon it will be two-thirty.
Ar jau yra pusė trijų?	Is it two-thirty already?
Aš nežinau, kas yra atsitikę.	I don't know what has happened.
Paprastai Daiva būna laiku.	Usually Daiva is on time.
Kiek ilgai tu lauksi?	How long will you wait?
Aš palauksiu ligi trijų.	I will wait until three.
Ką tu tada darysi?	What will you do then?
Tada aš eisiu namo.	Then I'll go home.

Notes about us

For a displaced society, Lithuanians publish a large number of books, magazines, newspapers and bulletins — about 2.5 million copies yearly — throughout the free world. The largest daily paper is "Draugas," published in Chicago. Weekly papers are "Dirva" (in Cleveland), "Darbininkas" (in Brooklyn), "Tėviškės žiburiai" (in Canada). We also publish magazines, Church and organization bulletins, political and biographical books as well as novels and poetry. There are also some excellent books about us in English. They can be purchased, or at least ordered, in any Lithuanian store. You will find some addresses in the back of this book.

- To tell time in Lithuanian, you have to learn the particles (prepositions) **prieš, iki** 'before' to indicate time *before* a full hour and **po** 'past' to indicate time *after* a full hour. **Dešimt minučių prieš penkias** 'Ten minutes before five' or **Dvidešimt minučių prieš šešias** 'Twenty minutes to six'. And: **Penkiolika minučių po pirmos** 'Fifteen minutes past one.' Or **Ketvirtis po aštuonių** 'Quarter past eight.' **Pusė aštuonių** is 'seven thirty', **pusė devynių** 'eight-thirty'   (For more help look in the grammar section, p. 83).

- The time divisions are: **sekundė** 'second', **minutė** 'minute', **valanda** 'hour', **diena** 'day', **savaitė** 'week', **mėnuo** 'month' and **metai** 'year.'

- **Ar tu turi laikrodį?** 'Do you have a watch?' There are various kinds of timepieces: **rankinis laikrodis** 'wristwatch', **kišeninis laikrodis** 'pocket watch', **sieninis laikrodis** 'wall clock', **žadintuvas** 'alarm clock'.

Kelintą valandą koncertas?	At what time is the concert?
Koncertas yra aštuntą, o šokiai dešimtą.	The concert is at eight, and the dance at ten.
Dabar yra tiktai be dešimt minučių septynios.	Right now it is only ten minutes before seven.
Mes turime daug laiko.	We have lots of time.
Mums nereikia skubėti.	We don't have to hurry.
Ar tu manai, kad paroda yra atidaryta?	Do you think that the exhibit is open?
Taip. Paroda yra atidaryta nuo šešių ligi dešimtos.	Yes. The exhibit is open from six to ten.
Kelintą valandą tau prasideda pamokos?	What time do your classes start?
Pirma pamoka prasideda devintą.	My first class starts at nine.
O tau?	And you?
Aš neinu mokyklon, bet dirbu.	I do not go to school, I work.
Darbas prasideda pusę devynių.	Work starts at eight thirty.

Lesson #7

Jurgi, kokia šiandien diena?	Jurgis, what's the date today?
Šiandien yra gegužės penktoji.	Today is May fifth.
Kodėl tu klausi?	Why do you ask?
Gegužės šeštą bus paskaita "Lietuvių metų laikai".	On May sixth there will be a lecture (called) "The Lithuanian Seasons."
Aš nenoriu jos praleisti.	I don't want to miss it.
Kelintą bus paskaita?	What time will the lecture be?
Ketvirtą po pietų.	At four in the afternoon.
Ar tu nori važiuoti drauge?	Do you want to come along?
Taip. Ar gali mane po to parvežti namo?	Yes. Can you bring me home afterwards?
Žinoma.	Of course.
Aš tave parvešiu namo.	I'll drive you home.
Susitiksime rytoj!	Let's meet tomorrow.

• The pronoun **kelintą** means 'at what time', **kiek** 'what time' or 'how many'. **Kelintą prasideda darbas?** 'What time does work begin?', **Kelintą tau reikia būti namie?** 'At what time do you have to be home?' and **Kiek laiko?** 'What time is it?' **Kiek tau metų (gen.)?** 'How old are you? **Kiek jūs turite vaikų (gen.)?** 'How many children do you have?'

• Some adverbs used when talking about time are **daug** 'much', 'a lot', **mažai** 'little, few', **per daug** 'too much' or 'to many', **per mažai** 'not enough' and **visai ne** 'not at all'. **Mes turime daug laiko** 'We have *a lot of* time.' **Aš turiu per maža laiko** 'I have too little time'. Notice, that these adverbs are followed by the genitive form of the noun.

• **Atidarytas, atidaryta** 'open', **uždarytas, uždaryta** 'closed'. Thus **paroda yra atidaryta** or **uždaryta** 'The exhibit is open/closed. **Prasideda** 'begins' or 'starts', **baigiasi** 'ends'. **Vaidinimas prasideda devintą** 'The play starts at nine'. **Darbas baigiasi penktą** 'Work ends at five'.

• To tell dates, you need to know ordinal numbers: **pirmas** 'first', **antras** 'second', **trečias** 'third', **ketvirtas** 'fourth', **penktas** 'fifth', **šeštas** 'sixth', **septintas** 'seventh', **aštuntas** 'eighth', **devintas** 'ninth', **dešimtas** 'tenth', **vienuoliktas** 'eleventh', **dvyliktas** 'twelfth'. Like all numbers, their endings agree with the noun they modify: **Pirmas berniukas/pirma mergaitė** 'first boy/first girl', **antras peilis/antra šakutė** 'second knife/second fork.'

- When saying a date, the ordinal number follows the month. **Birželio pirmoji** 'June first', **Liepos vienuolikta** 'July eleventh'. (The months are: **sausis, vasaris, kovas, balandis, gegužė, birželis, liepa, rugpjūtis, rugsėjis, spalis, lapkritis, gruodis.**) When giving a complete date, the year comes first, and it is used in the genitive case. 'February 16, 1918' **tūkstantis devyni šimtai aštuonioliktų metų vasario šešioliktoji** 'February 16'. Notice that only the last numeral is declined.

- The seasons of the year, **metų laikai**, are: **pavasaris** 'spring', **vasara** 'summer', **ruduo** 'autumn', **žiema** 'winter'.

Grammar

(optional, not on tape)

We have now studied four of the five declensions of Lithuanian nouns. A quick review will tell you that Lithuanian nouns usually are either feminine or masculine. Just a few words of the second declension are neuter: **elgeta** 'beggar', **naktibalda** 'sleepwalker', **neklaužada** 'disobedient person', **vėpla** 'gaper'. Masculine nouns belong to the first and fourth declensions and a few are in the second declension. The third and the fifth declensions are an even mix of masculine and feminine nouns.

The fifth declension of nouns

To the fifth declension belong feminine nouns in **-uo, -ė** (gen. **-ers**) and masculine nouns in **-uo** (gen. **-ens**). The number of nouns belonging to this declension is not very large. This book and Lithuanian dictionaries always indicate the genitive form of nouns to indicate their declensional pattern and gender: **akmuo, -ens** 'stone', **sesuo, -ers** 'sister', **duktė, -ers** 'daughter'.

	s.	pl.	s.	pl.
Nom.	akm-uo	-enys	ses-uo	-erys
Gen.	akm-ens	-enų	ses-ers	-erų
Dat.	akm-eniui	-enims	ses-eriai	-erims
Acc.	akm-enį	-enis	ses-erį	-eris
Ins.	akm-eniu	-enimis	ses-eria	-erimis
Loc.	akm-enyje	-enyse	ses-eryje	-eryse
Voc.	akm-enie	-enys	ses-erie	-erys

	s.	pl.
Nom.	dukt-ė	-erys
Gen.	dukt-ers	-erų
Dat.	dukt-eriai	-erims
Acc.	dukt-erį	-eris
Ins.	dukt-eria	-erimis
Loc.	dukt-eryje	-eryse
Voc.	dukt-erie	-erys

Masculine dative singular nouns end in **-iui**, the feminine in **-iai**. The instrumental singular may have two different endings: masculine **-iu** or **-imi**, feminine **-ia** or **-imi**.

Telling time

Questions about time are introduced by **kada** 'when' or **kelintą valandą** 'at what time?'

When telling time, we use the accusative case: **rytą** 'in the morning', **dieną** 'during the day', **ketvirtą valandą** 'at four o'clock', but we use locative case for 'in the evening' **vakare**.

Kada tu keliesi? 'When do you get up?' **Aš keliuosi rytą** (acc. sing.) or **rytais** (instr. pl.).

Kelintą tu keliesi? 'At what time do you get up?' **Aš keliuosi septintą** 'I get up at seven'. For clarification, look at the following chart. To talk about time, you can use either nominative or accusative phrases.

Nominative

Kelinta valanda?	What time is it?
Pirma valanda	It is 1 o'clock
Antra valanda	It is 2 o'clock
Trečia valanda	It is 3 o'clock
Ketvirta valanda	It is 4 o'clock

Accusative

Kada	At what (clock) time?
Pirmą valandą	at 1 o'clock
Antrą valandą	at 2 o'clock
Trečią valandą	at 3 o'clock
Ketvirtą valandą	at 4 o'clock

Notice that the accusative singular ending is -ą.

Occasionally people run into problems with half-hour phrases. In English such phrases look back to the last full hour, in Lithuanian they look forward to the next hour. To tell the half-hours, use the word **pusė** 'half' and the necessary numeral in genitive case.

Kiek laiko?	what time is it?	
pusė pirmos	half to one	12:30
pusė dviejų	half to two	1:30
pusė trijų	half to three	2:30

Kada?	At what (clock) time?	
pusę pirmos	at half to one	12:30
pusę dviejų	at half to two	1:30
pusę trijų	at half to three	2:30

Use **pusė** in the accusative case — **pusę**.

Ketvirtis is a quarter-hour: **Ketvirtis prieš tris** or **penkiolika minučių prieš tris** 'quarter (or fifteen minutes) to three.' **Ketvirtis po šešių** or **penkiolika minučių po šešių.** 'A quarter past six.'

Listen, understand and speak

Time for more exercises. The first three, as usual, are to check your understanding, the last three — to give you a chance to speak. Remember to read the directions before listening to the tape and to stop whenever you need more time. The tape is here for your convenience, not the other way around.

1. Listen to the following statements and decide whether you have lots of time **Aš turiu daug laiko** or whether you must hurry **Man reikia skubėti**.

			Have time	Must hurry
a. Dabar yra	7:15	Koncertas prasideda 8-tą.	.....	......
b. Dabar yra	4:00	Paroda atdara nuo 2 iki 9.	.....	......
c. Dabar yra	11:00	Aš turiu būti namie 10:30.	.....	......
d. Dabar yra	8:30	Darbas prasideda 8:45.	.....	......

2. Pretend you are taking part in a conversation. Before listening to the tape, choose the most appropriate answers from the list below. Then turn on the cassette and check whether you were right.

a. Kelintą tu išeini iš darbo? *Aš išeinu* ....
b. Kiek ilgai tu lauksi Daivos? ....
c. Kelinta valanda? ....
d. Kelintą tau prasideda pamokos? ....

> Aš išeinu namo penktą valandą.
> Aš lauksiu dar dešimt minučių.
> Dabar yra lygiai antra valanda.
> Pamokos prasideda pusę devynių rytą.

3. Write each date in Lithuanian and then listen to the tape to find out how well you've done. **New words: šiandien yra** 'today is'.

a. Monday, December 3rd. *Šiandien yra pirmadienis, gruodžio trečioji.* ....
b. Wednesday, January 21st. ....
c. Thursday, August 30th. ....
d. Sunday, May 14th ....
e. Saturday, October 24th ....

4. On the casette you will be prompted in English to answer some questions. Give your answers in full sentences, in Lithuanian, and then listen to the tape to check your answers.

a. Kelintą valandą tu valgai pietus? *Aš valgau pietus dvyliktą.*
b. Kelintą jūs išeinate į darbą? ....
c. Kelintą bus koncertas? ....
d. Kelintą tu nori važiuoti namo? ....
e. Kelintą tau reikia būti namie? ....

5. This time you must ask the questions. Follow the English prompts.

a. What time is it? ... *Kelinta valanda?* ....
b. What are you (formal) doing? ....
c. How long will you (informal) wait? ....
d. What time does school start? ....
e. How are you (informal)? ....

6. Translate each sentence into Lithuanian, then listen to the tape.

a. Work starts at nine and ends at five. . ...
b. The concert starts at 8:15 and ends at 10:30. ....
c. The exhibit is open from 7 to 11. ....
d. Daiva will be home from 1 to 2:15. ....
e. Will you (informal) be home from 5 to 6:15? ....

In Lithuanian only

Do not, in order to save time, skip this part of the lesson. It is designed to test your understanding of the language, since this time the conversations are held naturally, the way you might hear them. The more you listen and repeat, the more familiar you will become with the language.

Conversation No. 1

"Ką tu veiki?"
"Aš laukiu Daivos. Kiek laiko?"
"Antra. Antra valanda."
"Malonu. Kiek dabar laiko?"
"Penkios minutės po dviejų."
"Gerai... Kiek dabar laiko?"
"Dabar yra lygiai penkiolika po dviejų. Tuoj bus dvi trisdešimt."
"Ar jau yra pusė trijų? Aš nežinau, kas yra atsitikę. Paprastai Daiva būna laiku."
"Kiek ilgai tu lauksi?"
"Aš palauksiu ligi trijų."
"Ką tu tada darysi?"
"Tada aš eisiu namo."

Conversation No. 2

"Kelintą valandą yra koncertas?"
"Koncertas yra aštuntą, o šokiai dešimtą. Dabar yra tiktai be dešimt minučių septynios. Mes turime daug laiko. Mums nereikia skubėti."
"Ar tu manai, kad paroda yra atidaryta?"
"Taip. Paroda yra atidaryta nuo šeštos ligi dešimtos."
"Kelintą valandą prasideda tau pamokos?"
"Pirma pamoka prasideda devintą. O tau?"
"Aš neinu mokyklon, bet dirbu. Darbas prasideda pusę devynių."

Conversation No. 3

"Jurgi, kokia šiandien diena?"
"Šiandien yra gegužės penktoji. Kodėl tu klausi?"
"Gegužės šeštą bus paskaita "Lietuvių metų laikai." Aš nenoriu jos praleisti."
"Kelintą bus paskaita?"
"Ketvirtą po pietų. Ar tu nori važiuoti drauge?"
"Taip. Ar tu mane gali po to parvežti namo?"
"Žinoma. Aš tave parvešiu namo. Susitiksime rytoj!"

Study hints

Flash cards are useful both for studying and for vocabulary reviews; and, of course, the very act of preparing the cards will help commit the words to memory.

Make separate groups of flash cards for each of the word classes — nouns, verbs, adjectives, etc. Some people like to color-code the cards, using commercially available cards. You can, for example, write all your nouns on white cards, the adjectives on yellow, pronouns and numerals on orange, verbs on green and adverbs on blue cards.

Lesson #8 — Weather

Dialogues and explanations

A recent survey stated that the most discussed topic in the United States is the weather. Some of us are optimists and find each day a picnic even when it is impossible to go on one. Others find everything chilly and depressing. In this lesson you will learn some weather terminology and how to praise it or condemn it on any day of the week or month.

Laba diena. Šiandien yra graži diena.	Hello. Today is a nice day.
Labai graži. Saulė šviečia.	Very nice. The sun is shining.
Taip. Yra šilta ir saulėta.	Yes. It is warm and sunny.
Aš tikiu, kad rytoj bus geras oras.	I hope that tomorrow the weather will be fine.
Aš vakar norėjau eiti į gegužinę, bet buvo apsiniaukę.	Yesterday I wanted to go on a picnic, but it was cloudy.
O pirmadienį lijo.	And Monday it rained.
Teisingai. Aš atsimenu.	Right. I remember.
Buvo audra.	There was a storm.
Aš norėjau eiti pasivaikščioti, bet man nepatinka audra.	I wanted to go for a walk, but I do not like storms.
Ar tu turi laiko?	Do you have any time?
Eikime dabar į paplūdimį.	Let's go to the beach now.
Šiandien malonu būti lauke.	It's nice to be outside today.

Note about us

Lithuania is one of the three Baltic states, along with Latvia and Estonia. It is located approximately at the 56th longitudinal parallel, that is, as far north as Hudson Bay in Canada. Due to the influence of the Gulf stream, the climate is **relatively mild, with beautiful, dry springs and lovely, somewhat** wet, summers. What is remarkable about Lithuania are the long summer days. Those who return for visits are constantly surprised by the fact that in late June the sun never seems to set and it is still light outside at midnight. Of course, on Christmas Eve the sun rises at 8:01 AM and sets at 2:43 PM, giving you a day with less than seven hours of light.

- This is the time and the place to learn the **savaitės dienas** 'days of the week': **pirmadienis** 'Monday', **antradienis** 'Tuesday', **trečiadienis** 'Wednesday', **ketvirtadienis** 'Thursday', **penktadienis** 'Friday', **šeštadienis** 'Saturday' and **sekmadienis** 'Sunday'. Notice that weekdays in Lithuanian are combinations of a cardinal number plus the word 'day' — **pirma-diena, antra-diena,** changing **diena** to **dienis**. The exception is Sunday, which is derived not from the contemporary cardinal number **septintas** 'seventh', but from an older one **sekmas** plus **diena**.

- **Šiandien yra graži diena** 'Today is a nice day.' It can be a **gražus rytas** 'nice morning' or **gražus priešpietis** 'nice forenoon' (**popietis** is 'afternoon') or, let's hope not, **netikęs vakaras** 'bad evening' or **baisi naktis** 'terrible night'.

- All the above nouns can be changed into adverbs: **diena** to **šiandien, rytas** to **rytoj** 'tomorrow' and **poryt** 'day after tomorrow', **vakaras** to **vakar** 'yesterday' and **užvakar** 'day before yesterday'. Another way to describe time is to use words **sekantis** 'next' and **praeitas, praėjęs** 'last' or 'past'; **sekantį pirmadienį** 'next Monday', **praėjusią vasarą** 'last summer'.

Kelkis! Jau rytas!	Get up! It's morning!
Ką tu nori veikti?	What do you want to do?
Koks lauke oras?	What's it like outside?
Lauke yra šalta ir lietinga.	Outside it is cold and rainy.
Dabar lyja.	It is raining right now.
Taip. Visą savaitę buvo blogas oras	Yes. All week we've had bad weather.
Rudenį ir žiemą pas mus paprastai lyja.	In the fall and winter it usually rains here.
Tas tiesa.	That's true.

Taigi, ką tu nori daryti?	Well then, what do you want to do?
Žinai ką?	Know what?
Pasilikime šiandien namie.	Let's stay home today.
Gerai. Mes galime skaityti arba mokytis.	Fine. We can read or study.
Ir žiūrėti televizijos.	And watch television.
Aš negaliu matyti.	I cannot see.
Prašau, uždek šviesą.	Please turn on the light.
Čia yra karšta.	It's hot in here.
Taip pat atidaryk langą.	Open the window, too.
Tuojau pat!	Just a moment!
Čia yra skersvėjis ir man šalta.	It's drafty here and I am cold.
Uždaryk tą langą.	Close that window.
Klausyk, man nuobodu.	Listen, I am bored.
Jurgi, einam laukan.	Jurgi, let's go outside.
Tokiame ore?	In this kind of weather?
Gruodžio mėnesį anksti sutemsta.	In December it gets dark early.
O man ar šiaip ar taip, reikia eiti namo.	And I must go home anyway.
Na, gerai, gerai. Būk atsargi!	O well, fine. But be careful!
Gatvės yra slidžios.	The streets are slippery.

- **Ar tu turi laiko?** 'Do you have any time?' Or **Laikas keltis!** 'Time to get up!' and **laikas gulti** 'bedtime'.

- **Man šalta** is 'I am cold'. In order to further describe this condition, you can add the appropriate noun, in the dative form. **Man šalta kojoms** 'My feet are cold'. **Ar tau šalta rankoms?** 'are your hands cold?'

- Here are some adjectives describing good weather, followed by those for bad weather: **šilta** (neuter adjective) 'warm', **karšta** 'hot', **gražu** 'nice', **saulėta** 'sunny', **malonu** 'pleasant'. Their opposites might be **šalta** 'cold', **vėsu** 'cool', **lietinga** 'rainy'. You night say the same adding the noun **oras** 'weather' to each adjective. Since the adjective must agree with the noun, we would add the masculine ending **-as**: **šiltas oras** 'warm weather',

karštas oras 'hot weather', **šaltas oras** 'cold weather'. **Lyja** is 'It is raining', and **sninga** is 'it is snowing'.

• **Tamsu** is 'dark'; it's opposite is **šviesu** 'light'. **Yra tamsu** is 'It is dark'. **Darosi šviesu** 'It is getting to be light.' The word **darytis** is a generally useful word to know: **Darosi šalta** 'It is getting cold'. **Darosi vėlu** 'It is getting late.'

• For review purpose, let us look once again at the verb **būti** 'to be': **Čia yra karšta** 'It is hot here.' **Man** (dative construction) **yra karšta** 'I am hot.' **Čia yra vėsu** 'It is chilly here.' **Tau yra šalta** 'You (informal) are cold.' The full conjugation of this verb appears in the grammar section and in the supplement.

• When talking about *when* something happens, you must use the locative or accusative case: **Gruodžio mėnesį darosi tamsu** 'In December it gets dark'. **Sausio mėnesį yra šalta** 'In January it is cold.' **Žiemą daug sninga** 'In winter it snows a lot.' **Sekmadienį aš einu svečiuotis** 'On Sunday I go visiting.'

Grammar
(optional, not on tape)

Agreement of nouns and their modifiers

Nouns may be modified by adjectives, numerals, pronouns or other nouns. Agreement of nouns and their modifiers in case, gender and number is an important feature of the Lithuanian language. This is due to the fact that not only nouns, but also adjectives, numerals and pronouns have inflected endings.

Adjectives have only three declensions. All adjectives ending in **-as** (masc.) and **-a** (fem.) belong to the first declension which can be compared to the first and second declensions of nouns. Masculine adjectives are declined like **tiltas** (1st) 'bridge' and feminine adjectives like **diena** '(2nd) 'day.' All adjectives ending in **-us** (masc.) and **-i** (fem.) belong to the second declension and are declined like **sūnus** (4th) 'son' and **Marti** (2nd) 'daughter-in-law', respectively. All adjectives ending in **-is** (masc.) and **-ė** (fem.) belong to the third declension which is declined like **brolis** (1st) if masculine or **upė** (2nd) if feminine. Be sure to note the minor differences between the declensions of nouns and adjectives (**Aukštas -a** (1st) 'high', **gražus, -i** (2nd), 'beautiful', **medinis, -ė** (3rd) 'wooden'.

	sing.		pl.	
	m.	f.	m.	f.
Nom.	aukšt-as	-a	-i	-os
Gen.	aukšt-o	-os	-ų	-ų
Dat.	aukšt-am	-ai	-iems	-oms
Acc.	aukšt-ą	-ą	-us	-as
Ins.	aukšt-u	-a	-ais	-omis
Loc.	aukšt-ame	-oje	-uose	-ose

	sing.		pl.	
	m.	f.	m.	f.
Nom.	graž-us	-i	-ūs	-ios
Gen.	graž-aus	-ios	-ių	-ių
Dat.	graž-iam	-iai	iems	-ioms
Acc.	graž-ų	-ią	-ius	-ias
Ins.	graž-iu	-ia	-iais	-iomis
Loc.	graž-iame	-ioje	-iuose	-iose

	sing.		pl.	
	m.	f.	m.	f.
Nom.	geležin-is	-ė	-iai	-ės
Gen.	geležin-io	-ės	-ių	-ių
Dat.	geležin-iam	-ei	-iams	-ėms
Acc.	geležin-į	-ę	-ius	-es
Ins.	geležin-iu	-e	-iais	-ėmis
Loc.	geležin-iame	-ėje	-iuose	-ėse

Reflexive verbs

In the conversations of this lesson there are several verbs which do not have the endings you have been studying so far: **keltis, mokytis, saugotis**. These are called **reflexive verbs**. What we have been studying are the **active verbs**. For reflexive verbs all principal parts end in **-s** or **-si: keltis, keliasi, kėlėsi** 'get up'.

Reflexive verbs are called reflexive because, in their most common use, their action refers back to its doer: **Jurgis saugojasi** 'Jurgis is careful' (lit. Jurgis is watching himself)'. **Daiva prausiasi** (lit. Daiva is washing herself). The infinitive of the reflexive verbs is formed by adding the ending **-s** or **-si** to the active infinitive: **prausti** 'to wash', **prausti-s** 'to wash oneself', **mokyti** 'to teach', **mokyti-s** 'to learn' or 'to study' (lit. to teach oneself).

Esamasis laikas/Present tense

aš	neš-uos	myl-iuos	dar-aus
tu	neš-ies	myl-ies	dar-ais
jis	neš-as	myl-is	dar-os
mes	neš-amės	myl-imės	dar-omės
jūs	neš-atės	myl-itės	dar-otės

Būtasis kartinis/Past tense

aš	neš-iaus	mylėj-aus	dar-iaus
tu	neš-eisi	mylėj-ais	dar-eis
jis	neš-ės	mylėj-os	dar-ės
mes	neš-ėmės	mylėj-omės	dar-ėmės
jūs	neš-ėtės	mylėj-otės	dar-ėtės

Būtasis dažninis/Past frequentative

aš	neš-davaus	mylė-davaus	dary-davaus
tu	neš-davais	mylė-davais	dary-davais
jis	neš-davos	mylė-davos	dary-davos
mes	neš-davomės	mylė-davomės	dary-davomės
jūs	neš-davotės	mylė-davotės	dary-davotės

Būsimasis/Future tense

aš	neš-iuos	mylė-siuos	dary-siuos
tu	neš-ies	mylė-sies	dary-sies
jis	neš-is	mylė-sis	dary-sis
mes	neš-imės	mylė-simės	dary-simės
jūs	neš-itės	mylė-sitės	dary-sitės

Listen, understand and speak

Because you need both the book and the tape for the exercises, stop and read them now. Do the written exercises wherever required.

1. For this exercise write the answers before you listen to the tape, choosing the proper translations from the box below.

a. Wednesday it rained. *Trečiadienį lijo.* ....
b. On Sundays Jurgis goes on picnics. ....
c. Today is Monday. ....
d. On Saturdays I go visiting. ....
e. On Thursday the weather will be pleasant. ....

> Šiandien yra pirmadienis. Šeštadieniais aš einu viešėti.
> Trečiadienį lijo. Ketvirtadienį bus geras oras.
> Sekmadieniais Jurgis eina į gegužinę.

2. Now about the weather. Fill in the blanks from the choices below and then listen to the tape.

a. *Žiemą.* .... daug sniego.
b. .... ansti pasidaro tamsu.
c. .... prasideda kovo 23 dieną.
d. .... yra keturi metų laikai.
e. .... žydi gražios gėlės.

> Rudenį   Pavasaris   Metuose
> Žiemą   Vasarą

3. As you know, in Lithuanian you distinguish between the formal and informal 'you'. Read the following sentences and choose the proper address.

a. You are talking to your minister.   tu   jūs
b. You are asking your brother to get some milk.   tu   jūs
c. Your girlfriend called to ask for a date.   tu   jūs
d. Your father's friend stops you on the street.   tu   jūs
e. Your teacher calls to speak to your parents.   tu   jūs

4. Please reply in full sentences, either writing in the book or orally, then check the tape to see how well you've done.

a. Ar lauke jau tamsu?
   Taip, *lauke jau tamsu.* ....
b. Ar darosi šalta?
   Taip, ...
c. Ar žiemą sninga?
   Taip, ...
d. Ar tu sekmadieniais eini pasivaikščioti?
   Taip, ...
e. Ar jau vėlu?
   Ne, ...

5. This section will test your knowledge of the locative. Listen to the tape and repeat each sentence in Lithuanian. If you find this difficult, write the answers in the book and then listen to the tape, saying each sentence out loud during the time provided.

a. Let's stay home today. *Pasilikime šiandien namie.*
b. The concerts are on Saturdays. ....
c. In the mornings I eat breakfast. ....
d. In October it usually rains. ....
e. It is cold and rainy outside. ....

6. Listen to the tape and give an answer to each statement; the English prompts will tell you what to say.

a. Aš noriu eiti laukan. (no, it rains)
   Tu negali eiti laukan, nes lauke lyja.
b. Jis nori važiuoti namo.
   (No, storm) ....
c. Ar tu nori važiuoti į gegužinę?
   (No, snow) ....
d. Jis nori atidaryti langą.
   (No, cold) ....
e. Mes norim eiti viešėti.
   (Fine, it's warm) ....

In Lithuanian only

Now, once again it is your chance to check how much of this lesson you have absorbed. If you were to join some people and listen in on the following conversations, would you understand what they were saying?

Conversation No. 1
"Laba diena. Šiandien yra graži diena."
"Labai graži. Šviečia saulė."
"Taip. Yra šilta ir saulėta. Aš tikiu, kad rytoj bus geras oras. Aš vakar norėjau eiti į gegužinę, bet buvo apsiniaukę, o pirmadienį lijo."
"Teisingai. Aš atsimenu. Buvo audra. Aš norėjau eiti pasivaikščioti, bet man nepatinka audra."
"Ar tu turi laiko? Eikime dabar į paplūdimį. Šiandien malonu būti lauke."

Conversation No. 2
"Kelkis! Jau rytas! Ką tu nori veikti?"
"Koks lauke oras?"
"Lauke yra šaltas ir lietingas oras. Dabar lyja."
"Taip. Visą savaitę buvo blogas oras. Rudenį ir žiemą pas mus paprastai lyja."
"Tas tiesa."
"Taigi, ką tu nori daryti?"
"Žinai ką? Pasilikime šiandien namie."
"Gerai. Mes galime skaityti arba mokytis. Ir žiūrėti televizijos."

Conversation No. 3
"Aš negaliu matyti. Prašau, uždek šviesą."
"Čia yra karšta. Taip pat atidaryk langą."
"Tuojau pat! Čia yra skersvėjis ir man šalta. Uždaryk tą langą."
"Klausyk, man nuobodu. Jurgi, eikim laukan."
"Tokiame ore?"
"Gruodžio mėnesį anksti sutemsta, o man, ar šiaip ar taip, reikia eiti namo."
"Na, gerai, gerai. Būk atsargi! Gatvės yra slidžios."

Study hints

Another study hint, more or less along the line of flash cards, is to buy a small notebook and either purchase or borrow an English/Lithuanian dictionary to make your own list of opposite adverbs and adjectives.

For example, you have learned the adverbs **arti/toli** 'close/far away'; now add **pamažu/greitai** 'slowly/quickly'. On your list of adjectives you might add **karštas/šaltas** 'hot/cold', **tuščias/pilnas** 'empty/full', **saldus/rūgštus** 'sweet/sour', **jaunas/senas** 'young/old', etc. Each one of you will come up with different lists that will meet your needs exactly.

Lesson #9 — The telephone

Dialogues and explanations

The telephone is a necessity of life. While that is a statement open to debate, the fact is that hardly any of us spend a day without using the telephone. Since there are few Lithuanian neighborhoods in the free world where one can talk to one's friends over the back fence, we, too, depend on the telephone.

Alio. Klausau.	Hello. I'm listening.
Prašau, kas kalba?	Who's speaking, please?
Čia kalba Jurgis.	This is Jurgis speaking.
Ar aš galėčiau kalbėti su Daiva?	May I speak with Daiva?
Labas vakaras, Jurgi.	Good evening, Jurgis.
Taip. Aš ją pašauksiu.	Yes. I'll call her.
Daiva! Telefonas!	Daiva! Telephone!
Skambina Jurgis.	Jurgis is calling.
Labas vakaras, Jurgi, kaip tu gyveni?	Good evening, Jurgis, how are you?
Aš dar nežinau.	I don't know yet.
Ką tu šį vakarą veiki?	What are you doing tonight?
Nieko ypatingo. Skaitau.	Nothing much. I'm reading.
Ar norėtum su manim važiuoti į kiną?	Would you like to go to the movies with me?
Labai mielai.	With pleasure.
Malonu, kad paskambinai.	It's nice that you called.
Pasveikink savo tėvą.	And say hello to your father.

Note about us

It has generally been the practice of Lithuanians living in a foreign land to found their own parishes, schools, societies and clubs, fraternal associations, newspapers and journals, etc. After World War II it was necessary to organize a strong and unifying force, **the World Lithuanian Community (Pasaulio Lietuvių Bendruomenė)**, an organization which would unite Lithuanians scattered throughout the world for two great goals: to preserve the Lithuanian heritage and to restore independence to Lithuania. The Lithuanian community of each country functions independently according to its own statutes, adapting itself to local conditions (E.L. VI, 264-269).

- **Aš skaitau.** There is no distinction in Lithuanian between present and present continuous verbs. Whether **aš skaitau** means 'I read' or 'I am reading' is determined by the context. Some things to read: **knyga** 'book', **laikraštis** 'newspaper', **žurnalas** 'magazine', **televizijos programa** 'TV guide.' **Aš skaitau žurnalą** 'I am reading a magazine'. The objects are in the accusative case, answering the question **ką?** 'what?'

- Another use of accusative: **Jurgis nori važiuoti į bažnyčią** 'Jurgis wants to go to church.' The preposition **į** 'to', combined with a verb indicating direction, is followed by the noun in the accusative case, e.g.: **Aš noriu važiuoti į paplūdimį** 'I want to go (drive) to the beach.' **Ar tu nori eiti į krautuvę?** 'Do you want to go (walk) to the store?' Other places: **į parką** 'park', **mokyklą** 'school', **miestą** 'city', **banką** 'bank', **teatrą** 'theater'.

- Do remember, however, that whenever you use the preposition **ant** to mean 'on' or 'on top', the noun following it takes the genitive. Two examples: **Telefonas yra ant lentynos** 'The telephone is *on the* shelf', and **Padėk indus ant stalo** 'Put the dishes *on the table*'.

Ponia Kalvaitiene, ar aš galėčiau kai kam paskambinti?	Mrs. Kalvaitienė, may I call someone?
Taip. Čia yra telefonas.	Yes. Here is the telephone.
Ačiū. Aš noriu paskambinti draugei, bet aš nežinau numerio.	Thank you. I want to call (my) girlfriend, but I do not know the number.
Ar jūs turite telefonų knygą?	Do you have a phone book?
Tuojau pat, prašau, aš paieškosiu. Taip, čia yra.	Just a moment, please, I'll look for it. Yes, here it is.

Niekas neatsako.	Nobody's answering.
Atrodo, Ievos nėra namie.	I guess Ieva is not at home.
Pamėginkit dar kartą truputį vėliau.	Try again a little later.
Būtinai.	Certainly.
Dabar telefonas yra užimtas.	Now the phone is busy.

Labas vakaras.	Good evening.
Ar Martynas yra namie?	Is Martynas at home?
Ne, Martyno nėra namie.	No, Martynas is not at home.
Ar galiu jam perduoti kokią žinią?	May I give (him) a message?
Taip, prašau. Pasakykit jam, kad draugijos susirinkimas bus rugsėjo 1, aštuntą valandą.	Yes, please. Tell him that the association meeting will be on Sept. 1st, at eight o'clock.
Kongresas bus lapkričio 28-30.	The convention will be from November 28-30th.
Gerai, aš jam pasakysiu.	Fine. I'll tell him.
Jei jis turės kokių klausimų, tegu man paskambina.	If he has any questions, have him call me.
Koks yra jūsų telefono numeris?	What is your phone number?
Mano telefono numeris yra 965-3647.	My phone number is 965-3647.

- **Čia yra telefonas.** 'Here is the telephone.' It might be **už stalo** 'behind the table', **ant sienos** 'on the wall', **ant grindų** 'on the floor', **virš kėdės** 'on the chair', **po lentyna** 'under the shelf'. Notice that all these prepositions are followed by a noun in the genitive case.

- A list of prepositions and the various cases they take is printed in the next page and in the supplement. Remember that the examples we give you are to be used like building blocks. Once you learn a few, you can start adding or substituting them.

- **Ar aš galiu paskambinti?** 'May I make a call?' Whenever two consecutive verbs are used, the second verb — as in English — takes the infinitive ending: **Aš galiu valgyti** 'I may eat'. **Jis eina miegoti** 'He is going to sleep.' **Mes norime kalbėti** 'We want to talk.'

- Listen to these statements: **Ar Martynas yra namie?** 'Is Martynas at home?' **Ne, Martyno nėra namie** 'No, Martynas is not at home.' Whenever the negation **nėra** is used, the object noun takes the genitive case: **Aš neturiu duonos** 'I have no bread'. **Tu neturi laikraščio** 'You don't have a newspaper' and from the previous conversation: **Atrodo, kad Ievos nėra namie** 'I guess Ieva is not at home.'

- More about prepositions. **Kongresas bus nuo lapkričio dvidešimt aštuntos ligi trisdešimtos** 'The congress will be *from* November twenty eight to the thirtieth'. Notice that the prepositions **nuo** and **ligi** takes the genitive case.

- Have you been noticing the difference between the formal and informal 'you'? **Ką tu darai?** is informal, **Ką jūs darote?** formal; both mean 'What are you doing?' More examples: **Ar tu turi telefonų knygą?** (inf.) **Ar jūs turite telefonų knygą?** (form.). 'Do you have the phone book?' **Pasakyk jam** (inf.), and **pasakykit jam** (form.) 'tell him'.

Grammar

(optional, not on tape)

Prepositions

The Lithuanian language uses a seemingly confusing variety of prepositions, each making the noun or pronoun following it take a certain case ending. However, with a few exceptions, each preposition takes only one definite case for singular objects. The following are the most common prepositions, used throughout this course:

Lesson #9

Genitive

Ant 'on/upon'
iš 'from'
be 'without'
nuo 'down/off'
iki 'until'
netoli 'near'
prie 'at/near'
tarp 'between'
viršuj 'above'

Accusative

apie 'about'
paliai 'along'
aplink 'around'
pas 'at'
į 'to'
per 'through/across'
prieš 'before'
pro 'by'

Instrumental

su 'with'
sulig 'according to'
ties 'near, by, at'

Various cases
Aš sėdžiu už stalo (gen.) — I sit behind a table.
Nueik ligi krautuvės (gen.) — Go to the store.
Aš kalbu su broliu (instr.) — I talk with (my) brother.
Padėk tai ant kėdės (gen.) — Put that on the chair.
Aš einu į mokyklą (acc.) — I go to school.

Prefixes

In our texts we have also seen verbs with **prefixes**, which add various nuances to the basic meanings of verbs. The prefixes are often the same as the prepositions, both in sound and in meaning.

dėti 'put/place'
uždėti 'put on'
padėti 'put down'
įdėti 'put into'
vilkti 'wear'
užvilkti 'put on clothes'
nuvilkti 'take off clothes'

The changes in verb meanings are sometimes very marked: **žiūrėti** 'to see', **nužiūrėti** 'to select, to pick out', **prižiūrėti** 'to inspect, to look after'. At other times they are quite subtle: **suktis** 'turn', **pasisukti** 'turn a little'. You will become more confident about the usage of prefixed verbs as you continue to study the Lithuanian language.

Conjugation and t and d palatalization

You have studied how to conjugate verbs. However, some of them change the last consonant of the stem because of palatalization: if the ending is **-iu, -ia** or **-iau**, **t** changes to **č** and **d** to **dž**. The same changes also apply to nouns or adjectives.

Jausti, jaučia, jautė 'to feel'; **sėdėti, sėdi, sėdėjo** 'to sit'; **gydyti, gydo, gydė** 'to heal, to cure'; **matyti, mato, matė** 'to see'.

Esamasis laikas / Present tense

aš	jauč-iu	sėdž-iu	gyd-au	mat-au
tu	jaut-i	sėd-i	gyd-ai	mat-ai
jis	jauč-ia	sėd-i	gyd-o	mat-o
mes	jauč-iame	sėd-ime	gyd-ome	mat-ome
jūs	jauč-iate	sėd-ite	gyd-ote	mat-ote

Būtasis kartinis laikas / Past tense

aš	jauč-iau	sėdėj-au	gydž-iau	mač-iau
tu	jaut-ei	sėdėj-ai	gyd-ei	mat-ei
jis	jaut-ė	sėdėj-o	gyd-ė	mat-ė
mes	jaut-ėme	sėdėj-ome	gyd-ėme	mat-ėme
jūs	jaut-ėte	sėdėj-ote	gyd-ėte	mat-ėte

In the subjunctive mood, the 1st person always changes **t** to **č**: **jausčiau, sėdėčiau, gydyčiau, matyčiau.**

In conjugation

N.	plat-us	med-is	plat-ūs	medž-iai
G.	plat-aus	medž-io	plač-ių	medž-ių
N.	plač-iam	medž-iui	plat-iems	medž-iams
A.	plat-ų	med-į	plač-ius	medž-ius
I.	plač-iu	medž-iu	plač-iais	medž-iais
L.	plač-iame	med-yje	plač-iuose	medž-iuose

Remember, as you learn new verbs, to check in the dictionary for their conjugations and for the changes.

Listen, understand and speak

It is time for the listening and speaking exercises. As usual, you will need both the book and the cassette player.

1. Listen to the tape. Four people are dialing telephone numbers. Check which ones.

Jurgis: 965-3214	Onutė: 870-1245
Ieva: 135-9680	Vladas: 742-8570
Audra: 296-0138	Algis: 636-2457
Petras: 228-3104	Margis: 324-1052

2. For this exercise write the answers before you listen to the tape. Select the correct answers from the box below and write them in the spaces provided.

a. Alio. Kas, prašau, kalba? ...*Čia kalba Rita* ....
b. Ar aš galėčiau kalbėti su Morta? ....
c. Ar Petras yra namie? ....
d. Koks yra jūsų telefono numeris? ....
e. Ar aš galėčiau perduoti žinią? ....

> Čia kalba Rita. Ne, ačiū. Aš paskambinsiu rytoj.
> Taip. Aš ją pašauksiu. Mano telefono numeris
> yra 234-1085. Ne, Petro nėra namie.

3. The library is conducting a survey of people's reading habits. Listen to the tape and check the correct answer. *New words:* **bent** 'at least', **apie** 'about'.

Laima Kerulytė
reads at least one magazine daily
reads at least one book per day

Marija Petrulienė
reads three books per week
reads about one book per year

Pranas Gailiūnas
reads every newspaper in sight
reads two newspapers daily

Jonas Girnius
does not like reading
reads only magazines

4. Listen to the tape and answer each question according to the English prompts. The question **Kam tu nori skambinti?** *Whom do you want to call?* takes an answer with the object in the dative case.

a. Kam tu (inform.) nori skambinti?
   Aš noriu paskambinti pusbroliui Jurgiui. ....
b. Kam jūs (form.) norite skambinti? ....
d. Kam Albertas nori skambinti? ....
e. Kam aš noriu skambinti? ....

5. This exercise will give you practice with the genitives. Listen to the questions and answer fully, in the negative.

a. Ar Martynas yra namie? ...*Ne, Martyno nėra namie.*........
b. Ar motina turi duonos? ....
c. Ar tu turi laikraštį? ....
d. Ar ji turi didelį namą? . ...
e. Ar tu turi daug pinigų? ....

6. One more conversation, this time about dates. Repeat each sentence in Lithuanian — it might be easier to write the answers before saying the sentence in the time provided on tape.

a. The Song Festival (Dainų šventė) will be held from the 10th to the 15th. ....
b. I'm going to London from November 29th until December 3rd.
....
c. Algis is going to camp (į stovyklą) from July 4th to August 1st.
....
d. Are you going to Dainava from February 10th through March 24th? ....

In Lithuanian only

Please listen to the following conversations to check how much you understand. Since the conversations use not only the present, but the past and future tenses as well, this might not always be easy.

Conversation No. 1
"Alio. Klausau. Prašau, kas kalba?"
"Čia kalba Jurgis. Ar aš galėčiau kalbėti su Daiva?"
"Labas vakaras, Jurgi. Taip. Aš ją pašauksiu. Daiva! Telefonas! Skambina Jurgis."
"Labas vakaras, Jurgi, kaip tu gyveni?"
"Aš dar nežinau. Ką tu šį vakarą veiki?"
"Nieko ypatingo. Skaitau".
"Ar tu norėtum su manim važiuoti į kiną?"
"Labai mielai. Malonu, kad paskambinai. Pasveikink savo tėvą."

Conversation No. 2
"Ponia Kalvaitiene, ar aš galėčiau kai kam paskambinti?"
"Taip. Čia yra telefonas."
"Ar jūs turite telefonų knygą?"

"Tuoj pat, prašau, aš paieškosiu. Taip, čia yra."
"Niekas neatsako. Atrodo, kad Ievos nėra namie."
"Pamėginkit dar kartą truputį vėliau."
"Būtinai. Dabar telefonas yra užimtas."

Conversation No. 3
"Labas vakaras. Ar Martynas yra namie?"
"Ne, Martyno nėra namie. Ar aš galiu jam perduoti kokią žinią?"
"Taip, prašau. Pasakykit jam, kad draugijos susirinkimas bus rugsėjo 1, aštuntą valandą. Kongresas bus lapkričio 28-30 d."
"Gerai, aš jam pasakysiu."
"Jei jis turės kokių klausimų, tegu man paskambina."
"Koks jūsų telefono numeris?"
"Mano telefono numeris yra 965-3647."

Study hints

Another way of increasing your vocabulary is by labeling. While this takes some effort and sounds like a children's game, try asking someone to label various objects around your home. Thus, as you get up in the morning you might be met with little yellow labels stating that what you've just gotten out of is a **lova** 'bed', covered with a **antklodė** 'blanket', with the **pagalvė** 'pillow' **ant grindų** 'on the floor'. In the bathroom you might open the **karšto vandens kranas (čiaupas)** 'hot water tap' and look for your **skutimosi peiliukas** 'razor blade' and **skutimosi kremas** 'shaving cream'. And so on. Actually, several people we know, including one who is presently teaching at a Lithuanian school, got started this way.

Lesson #10 — What shall we do?

Dialogues and explanations

What do you want to do? — I don't know. What do you want to do? — I don't know. What do you want to do? What a typical conversation. Or is it? Most of us have many more things we'd like to do than we can manage in a week, month or year. Or than we can teach in this lesson, the next, and the one after that. But we will try. And what we miss, please ask. Remember: **Kaip jūs tai pasakote lietuviškai?** 'How do you say that in Lithuanian?' Use it.

Ką tu nori šį vakarą daryti?	What do you want to do tonight?
Aš nežinau.	I don't know.
Ką tu nori daryti?	What do you want to do?
Man vis tiek.	I don't care.
Mes galėtume eiti maudytis arba kėgliuoti.	We could go swimming or bowling.
Aš žinau, ką mes galime veikti.	I know what we can do.
Mieste yra naujas vaidinimas.	There's a new play downtown.
Aš pietų metu nupirksiu bilietus.	During lunchtime, I will buy the tickets.
Po vaidinimo užvažiuosim į kokią nors kavinę.	Afterwards we can go to a cafe.
Mes būsim namie apie vidurnaktį.	We'll be home around midnight.
Būtų malonu.	That would be nice.
Taip ir padarykim!	Let's do that.

Notes about us

Lithuanians like to celebrate. They celebrate all the usual holidays, both their own and those of their adopted countries. They also celebrate something called a **Vardo diena** 'name day' or 'feast day'. In most Lithuanian homes you will find a calendar put out by the largest Lithuanian newspapers "Draugas" or "Darbininkas". Ask to look at it, and you will see that next to each date there are several names, indicating when each nameday is to be celebrated. Thus everyone called Jonas has his nameday on June 24th and Juozas on March 19th. If you don't know, find out when your nameday is.

- **Šiandien** is 'today' (from **šią dieną**), **šiąnakt** 'tonight' (from **šią naktį**), **šįryt** 'this morning', **šįvakar** 'this evening'.
- Some answers that one might give to the question **Ką tu nori daryti (veikti)?** 'What do you want to do?': **Aš noriu skaityti** 'I want to read', **bėgti** 'run' or 'jog', **klausyti muzikos** 'listen to music', **eiti apsipirkti** 'go shopping', **eiti į kiną** 'go to the movies', **ar į teatrą** 'or to the theater', **važiuoti svečiuotis** 'go for a visit' or **eiti namo** 'go home **ir eiti gulti** 'and go to bed'. When an agreement is reached, you can say **Eikime! Važiuokime!** 'Let's go!'
- In the fifth lesson, we told you that to express a wish you take the verb **norėti** 'want', take away the ending -ti and add the endings: **aš norė-čiau, tu norė-tum, jis norė-tų, mes norėtume, jūs norė-tute.** To that you add either the desired object in the genitive case or an infinitive verb: **Aš norėčiau pieno** 'I'd like some milk' or, in this lesson, **Mes galėtume eiti maudytis** 'We could go swimming'. You can also say **Man patiktų eiti maudytis** 'I'd like to go swimming' and **Ar tau tas patiktų?** 'Would you like that?'

Ką tu veiksi šį savaitgalį?	What will you do this weekend?
Aš nežinau. Aš gal važiuosiu į tinklinio žaidynes.	I don't know. I guess I'll be going to the volleyball games.
Ar tu nori važiuoti drauge?	Do you want to come along?
Aš negaliu. Šeštadieniais aš mokau lietuvių mokykloje.	I can't. On Saturdays I teach at the Lithuanian school.
Sekmadieniais aš giedu bažnyčios chore.	Sundays I sing in the church choir.
Popiečiais važiuoju svečiuotis pas senelę.	In the afternoons I usually go visit my grandmother.
Tad susitiksime pirmadienį tautinių šokių repeticijoje.	Then let's meet on Monday at the folk dance rehearsal.
Sėkmės!	Have a good time.

Lesson #10

Kur tu eini?	Where are you going?
Aš einu į krautuvę nupirkti pieno ir laikraštį.	I'm going to the store to buy some milk and the paper.
Eikime kartu.	Let's go together.
Aš noriu pasikalbėti.	I want to talk to you.
Po to taip pat eikime į miesto centrą.	Afterwards let's also walk downtown.
Ne, tai yra per toli.	No, that is too far.
Ten reikia važiuoti automobiliu.	One must go there by car.
Rytoj aš važiuosiu į miestą.	I'm going downtown tomorrow.
Aš eisiu į restoraną ir tada šokti.	I'm going to a restaurant and then dancing.
Kodėl važiuosi į miesto centrą?	Why are you going downtown?
Rytoj mano gimtadienis.	Tomorrow will be my birthday.
Sveikinu.	I congratulate you.
Daug laimės gimimo dienos proga!	Happy birthday!

- Remember: When referring to an ongoing occurrence, you will need two forms — accusative for the singular, instrumental for plural: **Sekmadienį aš eisiu į bažnyčią** 'On Sunday I go to church'. One more: **Vakarais mes einame namo** 'In the evening we go home'.

- Thus, whenever you indicate *where* something is, you use the locative: **Kur yra ponia Kalniuvienė?** 'Where is Mrs. Kalniuvienė?' **Ponia Kalniuvienė yra mokykloje** 'Mrs. Kalniuvienė is in school' or **Kur yra Daiva?** 'Where is Daiva?' **Daiva yra darbe** 'Daiva is at work'.

- But: **Kur Jurgis važiuoja?** 'Where is Jurgis going?' **Jurgis važiuoja į mokyklą** 'Jurgis is going to school' (if going somewhere) or **Danutė važiuoja pas senelę, o paskui pas gydytoją** 'Danutė is going to grandmother's and then to the doctor's' (if visiting someone). Remember: the prepositions **į** and **pas** are followed by the accusative case.

- We have been studying prepositions. Another useful aid in speaking Lithuanian is prefixing. **Kalbėti** means 'to talk'. With the addition of a prefix and/or the reflexive ending you can give any verb a slight change: **Pasikalbėti** means: talk among two or several people, talk for a while', **apkalbėti** 'to talk over, to defame, to discuss', **užsikalbėti** 'talk too long'. Thus **Daiva nori pasikalbėti** 'Daiva wants to talk for a while' and **Jurgis apkalba (svarsto, diskutuoja) su Jonu** 'Jurgis talks things over with Jonas'.

- **Rytoj aš eisiu** and **važiuosiu** 'Tomorrow I'm going', first on foot, then by car, using the verb in the future tense. Other places to go: **į darbą** 'to work', **į kiną** 'to the movies', **į paplūdimį** 'to the beach' or **pas draugą** 'to a friend', **pas kirpėją** 'to the hairdresser', **pas daktarą** 'to the doctor'.

- To wish someone a happy birthday, you say **Daug laimės gimimo dienos proga!** 'Happy nameday (or Feastday)' is **Daug laimės vardo dienos (vardinių) proga!**

Grammar
(optional, not on tape)

Diminutives

Lithuanian has many diminutives, both in everyday language and in its literature and poetry. A diminutive is a noun with a special ending that is used to show affection as well as diminutive (small) size.

The most common endings (you may add them to every noun) are:

For masculine nouns
-**elis** bern-as: bern-elis 'boy'
-**ėlis** dobil-as: dobil-ėlis 'clover'
-**ytis** brol-is: brol-ytis 'brother'
-**aitis** bern-as: bern-aitis 'boy'
-**užis** brol-is: brol-užis 'brother'

For feminine nouns
-**elė** merg-a: merg-elė 'girl'
-**ėlė** lelij-a: lelij-ėlė 'lily'
-**ytė** ses-uo: ses-ytė 'sister'
-**aitė** merg-a: merg-aitė 'girl'
-**užė** gir-ia: gir-užė 'forest'

Endings may be combined from two suffixes: **-už-ėlis; -užėlė: bernužėlis, mergužėlė**.

Sense verbs

There are certain verbs referring to the senses which call for a dative construction, i.e. the *subject* of the verb is in the dative case and the object is in the nominative case. **Būti skaniam: man skanu** 'I like (the taste)'. **Onutei** (dat.) **skanu juoda duona** (nom.) 'Onutė likes (the taste of) rye bread'.

Others are **skaudėti: man skauda** 'I hurt'. **Man** (dat.) **skauda galvą** (norm.) 'My head hurts'. **Patikti: Man patinka** 'I like'. **Man patinka Onutė** (nom.) 'I like Onutė'. Also **gailėti: Man gaila** (without an object) 'I am sorry'. **Eitis, sektis: kaip tau einasi, sekasi? —Man gerai einasi, sekasi.** 'How are you? —I am fine'.

Some verbs can be used in either the dative or the nominative construction, resulting in a different meaning.

Aš ragauju duoną 'I'm tasting bread'. **Man skanu duona** 'I like the bread'.

Aš patinku Jonui 'Jonas likes me'. **Man patinka Jonas** 'I like Jonas'.

The Debitive

The dative construction is also used when expressing necessity or obligation. In this mood (the debitive), the verb **reikėti** or **turėti** is used ('must' or 'have').

Man reikia eiti namo. Aš turiu eiti namo.	'I must go home'.
Tau reikia valgyti pusryčius. Tu turi valgyti pusryčius.	'You have to eat breakfast'.
Daivai reikia važiuoti į mokyklą. Daiva turi važiuoti į mokyklą.	'Daiva has to go to school'.
Man nereikia eiti namo. Aš neturiu eiti namo.	'I don't have to go home.

For the past, past frequentative and future tenses you have to conjugate **reikėti** and **turėti**: **reikėjo, turėjo, reikėdavo,** turėdavo, reikės, turės. Reikėti is only used in the 3rd person and takes the dative; turėti is a regular verb and is used with the nominative case.

This is the end of the optional grammar lessons. As you continue with the rest of the course, which contains quite a few additional points of grammar, we suggest that you refer to these lessons and to the supplement. The most important thought that we'd like to leave with you, however, is to keep talking and asking questions whenever you do not understand anything or whenever you are at a loss for words. Remember the phrases: **Kas tai yra?** 'What is that? and **Kaip tai pasakyti lietuviškai?** 'How does one say it in Lithuanian? In the long run they might be the most helpful of all.

Listen, understand and speak

Because, as you know, you need both the book and the tape for the exercises, stop and read through them now. Do the written exercises before continuing with the tape.

1. Listen to the tape and write what each person is buying.
a. Marytė is buying ....
b. Robertas will buy ....
c. Grandmother is buying ....
d. Mr. Kalnius bought ....
e. Mrs. Balčiūnienė is buying ....

2. Listen to Onutė's part of a conversation with her friend Daina, then answer the questions in the book.
a. Does Daina have a day off? ....
b. What does Onutė want to do? ....
c. Where does she want to have dinner? ....
d. What does she want to do in the evening? ....
e. Whom is she going to call? ....

3. Before listening to the tape, write the translations for each sentence into the book, choosing from the sentences given. Then listen to the tape to check yourself.
a. Aš norėčiau eiti pas kirpėją. ....
b. Ievai patiktų žaisti golfą. ....
c. Man reikia važiuoti į darbą. ....
d. Ar aš šį vakarą galėčiau klausytis muzikos? ....
e. Ar aš galėčiau rytoj važiuoti pas senelę? ....

> I'd like to go to the hairdresser. Ieva would like to play golf. I have to go to work.
> Could I listen to some music tonight?
> Could I go visit Grandmother tomorrow?

4. One of the more important questions is **Ką tu veiki?** 'What are you doing?' Assume that you are answering this question.
a. Ką tu veiki vakarais? . . . *Vakarais aš einu gulti..* ....
b. Ką Laimutė veikia sekmadieniais? ....
c. Ką Laurynas veikia vasaromis? . ...
d. Ką mes veikiam pirmadieniais? . ...
e. Ką jūs (form.) veikiate žiemomis? ....

5. The following is another set of exercises reviewing the locative. Listen to each sentence and say it in Lithuanian in the space provided on tape, or write the answer in the book.
a. Audrytė is at work. . . . *Audrytė yra darbe.* ....
b. The butter is in the refrigerator. ....
c. That's right in the neighborhood. ....
d. The dishes are in the cabinet. ....
e. In the evenings we go home. ....

6. **One more exercise, this time using possessive pronouns with the verb patikti. Answer each question fully, the first three in the positive, the last three in the negative. Do so in the pause provided on tape or write them here and then check on tape.**

a. Ar jums patinka eiti į restoraną?
   Mums patinka eiti į restoraną. ....
b. Ar tau patinka lietuviška mokykla? Taip, ...
c. Ar jam patinka šokti? Taip, ...
d. Ar mums patinka kėgliavimas? Ne, ...
e. Ar tau patinka važiuoti į darbą? Ne, ...

In Lithuanian only

Please listen to the following three conversations. If you understand everything that is being said, go on to the next lesson. If not, it is time to review once more.

Conversation No. 1

"Ką tu nori šį vakarą veikti?"
"Aš nežinau. Ką tu nori veikti?"
"Man vis tiek. Mes galėtume eiti maudytis arba kėgliuoti."
"Aš žinau, ką mes galime veikti. Mieste yra naujas vaidinimas. Aš pietų metu nupirksiu bilietus. Po vaidinimo užvažiuosime į kurią nors kavinę. Mes būsime namie vidurnaktį."
"Būtų malonu. Padarykime taip!"

Conversation No. 2

"Ką tu veiksi šį savaitgalį?"
"Aš nežinau. Gal važiuosiu į tinklinio žaidynes. Ar nori važiuoti drauge?"
"Aš negaliu. Šeštadieniais mokau lietuvių mokykloje. Sekmadieniais giedu bažnyčios chore. Popiečiais paprastai važiuoju svečiuotis pas senelę."
"Tad susitiksime pirmadienį tautinių šokių repeticijoje. Sėkmės!"

Conversation No. 3

"Kur tu eini?"
"Aš einu į krautuvę nupirkti pieno ir laikraštį."
"Eikime kartu! Aš noriu pasikalbėti. Po to taip pat eikime į miesto centrą."

"Ne, tai yra per toli. Ten reikia važiuoti automobiliu. Rytoj aš važiuosiu į miestą. Aš eisiu į restoraną ir tada šokti."
"Kodėl tu važiuosi į miesto centrą?"
"Rytoj mano gimtadienis."
"Sveikinu. Daug laimės gimimo dienos proga!"

Study hints

Have you been doing the written and spoken exercises? This is important, since the exercises not only give you practice, but often clarify areas in which you need more work. You might, for example, find that you still have no idea of how to use the genitive case correctly (we took this example because the genitive case is quite difficult to understand, and it is one which even Lithuanians occasionally use incorrectly). If so, we suggest that you make up your own additional exercises or ask a Lithuanian friend for help. *It is the repetition*, coupled with the assurance that what you are repeating is correct, that will help the most on your way to easy Lithuanian.

Lesson #11 — Hobbies

Dialogues and explanations

As we promised, here are more phrases about things you might want to do — reading, travel, sports. Many young Lithuanians belong to local youth organizations called **lietuvių jaunimo organizacija**, which organize all kinds of events, including dances.

Ką tu veiki po darbo?	What do you do after work?
Aš ilsiuosi.	I rest.
Aš pavalgau vakarienę ir po to žiūriu televiziją arba skaitau.	I eat supper, and after that watch television or read.
Labiausiai istorijos knygas.	Mainly history books.
Taip, man irgi reikia poilsio.	Yes, I need some rest, too.
Po darbo atsisėdu ir peržiūriu paštą.	I sit down after work and look over the mail.
Bet man taip pat patinka plaukioti ir bėgioti.	But I also like to swim and jog.
Mūsų darže yra maudymosi baseinas.	In the garden we have a swimming pool.
Mane domina kalbos.	I am interested in languages.
Aš moku tris kalbas — lietuvių, anglų ir vokiečių	I speak three languages — Lithuanian, English and German.
Man labiausiai patinka keliauti.	I like traveling the best.
Į Europą, Aziją, Australiją, vis tiek kur.	To Europe, Asia, Australia, it does not matter where.

Notes about us

In common with most Western peoples, we celebrate Easter and Christmas. Our traditions, however, are often a combination of the Christian faith and those carried over from ancient times. The most popular non-Christian holiday is Joninės. It celebrates the summer solstice and is held on the night of June 23. There are bonfires, singing, dancing, eating and drinking. The idea is for everyone to stay awake until sunrise, which is much easier done in Lithuania, with its short nights, than in many of the countries we live in now.

Lesson #11

The following lists possible reading material, a book being, of course, **knyga: romanas** 'novel', **poezija** 'poetry' (**eilėraštis** 'poem'), **apsakymai** or **novelės** 'short stories', **detektyvinė apysaka** 'detective story', **meilės apysakos** 'love stories', **biografija** 'biography', **mokyklinis vadovėlis** 'school book', **žodynas** 'dictionary', **knyga apie istoriją** 'book about history', **sportą** 'athletics', **rankdarbius** 'needlework', **mėgstamiausius užsiėmimus** 'hobbies', etc.

- **Aš ilsiuos** 'I rest'. **Aš esu pavargęs.** 'I am tired'. Examples: **Ar tu esi pavargusi?** 'Are you (notice the feminine form) tired?' **Jonas yra labai pavargęs** 'Jonas is very tired.'

- You have learned that numbers take on the gender of the noun they accompany. However, in the previous conversation, Jurgis said that he speaks **tris kalbas** 'three languages'. Since **kalba** is a feminine noun, it must be noted that the number **trys** is the same with masculine and feminine nouns: **trys seserys** 'three sisters', **trys broliai** 'three brothers'. Thus **devyniem broliams** 'to (or for) nine brothers', **devynioms seserims** 'to (or for) nine sisters'. The numbers **dešimt, dvidešimt... devyniasdešimt, šimtas, du šimtai..., tūkstantis...** 'ten, twenty, ninety, hundred, two hundred, thousand', as well as numbers from **vienuolika** to **devyniolika** are followed with noun in a genitive case: **dešimt berniukų** 'ten boys', **penkiolika mergaičių** 'fifteen girls', **šimtas knygų** 'hundred books' ...

Mano mėgstamas užsiėmimas yra fotografavimas.	My favorite hobby is photography.
Aš turiu gerą foto aparatą.	I have a good camera.
Mano žmona dirba rankdarbius.	My wife does needlework.
Ji mezga ir siuva.	She knits and sews.
Aš renku pašto ženklus.	I collect stamps.
Aš turiu beveik visus Lietuvos pašto ženklus.	I have almost all of the Lithuanian stamps.
Mano sūnus yra sportininkas.	My son is an athlete.
Mes einame į sporto žaidynes.	We go to sports events.
Mes taip pat mėgstame svečiuotis.	We also like to go visiting.
Mes turime daržą.	We have a garden.
Mes auginame daržoves ir gėles.	We grow vegetables and flowers.

Praėjusiais metais mes turėjome labai daug pomidorų. **Mes daug jų atidavėme draugams.**	Last year we had a lot of tomatoes. We gave quite a few to friends.
Ką jūs dirbate, ponia Kalvaitiene? Aš mezgu megztinį. Tai bus Kalėdų dovana. Taip, Kalėdos yra labai arti! Aš dar turėsiu pirkti dovanų. Ką jūs veiksite per šventes?	What are you doing, Mrs. Kalvaitienė? I am knitting a sweater. It'll be for a Christmas present. Yes, Christmas is very close! I still have to buy my presents. What are you doing during the holidays?
Mes visuomet švenčiame Kalėdas namie. Per Naujus Metus važiuosime pas mano brolį kaime. Mes eisime į jaunimo šokius, bet dar nežinom, kur palikti vaikus. Vaikai gali atvažiuoti pas mus. **Tai mums padarytų džiaugsmo.**	We always celebrate Christmas at home. For New Year's we're going to my brother's in the country. We're going to the youth dance, but we don't know where to leave the children. The children can come with us. That would make us happy.

- Some very basic needs for a photographer are: **foto aparatas** 'camera', **filmas** 'film', **akimirkos lemputė** 'flash', 'flash bulb'. **Aš fotografuoju** 'I'm taking pictures.' **Petras yra geras fotografas** 'Petras is a good photographer'. **Jis yra profesionalas** 'He is a professional', **bet Lauras yra mėgėjas** 'but Lauras is an amateur.'

- Some necessary garden equipment: **grėblys** 'rake', **kastuvas** 'shovel', **šakės** 'pitch fork', **laistymo žarna** 'garden hose', **lysvė** 'flower or vegetable bed'. And some flowers: **rožė** 'rose', **tulpė** 'tulip', **raudonasis gvazdikas** 'carnation', **lelija** 'lily', **ramunė** 'daisy', **žibuoklė** 'violet'.

- One more reminder: for some time now we have been using phrases in the present, past and future tenses. If you wish to be able to use them easily and in different kinds of conversation, you must be able to conjugate. Please refer to the grammar sections and the supplement, where examples of all three conjugations are given.

• The main holidays celebrated by Lithuanians are **Velykos** 'Easter', **Kalėdos** 'Christmas' and the old Summer holiday **Joninės** 'Saint John's Festival'. **Vasario 16** 'The 16th of February (Lithuania's Independence Day) and **Birželio 14** or **Baisusis Birželis** 'June 14th' or 'The horror of June 14th' are two patriotic occasions which most Lithuanians observe. The first commemorates our independence day, the second — the deportation of thousands of Lithuanians by Soviet occupational forces on June 14, 1941.

• On Christmas we wish **Linksmų Kalėdų!** 'Merry Christmas!' **Laimingų Naujų Metų!** is 'Happy New Year!' and **Linksmų Velykų!** 'Happy Easter!' And you answer: **Ačiū, jums taip pat** or **Ačiū, tau taip pat**. 'Thank you, the same to you.'

• Some holiday necessities to remember: **Kalėdų eglutė** 'Christmas tree', **žvakutės** 'candles', **papuošalai** 'decorations', **Kalėdų senelis** 'Santa Claus', **Velykų kiaušiniai** or **margučiai** 'Easter eggs'. And for the New Year or other festive occasions, **šampanas** 'champagne'.

Listen, understand and speak

Before continuing with the exercises, please stop the tape and read the directions in the book. Remember that it is important to do both the written and the spoken exercises.

1. Before listening to the tape, fill in the blanks, choosing from the choices below. **New word: skubėti** 'to hurry', 'hurry up'.

a. Šįryt aš gulėjau ... *ligi septynių* ....
b. Aš skubu ....
c. Pietus mes valgome ....
d. Ketvirtą valandą popiet buvo ....
e. Vakare aš ....

    ligi septynių kiniečių restorane
    draugijos posėdis į darbą
    viešėjau pas draugus

Lesson #11 121

2. Before listening to the tape, write what you might say to each holiday, choosing from the box below.

a. Christmas ....
b. New Year's ....
c. Birthday ....
d. Easter ....

> Linksmų Kalėdų!   Linksmų Velykų!
> Daug laimės gimimo dienos proga!
> Laimingų Naujų Metų!

3. On tape you will hear five people being asked about their plans. Listen carefully, then write, in English, when they will be doing what.

	When	
a. Onutė b. Ieva c. Ponas Kalnius d. Ponia Kalniuvienė e. Petras		

4. Listen to the tape: you will be asked a question in Lithuanian and prompted in English. Answer the question in Lithuanian, then listen to the correct answer.

a. Ką veikia ponas Petraitis?
   Jis skaito istorijos knygą ....
b. Ką veikia Algis? ....
c. Ką veikia Ieva? ....
d. Ką veikia ponia Kalvaitienė? ....
e. Ką veikia Petras? ....

5. This time let us look at the preposition į, ant (to, on or in). The tape will give you five phrases in English, you supply the Lithuanian translations.

a. The dictionary is on the table.
   Žodynas yra ant stalo. ....
b. Arūnas drives to school ....
c. I prefer to go to the theater. ....
d. The film is on the shelf. ....
e. I want to go to a picnic. ....

6. Now you are shopping for Christmas presents, so what if it is March or July. Answer in the first person, in Lithuanian.

a. Are you buying Christmas presents?
   Taip, aš perku Kalėdų dovanas. ....
b. Will you buy the presents tomorrow? Taip, ...
c. Are you buying a book for Birutė? Taip, ...
d. Did you buy your mother a hat? Ne, ...
e. Will you buy Petras some flowers? Ne, ...

In Lithuanian only

Please listen to the following three conversations to see how much you understand. Perhaps you do not need to review this lesson at all and can go on to the next one.

Conversation No. 1

"Ką tu veiki po darbo?"
"Aš ilsiuosi. Aš pavalgau vakarienę ir po to žiūriu televiziją arba skaitau. Labiausiai istorijos knygas."
"Taip, man irgi reikia poilsio. Po darbo aš atsisėdu ir peržiūriu paštą. Bet man taip pat patinka plaukioti ir bėgioti. Mūsų darže yra maudymosi baseinas."
"Mane domina kalbos. Aš moku tris kalbas — lietuvių, anglų ir vokiečių."
"Man labiausiai patinka keliauti. Į Europą, Aziją, Australiją, vis tiek kur."

Conversation No. 2

"Mano mėgstamas užsiėmimas yra fotografavimas. Aš turiu gerą foto aparatą. Mano žmona dirba rankdarbius. Ji mezga ir siuva."
"Aš renku pašto ženklus. Aš turiu beveik visus Lietuvos pašto ženklus. Mano sūnus yra sportininkas. Mes einame į sporto žaidynes. Mes taip pat mėgstame svečiuotis."
"Mes turime daržą. Mes auginame daržoves ir gėles. Praėjusiais metais turėjome labai daug pomidorų. Daug jų atidavėme draugams."

Conversation No. 3

"Ką jūs dirbate, ponia Kalniuviene?"
"Aš mezgu megztinį. Tai bus Kalėdų dovana."
"Taip, Kalėdos yra labai arti! Man dar reikės pirkti dovanų. Ką jūs veiksite per šventes?"
"Mes visuomet švenčiame Kalėdas namie. Per Naujus Metus važiuosime pas mano brolį kaime."
"Mes eisime į jaunimo šokius, bet dar nežinom, kur palikti vaikus."
"Vaikai gali atvažiuoti pas mus. Tai padarytų mums džiaugsmo."

Study hints

Have you talked to a Lithuanian?

No, this is not an ad for a bumper sticker, but a very serious reminder that only by speaking will you learn the language. By now you have acquired a small — it's true, a very small — speaking vocabulary. So, whenever and wherever you come into a situation where it can be used, please do so. Don't worry too much about the pronunciation, proper endings, or the grammar: that will come in time and with practice. In the meantime, even a few sentences here and there will give you confidence and make you and the person you're talking to feel good. That part we guarantee.

Lesson #12 — More about the family

Dialogues and explanations

Conversations about families, especially about growing ones, offer endless possibilities. Again, we can supply you with only a few phrases. Use those and improvise. And remember to build upon what you've been learning.

Aldona! Ar tai iš tikrųjų esi tu, Aldona?	Aldona! Is that really you, Aldona?
Danute! Kaip ilgai nematyta!	Danutė! How long has it been?
Ką tu čia veiki?	What are you doing here?
Aš atėjau apsipirkti.	I've come to do some shopping.
Žiūrėk, čia yra mano vaikai.	See, these are my children.
Pasakyk labą dieną, Algiuk.	Say hello, Algiukas.
Ar tu jau seniai čia gyveni?	Have you been living here long?
Dvejus metus.	For two years.
Nuo to laiko, kai Andriukas pradėjo eiti į mokyklą.	Since Andriukas began school.
Stovėk ramiai, Andriau!	Stand still, Andrius!
Nesimaišyk po kojomis!	Don't interrupt!
Keista, kad mes niekad nesusitikome.	Strange, that we've never met.
Aš čia dažnai ateinu apsipirkti.	I come here often to shop.
Mano Algiukas greitai auga!	My Algiukas grows fast!
Jam visuomet reikia naujų drabužių.	He always needs new clothing.

Notes about us

To many of us a trip to Lithuania is of special importance. Those who have relatives long to visit them and the places of their childhood; those who have never seen the land they've been hearing about wish to find their roots. Some of the importance of a trip "back home" might be because most Lithuanians in the free world arrived in their new countries not as intentional immigrants but as forced refugees. They left Lithuania during World War II expecting to return — many hid their house keys in a safe place to be used upon coming home — and this wish has been instilled in many second and even third generation Lithuanians.

- **Pasakyk labą dieną, Algiuk** 'Say hello, Algiukas'. **Algiukas** is a diminutive form of the name **Algis**. In Lithuanian you use the diminutive form of a noun when you want to show diminutive size — **vaikelis, vaikutis** 'little child', **knygutė** 'little book' or, even more often, to show endearment — **mamytė** 'dear mother', **brolelis, broliukas** 'dear brother', **Daivutė** 'dear Daiva'. Rules for the formation of diminutives depend on the gender; if you wish to learn or review them, please see the grammar section (page 111) or of Lesson 10.

- Some clothing: **palaidinukė** 'blouse', **sijonas** 'skirt', **švarkas** 'jacket', **suknelė** 'dress', **diržas** 'belt', **kojinės** 'socks' or 'stockings', **eilutė** or **kostiumas** 'suit', **marškiniai** 'shirt', **kelnės** 'trousers, pants', **kaklaraištis** 'tie', **apatiniai baltiniai** 'underwear', **apsiaustas** or **paltas** 'coat', **kepurė** 'cap', **skrybėlė** 'hat', **pirštinės** 'gloves', **maudymosi kostiumas** 'bathing suit', **maudymosi kelnaitės** 'swimming trunks'. For babies you use the same names of clothing, only in diminutive — **kelnytės** 'little pants', **marškinėliai** 'little shirt', **kepurytė** 'little cap'. The only new word is **vystyklai** 'diapers'.

- To wear is **vilkėti** or **dėvėti. Petras dėvi kelnes ir marškinius.** 'Petras is wearing trousers and a shirt'. **Kurią suknelę tu apsivilksi** (or **vilkėsi**) 'will wear'. **Nudėvėti, sudėvėti** is 'to wear out'. **Algiukas nudėvi kelnes greičiau negu marškinius** 'Algiukas wears out his pants more quickly than his shirts'.

Labas, Algiuk. Duok bučiuką!	Hello, Algiukas. Give me a kiss!
O, kaip tu išaugęs!	My, how you've grown!
Kuriame skyriuje tu dabar mokaisi?	What grade are you in now?

Lesson #12

Aš mokausi antrame skyriuje.	I am in the second grade.
Ar jau moki skaityti ir rašyti?	Can you read and write already?
Taip. Juk aš esu antrame skyriuje.	Yes. I'm in the second grade!
Ak, suprantama. Kaip laikas bėga!	Yes, of course. How time does fly!
Kada tu ateisi pas mane pasisvečiuoti?	When will you come visit me?
Greitai. Mamyte, kada važiuosime paviešėti pas tetą Aldoną?	Soon. Mother, when are we going to visit Aunt Aldona?
Galėtume važiuoti sekmadienį, jei tu pabaigsi visus namų darbus.	We could go on Sunday, if you finish all your homework.
Aš pabaigsiu.	I'll finish.
Aš neturiu daug namų darbų.	I don't have a lot of homework.

Ir kaip tau einasi, Maryte?	And how are you doing, Marytė?
Ar tai tavo šuniukas?	Is that your little dog?
Taip, tai yra Sargis.	Yes, that is Sargis.
Ar turi dar kitų naminių gyvuliukų?	Do you have any other pets?
Taip, mes dar turime katę Rainę.	Yes, we also have a cat Rainė.
Ji yra didelė ir tinginė.	She is big and lazy.
O tu?	And you?
Ar tu padedi mamytei?	Do you help your mother?
Maryte! Laikas eiti gulti.	Marytė! It's time to go to bed.
Pasakyk labąnakt krikšto tėvui!	Say goodnight to your godfather!
Eik nusiprausti.	Then go get washed.
Ar man eiti vonion, ar po dušu?	Shall I take a bath or a shower?
Man vis tiek,	I don't care.
Tik nepamiršk išsivalyti dantis.	Just don't forget to brush your teeth.
Ir nenumesk rankšluosčio ant grindų.	And don't throw your towel on the floor!

- The following are some names of colors: **baltas** 'white', **juodas** 'black', **rudas** 'brown', **geltonas** 'yellow', **oranžinis** 'orange', **pilkas** 'gray', **raudonas** 'red', **žalias** 'green', **mėlynas** 'blue'. **Kuri spalva tau patinka?** 'Which color do you like?' **Man patinka raudona spalva** 'I like the color red.' **Tai yra žalia kepurė** 'That is a green cap'. **Ar tau patinka juodos kojinės?** 'Do you like black stockings?'

- Here are some parts of clothing that might be needed in conversations: **saga** 'button', **rankovė** 'sleeve', **kišenė** 'pocket', **apykaklė** 'collar', **užtrauktukas** 'zipper'.

- Algiukas is in the second grade and can read and write: he is a smart boy, **jis yra gudrus berniukas**. If talking about Marytė you would, of course, say **Ji yra gudri mergaitė**. 'She is a smart girl.' Some other adjectives — and remember, adjectives must agree with the noun they modify: **gudrus** 'smart', **kvailas** 'stupid', **geras** 'good', **blogas** 'bad', **gražus** 'handsome/pretty', **negražus, bjaurus** 'ugly', **trumpas** 'short', **ilgas** 'long', **plonas** 'thin/skinny', **storas** 'fat/overweight'.

- **Naminiai gyvuliukai** 'pets' — **šuo** or **šunelis** 'dog', **katė** or **katytė** 'cat', **auksinė žuvelė** 'goldfish'. **Pašerk katytę** 'feed the kitten'. **Išvesk šunį pasivaikščioti** 'Take the dog for a walk'.

- Here is some washing-up terminology: **vonia** 'bathtub', **dušas** 'shower', **rankšluostis** 'towel', **muilas** 'soap', **dantų šepetukas** 'tooth brush', **dantų pasta** 'tooth paste', **šukos** 'comb', **plaukams šepetys** 'hair brush', **plaukų džiovintuvas** 'hair dryer'.

- **Švarus** is 'clean', **nešvarus** 'dirty', **tvarkingas** 'neat', **netvarkingas** 'messy'. **Aš einu vonion** 'I'm taking a bath.' **Ar tu imsi dušą?** 'Are you going to take a shower?' Also: **Išsivalyk dantis**. 'Brush your teeth'. **Nusiplauk rankas** 'Wash your hands'. **Susišukuok plaukus** 'Comb your hair'. **Ar man reikia nusiskusti barzdą?** 'Do I have to shave?'

Listen, understand and speak

Before continuing with the following exercises, please read the

Lesson #12

directions in the book and do all written exercises. Also, do not forget to stop and restart the tape whenever this is necessary.

1. Finish the sentences from the box below before listening to the tape.

a. Šis yra mano ... *vyras Jonas* ....
b. Šie yra mano ....
c. Kuriame skyriuje ....
d. Kada mes ....
e. Kaip vadinasi ....

> vyras Jonas   tavo katė   tu mokaisi
> vaikai Arūnas ir Rita
> važiuosime viešėti

2. Before listening to the tape, write the diminutive form for each noun. Then listen to the tape to check how well you've done.

a. Algis .... e. Jonas ....
b. sūnus .... f. švarkas ....
c. vaikas .... g. katė ....
d. brolis .... h. šuo ....

3. Before listening to the tape, write the translations in the book, choosing from the list below and using the correct case. Then listen to the tape to check your answers.

a. Pick up the blue towel!
   Pakelk mėlyną rankšluostį ....
b. Who has the hair dryer?
   Kas turi ....
c. Give me the toothpaste!
   Paduok man ....
d. Is this the bathtub?
   Ar tai yra ....
e. Kristina is taking a shower.
   Kristina ima ....

> mėlynas rankšluostis
> dušas   dantų pasta   vonia
> plaukų džiovintuvas

4. The following phrases are given in English, please repeat them in Lithuanian.

a. I took a walk. My feet are dirty.
....
b. Here comes Grandmother. Algiukas, brush your hair!
....
c. It is evening. Do you have to take a bath?
....
d. Breakfast is ready. Wash your hands!......................

5. Life is full of color. Translate each sentence into Lithuanian and then listen to the tape to check your answers.

a. Kazys has a white car. ..*Kazys turi baltą automobilį.*
b. Elenytė lives in a brown house ....
c. I like yellow roses. ....
d. My jacket is red. . ...
e. I have blue swimming trunks. ....

6. Translate each sentence into Lithuanian; remember that **vilkėti** means 'to wear' and **užsivilkti** 'to put on'. Say each sentence aloud in the space provided on tape.

a. Grandfather is wearing a blue jacket.
    Senelis vilki mėlyną švarką. ....
b. My cousin Arūnas is putting on a green coat. ....
c. Sister is putting on black stockings. ....
d. I'm wearing a white shirt. ....
e. Cousin Onutė is putting on grey gloves. ....

In Lithuanian only

This part is a review of what you have learned. Please review the previous lesson by listening to the three conversations. How much did you understand? Rewinding the tape to the beginning of the lesson is a good idea whenever you don't understand everything that is said.

Conversation No. 1

"Aldona! Ar tai iš tikrųjų esi tu, Aldona?"
"Danute! Kaip ilgai nematyta! Ką tu čia veiki?"
"Aš atėjau apsipirkti. Žiūrėk, čia yra mano vaikai. Pasakyk labą dieną, Algiuk. Ar tu jau seniai čia gyveni?"
"Dvejus metus. Nuo to laiko, kai Andriukas pradėjo eiti į mokyklą. Stovėk ramiai, Andriau! Nesimaišyk po kojomis! Keista, kad mes niekad nesusitikome".
"Aš čia dažnai ateinu apsipirkti. Mano Algiukas greitai auga! Jam visuomet reikia naujų drabužių!"

Conversation No. 2

"Laba diena, Algiukai. Duok bučiuką! O, kaip tu išaugęs! Kuriame skyriuje dabar mokaisi?"
"Aš mokausi antrame skyriuje".
"Ar jau moki skaityti ir rašyti?"
"Taip. Juk aš esu antrame skyriuje."
"Ak, suprantama. Kaip laikas bėga! Kada ateisi pas mane pasisvečiuoti?"
"Greitai. Mamyte, kada mes važiuosime paviešėti pas tetą Aldoną?"
"Galėtume važiuoti sekmadienį, jei tu pabaigsi visus namų darbus".
"Aš pabaigsiu. Aš neturiu daug namų darbų."

Conversation No. 3

"Ir kaip tau einasi, Maryte? Ar tai tavo šuniukas?"
"Taip, tai Sargis."
"Ar turi dar kitų naminių gyvuliukų?"
"Taip, mes dar turime katę Rainę. Ji yra didelė ir tinginė."
"O tu? Ar tu padedi mamytei?"
"Maryte! Laikas eiti gulti. Pasakyk labąnakt krikšto tėvui! Eik nusiprausti."
"Ar man eiti vonion ar po dušu?"
"Man vis tiek. Tik neužmiršk išsivalyti dantis. Ir nenumesk rankšluosčio ant grindų".

Study hints

Whenever you have finished a lesson, learned a new group of words or a new concept of grammar, *start testing yourself*. This course can be compared to a box of building blocks that you can use over and over again.

Take a phrase like **aš noriu** 'I want' — and think of everything you are able to say with it in Lithuanian: **Aš noriu valgyti pusryčius. Tėvas per vakarienę nori alaus. Jis nori gyventi dideliame name. Arūnas nori susipažinti su teta Pranute. Ar mes norime mokytis lietuviškai?** Then start on **ką tu veiki?** 'what are you doing?', **kaip tu jautiesi?** 'how are you feeling?', etc.

Lesson #13 — Going places

Dialogues and explanations

In this lesson you will learn how to decide where to go, the modes of travel and how to ask for directions. If you happen to notice that we give you no help in buying gas or tickets, that is because we assume you will be doing that in English or the language of the country you are in. All you need to know in Lithuanian is how to communicate your need for these things.

Kažkas beldžiasi.	Someone's knocking.
Pažiūrėk, kas ten yra.	See who's there.
Petrai! Na, tai pagaliau!	Petras. Well, finally!
Mes galime važiuoti.	We can go.
Jurgi, kur tavo automobilis?	Jurgis, where is your car?
Mano automobilis garaže.	My car is in the garage.
Mano sesers automobilis yra gatvėje.	My sister's car is on the street.
Imkim tą.	Let's take that one.
Ar durys užrakintos?	Is the door locked?
Ne. Neužrakintos.	No. It is open.
Lipk vidun.	Get right in.
Aš noriu sėdėti prie lango.	I want to sit by the window.
Aš nemėgstu sėdėti užpakalinėje sėdynėje.	I don't like to sit in the back.
Geriau eisiu pėsčia.	I'd rather walk.
Aš mėgstu vaikščioti.	I like to walk.
Kur mes važiuosime?	Where are we going?
Mes važiuosime į muziejų.	We're going to the museum.
Tai netoli.	It's not far.

Notes about us

While the above lesson is about getting places, perhaps from your house to your friend's, these notes are about travel as such.

Perhaps because our friends do not always live in the same town or even the same country as we do, our younger people especially are enthusiastic travelers. Friendships made in summer schools, camps and elsewhere endure. There are graduations, confirmations and weddings, sometimes a continent away. Yet there is more to it: The Helsinki pact conferences drew protesting and sign-carrying Lithuanian young people, and so did the Freedom and Peace cruise of 1985.

- Various conveyances are **mašina** or **automobilis** 'car', **autobusas** 'bus', **motociklas** 'motorcycle', **dviratis** 'bicycle', **traukinys** 'train', **lėktuvas** 'airplane', **valtis** 'boat', **laivas** 'ship'. Whenever they follow a verb such as **keliauti**, we use the instrumental case: **Mes važiuojame traukiniu** 'We are going by train'. **Ar tu skrisi Kalniaus lėktuvu?** 'Are you taking Kalnius' airplane?'

- There are many different modes of travel. One can **eiti** 'walk', **vaikščioti** 'stroll', **bėgti** 'run', **važiuoti** 'drive', **skristi** 'fly', **joti** 'ride', usually a horse. **Jis eina į mokyklą** 'He's going (walking) to school'. **Ar tu važiuoji autobusu?** 'Do you take the bus?' or **Aš mėgstu joti** (ant arklio) 'I like to ride a horse'.

- **Kur yra tavo automobilis?** 'Where is your car?' **Mano automobilis yra garaže** 'My car is in the garage'. Notice that the possessive pronouns **mano, tavo** are not declined and do not agree with the noun which they modify.

- **Durys** 'door' is a noun used in the plural only, therefore **tos durys** is 'that door' or 'those doors', depending on the context.

Jurgi, ar tu pasiruošęs?	Jurgis, are you ready?
Taip. Man tiktai reikia benzino.	Yes. I just need some gas.
Kur yra benzino stotis?	Where is the gas station?
Artimiausia benzino stotis yra čia pat už kampo.	The closest gas station is just around the corner.
Važiuok iki gėlių krautuvės ir tada į dešinę.	Drive to the flower shop and then take a right.

Lesson #13

Kaip toli yra paštas?	How far is the post office?
Paštas visai arti.	The post office is very near.
Suk prie bažnyčios į kairę ir važiuok du blokus.	At the church turn left and drive two blocks.
Štai mes jau esame čia.	So, here we are.
Daiva, kur pastatysime mašiną?	Daiva, where shall I leave the car?
Čia yra laisva vieta.	Here is a free spot.
Ne, ten yra hidrantas.	No, that's a water hydrant.
Pone Kalniau, ar jūs turite žemėlapį?	Mr. Kalnius, do you have a map?
Aš turiu vykti į Wilmette.	I must go to Wilmette.
Ar jūs žinote, kur tai yra?	Do you know where that is?
Taip, Wilmette yra apie 35 mylios nuo Čikagos.	Yes. Wilmette is about 35 miles from Chicago.
Kuria kryptimi?	In which direction?
Į šiaurę.	To the north.
Jūs turite važiuoti greitkeliu ligi šešto išvažiavimo.	You must take the expressway to the sixth exit.
Pas ką jūs važiuojate?	Whom are you going to see?
Pas Balčiūnus.	The Balčiūnas'.
O, jie gyvena dešinėje, visai prie golfo aikštės.	Aha. They live to the right, (right) next to the golf course.
Ačiū. Tada aš atrasiu.	Thank you. Then I'll find it.
Praėjusį kartą paklydau.	The last time I got lost.
Aš ten nuvažiavau per vėlai.	I was too late.

- Jurgis is looking for the **benzino stotis** 'gas station'. Some other buildings: **bažnyčia** 'church', **paštas** 'post office', **muziejus** 'museum', **viešbutis** 'hotel', **ligoninė** 'hospital', **aerodromas** 'airport', **policijos stotis, nuovada** 'police station', **ugniagesių stotis** 'fire station', **traukinio stotis** 'train station'.

- **Dešinė** 'right', **kairė** 'left'. You use them with the preposition **į** to form **į dešinę** 'to the right' and **į kairę** 'to the left' using dative case. **Dešinėje pusėje** is 'on the right side', and **kairėje pusėje** 'on the left side'.

• Whenever you're driving, there is always a chance of a problem with the car. **Nelaimingas atsitikimas (nelaimė)** 'accident'. **Man pritrūko benzino** (gen.) 'I ran out of gas'. **Mašinai** (dat.) **nuleido padangą** 'The car had a flat tire'. **Ar tu patikrinai alyvą?** 'Did you check the oil? — **Ne, mums trūksta vandens ir alyvos** (gen.) 'No, we're lacking water and oil.' **O stabdžiai?** 'And the brakes?' **Taip. Stabdžiai yra tvarkoje** 'Yes. The brakes are OK'.

• The four directions are **šiaurė** 'north', **pietūs** 'south', **rytai** 'east', **vakarai** 'west'. When going somewhere, use the preposition **į** and the accusative case — **į šiaurę** 'to the north', and **į pietus** 'to the south'. The locative tells where: **Aš gyvenu vakaruose** 'I live west'.

• **Trisdešimt penkios mylios nuo Čikagos** 'thirty-five miles from Chicago'. Remember that only the last numeral is declined.

• The preposition **prie** 'at/near' and **už** 'behind' are followed by a noun in the genitive case: **prie bažnyčios** 'next to the church', **už mokyklos** 'behind the school'. The example in the conversation uses a double genitive: **prie golfo aikštės** 'next to the golf course'.

• **Pas ką jūs važiuojate? Pas Balčiūnus.** 'Whom are you going to see? The Balčiūnai'. Remember that the preposition **pas** requires the accusative case.

Listen, understand and speak

Do you realize that you have finished more than half of the course and this is the thirteenth set of exercises? As always, read the directions and do the written exercises before continuing with the tape.

Lesson #13

1. Listen to the tape and write the answers in the book.

a. Who wants to sit at the window? ...*Algiukas* ....
b. Who likes to ride? ....
c. Who's going to the museum tomorrow? ....
d. Who lives to the south of Boston? ....
e. Who's going to visit his grandmother? ....

2. Ginta is telling a friend how to get around her neighborhood. Listen to the tape and tick off the right lines below.

a. Where is the church?
   to the left of the bank ――
   to the right of the bank ―

b. Where is the post office?
   south of the school ――
   north of the hotel ――

c. Where is the theater?
   to the left of the museum ――
   to the right of the museum ――

d. Where do the Balčiūnas' live?
   east of the airport ――
   west of the train station ――

3. This time, before listening to the tape, write the proper noun into the spaces provided, choosing from the box below and making sure to use the instrumental case. Then listen to the tape.

a. Mes važiuojame (train) ...*traukiniu* ....
b. Aš skrendu (airplane) ....
c. Algiukas važiuoja (bicycle) ....
d. Ar tu plauksi (ship) . ...
e. Jie važiuoja (bus) ....

traukinys	laivas	autobusas
dviratis	lėktuvas	

4. You are telling a story about a trip. Listen to the prompts in English and then say each sentence in Lithuanian. As usual, a space has been provided on the tape for you to do so.

a. Last month I had to go to New York.
   Praėjusį mėnesį aš turėjau važiuoti į New Yorką. ....
b. I wanted to go by car, but
   ....
c. I did not have the time.
   ....
d. I flew in Mr. Kalnius' airplane.
   ....
e. I like to fly. ....

5. Remember that the Lithuanian language differentiates between the informal and formal 'you'. In the following sentences change the informal **tu** to the formal **jūs***. On tape say each sentence out loud before listening to the answer. (***jūs**, of course, is also used as the 2nd person plural.)

a. Kur yra tavo dviratis?
   Kur yra jūsų dviratis? ....
b. Ar tau patinka skristi?
   ....
c. Pažiūrėk, kas ten yra!
   ....
d. Tau reikės važiuoti iki bažnyčios.
   ....
e. Pas ką tu važiuoji?
   ....

6. Listen to the sentences and answer each one, using the following phrases to begin full sentences: **Taip, aš galiu** 'Yes, I can.' **Ne, aš negaliu** 'No, I cannot,' **Galbūt aš galiu** 'Perhaps I can', **Žinoma, kad aš galiu** 'Of course I can', **Aš galiu pamėginti** 'I can try.'

a. Ar tu gali uždaryti duris?
   Taip, aš galiu uždaryti duris. ....
b. Ar tu gali nupirkti benzino?
   Ne, aš negaliu ....

c. Ar tu gali užeiti į paštą?
   Galbūt aš ....
d. Ar tu gali važiuoti į darbą?
   Žinoma, aš ....
e. Ar tu gali atrasti Ievos rankinuką?
   Aš galiu pamėginti ....

In Lithuanian only

This part is a review of what you have learned. Do you understand everything that is being said? If not, play the lesson through once more before going on to the next one. The more you listen and repeat, the easier it will be to learn the language.

Conversation No. 1

"Kažkas beldžiasi. Pažiūrėk, kas ten yra."
"Petrai! Na, tai pagaliau."
"Mes galime važiuoti. Jurgi, kur tavo automobilis?"
"Mano automobilis garaže. Mano sesers mašina yra gatvėje. Imkime tą."
"Ar durys užrakintos?"
"Ne. Neužrakintos. Lipk vidun."
"Aš noriu sėdėti prie lango. Nemėgstu sėdėti užpakalinėje sėdynėje."
"Geriau eisiu pėsčia. Man patinka vaikščioti."
"Kur mes važiuosime?"
"Važiuosime į muziejų. Tai netoli."

Conversation No. 2

"Jurgi, ar tu pasiruošęs?"
"Taip. Man tiktai reikia benzino. Kur yra benzino stotis?"
"Artimiausia benzino stotis yra čia pat už kampo. Važiuok iki gėlių krautuvės ir tada į dešinę."
"Kaip toli yra paštas?"
"Paštas visai arti. Suk prie bažnyčios į kairę ir važiuok du blokus."
"Štai mes jau esame čia. Daiva, kur pastatysime automobilį?"
"Čia yra laisva vieta. Ne, ten hidrantas."

Conversation No. 3

"Pone Kalniau, ar jūs turite žemėlapį? Aš turiu vykti į Wilmette. Ar jūs žinote, kur tai yra?"
"Taip. Wilmette yra apie 35 mylios nuo Čikagos."
"Kuria kryptimi?"
"Į šiaurę. Jūs turite važiuoti greitkeliu ligi šešto išvažiavimo. Pas ką važiuojate?"
"Pas Balčiūnus."
"O, jie gyvena dešinėje, visai prie golfo aikštės."
"Ačiū. Tada aš atrasiu. Praėjusį kartą paklydau. Aš ten nuvažiavau per vėlai."

Study hints

An excellent way to test yourself is to match the nouns that you know with adjectives, making sure of the feminine and masculine endings: **didelis šuo** 'big dog', **graži gėlė** 'beautiful flower', **gerai mergaitei** 'to a good girl', **geram berniukui** 'to a good boy'. Another exercise that takes a bit of time but provides excellent practice is using the correct endings is to combine the numbers 1 to 100 (which you've already learned in lessons 3 and 4) with nouns: **vienas berniukas** 'one boy', **viena mergaitė** 'one girl', **du berniukai** 'two boys', **dvi mergaitės** 'two girls'. Trys is the same for masculine and feminine nouns. Some numerals require the genitive case (see page 118).

Lesson #14 — To school!

Dialogues and explanations

Everybody has been to school, is going to school or is planning to go to school. The phrases given in this lesson are about the various schools, from kindergarten through college, the courses you can take, and a few of the things a teacher might require of a beginning pupil. If you're not a student yourself, you might be able to use these phrases to speak to someone who is.

Ar tu lankai mokyklą?	Do you go to school?
Taip, aš lankau kolegiją.	Yes, I go to college.
Mano sesuo lanko vidurinę mokyklą.	My sister attends high school.
Ji mokosi keletą įdomių dalykų.	She has some interesting courses.
Ar ji mokosi trečioje klasėje?	Is she in her third year?
Ne, ji yra paskutinėje klasėje.	No, she is in her final year.
Elenyte!	Elenytė!
Mes ką tik apie tave kalbėjome.	We were just talking about you.
Kur tu buvai?	Where were you?
Aš buvau apsipirkti.	I went shopping.
Kaip tau patinka mano naujasis švarkelis?	How do you like my new jacket?
Aš jį nupirkau išpardavime.	I bought it at a sale.
Tai gražus švarkelis.	It is a nice jacket.
Tau pritinka mėlyna spalva.	The color blue becomes you.
Aš taip pat nusipirkau rankinuką ir pirštines.	I also bought a purse and gloves.

Notes about us

To help our children keep their heritage, we have developed a rather extensive supplementary school system. Most cities with sizeable Lithuanian population offer grade and high school programs that are taught on weekends. There are also Lithuanian summer camps. In Huettenfeld, West Germany, there is Vasario 16 gimnazija, a full-time Lithuanian high school, attended by students from across the world. Several universities in Europe, Australia, Canada, South America and the United States offer courses in Lithuanian, while the University of Illinois, Chicago, has a Lithuanian Chair and grants major and minor degrees in Lithuanian language and literature.

- The various **mokyklos** 'schools' that one can attend are **vaikų darželis** 'kindergarten', **pradinė mokykla** 'elementary school', **vidurinė mokykla** or **gimnazija** 'high school', **kolegija** 'college' and **universitetas** or **aukštoji mokykla** 'university'.

- **Klasė** can mean either grade (for high school) or classroom. Grade for elementary school is **skyrius**. **Aš mokausi septintame skyriuje** 'I am in the seventh grade.' **Mano draugas Jurgis yra klasėje** 'My friend Jurgis is in the classroom.' Klasė can also be translated to show the year of studies, especially in high school. **Marytė mokosi trečioje klasėje** 'Marytė is in her third year (of high school).'

- **Pamoka** in Lithuanian means 'lesson'. **Mes turėjome įdomią pamoką** 'We had an interesting lesson'.

- One **mokosi** 'studies' on a general or lower-school level and **studijuoja** 'studies' at a college or university level. **Aš mokausi skaityti, rašyti ir skaičiuoti** 'I am learning to read, write and do arithmetic.' **Jurgis universitete studijuoja mediciną** 'Jurgis is studying medicine at the university.'

Ateik, Maryte, eikime į klasę.	Come, Marytė. Let's go to class.
Ar visi klasėje?	Is everyone here?
Taip? Gerai, pradėkime mokytis.	Yes? Fine. Let's start studying.
Algi, paimk knygą ir skaityk.	Algis, take your book and read.
Skaityk eilėraštį dešimtame puslapyje.	Read the poem on page ten.

Lesson #14

Tą reikės išmokti atmintinai.	It has to be learned by heart.
Skaityk lėčiau. Neskubėk.	Read slower. Do not hurry.
Prašau užversti knygas.	Please close your books.
Tikiuosi, kad nebus patikrinimo.	I hope we're not having a test.
Aš nesu išmokęs.	I have not studied for it.
Ar turi pieštuką?	Do you have a pencil?
Čia yra patikrinimas.	Here is the test.
Atsakykite visus klausimus ir tada galite eiti.	Answer all the questions and then you can go.
Ar aišku?	Is that clear?
Prašau dėmesio!	Attention, please!
Netriukšmaukite, mokytoja ateina!	Quiet! The teacher is coming!
Kas buvo užduota?	What was the assignment?
Greitai, parodyk man.	Quickly, show me.
Labas rytas, mokiniai!	Good morning, class!
Šiandien žiūrėsime filmą apie Lietuvos geografiją.	Today we'll watch a movie about Lithuanian geography.
Apie tai papasakos ponas Kalnius.	Mr. Kalnius will tell us about it.
Ar yra kokių klausimų?	Are there any questions?
Tad galime pradėti...	Then we can begin...
Skambutis! Kaip greitai praėjo pamoka.	The bell! How fast the lesson went.
Ateik, Giedriau, eisime pas Joną.	Come, Giedrius, we're going to Jonas.
Visi kiti jau išėjo.	Everyone else has left already.
Giedriau, ar girdi?	Giedrius, do you hear me?
Taip, aš girdžiu! Aš negaliu, turiu mokytis.	Yes, I hear you. I can't, I must study.
Aš nueisiu vėliau, po vakarienės.	I'll go over later, after dinner.

- **Eikime į klasę** 'Let's go to class.' **Ar tu lankai mokyklą?** 'Do you attend school?' In both cases the accusative is used. To indicate direction, use the preposition į, followed by the accusative case. **Eikime į mokyklą** 'Let's go to school.'

- Some school supplies are: **knyga** 'book', **sąsiuvinis** 'notebook', **plunksna** 'pen', **pieštukas** 'pencil', **liniuotė** 'ruler', **popierius** 'paper'. A letter of the alphabet is **raidė**, the one you mail — **laiškas**.

- **Ar visi yra klasėje?** 'Is everyone in the classroom?' is a **klausimas** 'question'. **Jis klausia** 'He asks.' **Ji atsako** 'She answers.' **Daiva klausia: ką tu sakei?** 'Daiva asks: What did you say?' **Aš atsakau: eikime vidun** 'I answer: Let's go inside.' **Motina klausia: kas moka eilėraštį atmintinai?** 'Mother asks: Who knows the poem by heart?' **Mes atsakome: mes visi mokame eilėraštį atmintinai** 'We answer: We all know the poem by heart.'

- As with the verbs **mokytis** and **studijuoti** 'to study', there is a difference between **mokinys** 'student/pupil' and **studentas** 'student.' **Mokinys** or **mokinė** are pupils or students at lower levels, **studentas** or **studentė** 'student' at the college or university level only.

- The people doing the teaching are **mokytojas/mokytoja** 'male/female) teacher', **profesorius/profesorė** '(male/female) professor.' The verb 'to teach' is **mokyti: Ponas Kalnius moko lietuvių kalbą** 'Mr. Kalnius teaches the Lithuanian language.' Notice the similarity of **mokyti** 'to teach' and **mokytis** 'to study'. The first is an active, transitive verb **mokyti ką** and **ko** 'to teach' (with acc. — whom, gen. — of what), the second a reflexive verb, indicating that the action returns to the subject.

- The most common subjects for study at school are: **skaitymas** 'reading', **rašymas** 'writing', **skaičiavimas** or **matematika** 'math', **geografija** 'geography', **istorija** 'history', **literatūra** 'literature', **kalbos** 'languages', **griežtieji mokslai** 'science', **gimnastika** 'gym', **piešimas** 'drawing' or **menas** 'art.'

Listen, understand and speak

This is the next set of exercises. Please read all the directions and do the write-in exercises before listening to the tape.

1. Fill in the blanks, choosing from the box below, then check on tape for the answers. If you need to, review the explanations in this lesson.

a. The teacher (f.) teaches reading.
.... skaitymo
b. The professor (m.) teaches chemistry.
.... chemijos.
c. The student (m./college) studies music.
.... muzikos
d. The student (m./high sch.) studies history
.... istoriją
e. The student (f./college) studies medicine.
.... mediciną

profesorius	studentė	mokytoja	mokinys
studentas	studijuoja	moko
moko	mokosi	studijuoja

2. Write the answers before listening to the tape, choosing from the sentences below, then listen to the tape.

a. Ar tu eini į mokyklą? *Taip*, ...
b. Kuriame skyriuje tu mokaisi? ....
c. Kaip tavo mokytojo pavardė? ....
d. Kada bus patikrinimas? ....

Taip, aš einu į pradinę mokyklą.
Patikrinimas bus rytoj.
Mano mokytojas yra ponas Kalnius.
Aš mokausi penktave skyriuje.

3. Before listening to the tape, write in the school which each person attends, choosing from the box on this page.

a. Aš esu Onutė. Man yra 18 metų. Aš lankau
   kolegiją ....
b. Aš esu Algis. Man yra 15 metų. Aš lankau
   ....
c. Aš esu Dainius. Man yra 4 metai. Aš mokausi
   ....
d. Aš esu profesorius Martinkus. Man yra 62
   metai. Aš mokau ....
e. Aš esu Marytė. Man yra 9 metai.
   Aš einu į ....

```
kolegija    pradinė mokykla    universitetas
    vaikų darželis    vidurinė mokykla
```

4. Listen to the tape and answer each question fully. Remember that when the question **ar** is followed by the verb 'to have', it is answered with a noun in the accusative case for the **affirmative** and in the genitive for the negative.

a. Ar tu turi mano knygą?
   Taip, *aš turiu tavo knygą.* ....
b. Ar jūs turite mūsų pieštukus? Taip, ...
c. Ar aš turiu jos palaidinukę? Ne, ...
d. Ar tu turi jos plunksną? Ne, ...
e. Ar mes turime jų sąsiuvinius? Ne, ...

5. Answer each question according to the prompts and then listen to the tape and check your answers. New word: **virti** 'cook'.

a. Ko tu mokaisi? (virimas) ...*Aš mokausi virti.* ....
b. Ko jūs (form.) mokotės? (istorija) ....
c. Ko jūs (pl.) mokotėsi? (literatūra) ....
d. Ko jis mokosi? (rašymas) ....
e. Ko aš mokausi? (geografija) . ...

6. Change the first three sentences into the past and the last two into the future tense.

a. Aš einu į mokyklą. ...*Aš ėjau į mokyklą.* ....
b. Jurgis apie tave kalba. ....
c. Kur tu esi? ....
d. Aš einu į darbą. ....
e. Ar yra aišku? ....

In Lithuanian only

Please listen to the following conversations, spoken in normal and correct Lithuanian, to check how much you understand. Should there be any problems, please repeat the lesson before going on to the next one.

Conversation No. 1

"Ar tu lankai mokyklą?"
"Taip, aš lankau kolegiją. Mano sesuo lanko vidurinę mokyklą. Ji mokosi keletos įdomių dalykų."
"Ar ji mokosi trečioje klasėje?"
"Ne, ji yra paskutinėje klasėje. Elenyte! Mes ką tik apie tave kalbėjome. Kur tu buvai?"
"Aš buvau apsipirkti. Kaip tau patinka mano naujasis švarkelis? Aš jį nusipirkau išpardavime."
"Tai gražus švarkelis. Tau pritinka mėlyna spalva."
"Aš taip pat nusipirkau rankinuką ir pirštines."

Conversation No. 2

"Ateik, Maryte. Eikime į Klasę!"
"Ar visi klasėje? Taip? Gerai, pradėkime mokytis. Algi, paimk knygą ir skaityk. Skaityk eilėraštį dešimtame puslapyje. Tą reikės išmokti atmintinai. Skaityk lėčiau! Neskubėk. Prašau užversti knygas!"
"Tikiuosi, kad nebus patikrinimo. Aš nesu išmokęs. Ar turi pieštuką?"
"Čia yra patikrinimas. Atsakykite visus klausimus ir tada galite eiti. Ar aišku?"

Conversation No. 3

"Prašau dėmesio. Netriukšmaukite! Mokytoja ateina!"
"Kas buvo užduota? Greitai, parodyk man!"
"Labas rytas, mokiniai! Šiandien matysime filmą apie Lietuvos geografiją. Apie tai pasakos ponas Kalnius. Ar yra kokių klausimų? Tad galime pradėti..."
"Skambutis! Kaip greitai praėjo pamoka! Ateik, Giedriau, eisime pas Joną. Visi kiti jau išėjo. Giedriau, ar girdi?"
"Taip, aš girdžiu! Aš negaliu. Turiu mokytis. Aš nueisiu vėliau, po vakarienės."

Study hints

Even though you've been using the verbs 'to be' and 'to have' since the first lessons, it is quite likely that you're still having problems with them. Make up various drills for **aš esu** 'I am' and **aš turiu** 'I have' then continue with **tu esi** 'you (s. or inform.) are' and **tu turi** 'you (s. or inform.) have', etc.

Another good drill is to start with the phrases **man patinka** 'I like' and **man nepatinka** 'I do not like', adding everything imaginable to them. If you run out of words, look in the dictionary or ask. Remember the phrases **Kas tas yra?** 'What's that?' or **Kaip tą sako lietuviškai?** 'How do you say that in Lithuanian?'

Lesson #15 — At camp

Dialogues and explanations

Most Lithuanian children attend summer camp, usually staying for two weeks. In addition to swimming and other outdoor activities, they learn some Lithuanian history and geography and receive some religious instruction. In this lesson you will learn how to register your child, as well as some small-talk between parents or the children themselves.

Sveiki. Kokia graži diena!	Hello. What a lovely day!
Ar tu ilgai čia būsi?	Are you staying long?
Ne, tiktai savaitgalį.	No, only for the weekend.
Aš pirmadienį turiu būti darbe.	I must be at work Monday.
Mes pasiliksime visą savaitę.	We're staying the entire week.
Dabar mūsų atostogos.	We're on vacation.
Prašau, atleiskite,	Please excuse me.
Ar galite pasakyti,	Can you tell (me)
kur galima užsiregistruoti?	where registration is?
Mielai.	With pleasure.
Registracija į stovyklą yra čia.	Registration for camp is here.
Registracija į vidurinę mokyklą	Registration for the high school
yra raštinėje.	is in the office.
O kur yra raštinė?	And where is the office?
Žiūrėkite, ten. Eikite su manimi.	See, over there. Come with me.
Aš jums parodysiu.	I'll show you.

Notes about us

Every Lithuanian child can go to a Lithuanian summer camp. For some this means a plane trip, but there are a good many such camps throughout the North American continent, Europe and Australia. Generally intended for children from 5 to 12 years of age, the camps teach the traditional camp handicrafts, swimming and other sports, as well as putting considerable stress on developing friendships and teaching about our culture and heritage. For those who are active in the Lithuanian Boy Scouts and Girl Scouts, one of the highlights of the year is a week or two long camp in Rakas, Michigan. Ateitininkai (a Catholic Youth organization) has summer camps in Dainava, Manchester, Michigan.

- **Ar tu ilgai čia būsi?** 'Are you staying long?' **Ne, tiktai savaitgalį** 'No, only the weekend'. The accusative case is often used to express time. More examples: **Kiek ilgai tu viešėjai?** 'How long were you on your visit?' **Aš viešėjau visą dieną** 'I was visiting the whole day'.

- **Aš turiu atostogas** or **aš atostogauju** 'I'm on vacation.' **Atostogos** is a vacation from work. A school vacation is **laisvalaikis**, literally 'free time' or **laisvos dienos** or **atostogos**: **Kalėdų atostogos, vasaros atostogos, Velykų atostogos** 'Christmas vacation', 'summer vacation', 'Easter vacation' respectively. **Laisva diena** is a 'day off'. And **šventadienis** is a 'holiday'.

- **Ar galite pasakyti, kur yra...** 'Can you tell (me) where...', or, more simply, **Kur yra..?** 'Where is..?' Thus you might ask: **Kur yra raštinė?** 'Where is the office?', **išvietė** 'rest room', **trobelės** 'the cabins', **valgykla** 'dining hall', **krautuvė** or **užkandinė** 'camp store', **sporto aikštė** 'athletic field'. **Kur yra valgykla?** 'Where is the dining hall?' **Valgykla yra už trobelių** 'The dining hall is behind the cabins.'

Laba diena. Tai mano sūnus Algis.	Hello. This is my son Algis.
Aš noriu jį užregistruoti į stovyklą.	I want to register him for camp.
Gerai. Prašau užpildykite šias anketas.	Fine. Please fill out these papers.
Ar jūs turite reikalingus dokumentus?	Do you have the necessary documents?
Taip. Aš taip pat tuojau sumokėsiu.	Yes. I'll also pay right away.

Aš išrašysiu čekį.	I will write a check.
Ačiū. Jūsų sūnus bus antroje trobelėje.	Thank you. Your son will be in the second cabin.
Čia yra jo vadovas Giedrius.	This is his counselor, Giedrius.
Malonu.	Nice to meet you!
Algio daiktai yra automobilyje.	Algis' things are in the car.
Aš padėsiu atnešti.	I will help you carry them.
Sekite paskui mane.	Follow me.
Mes turime skubėti.	We must hurry.

Laba diena. Aš esu Algis.	Hello. I am Algis.
Ar tu čia pirmą kartą?	Are you here for the first time?
Ne, aš atvažiuoju kiekvienais metais.	No, I come every year.
Man patinka dainavimas ir sportas.	I like singing and athletics.
Bet mes taip pat mokomės kasdien po tris valandas.	But we also have to study for three hours a day.
Vakarais turime visokius užsiėmimus.	In the evening there are various activities.
Pernai buvo labai smagu.	Last year we had a lot of fun.
Ar tu turi ką nors valgomo?	Do you have anything to eat?
Taip, turiu šokolado ir bulvių skiedrų.	Yes, I have some chocolate and and potato chips.
Gerai. Aš tikiuosi, kad tu būsi mano trobelėje.	Good. I hope you will be in my cabin.

- **Aš sumokėsiu** 'I will pay'. **Aš moku sąskaitas** 'I pay the bills.' **Tėvas sumokėjo sąskaitą** 'Father paid the bill'. The verb **mokėti** can mean either 'pay' or 'know': **Aš moku angliškai** 'I know English'. The verb **mokėti** 'to pay' can be used with the preposition **su**; **mokėti** 'to know' cannot.

- Ways to ask for help: **Prašau, padėk man** 'Please help me'. **Padėk broliui** 'Help (your) brother' or **Aš padedu seseriai** 'I'm helping (my) sister'. An answer to a kindness performed is simply **ačiū** or **dėkui** 'thank you' or **labai ačiū (dėkui)** 'Thank you very much'.

- There are many reasons for hurrying at camp: **Tuojau bus pietūs** 'Dinner will be served right away.' **Mes pavėluosime į pamaldas** 'We'll be late for church services'. **Tuojau prasidės pamokos** 'The lessons are starting'. **Tuojau baigsis sporto rungtynės** 'The athletic competition is almost through.'
- Things needed at camp, in addition to clothing: **purškalai nuo uodų** 'mosquito repellent', **kišeninis žibintuvėlis** 'flash light', **palapinė** 'tent', **miegmaišis** 'sleeping bag', **maudymosi kostiumas** 'bathing suit', **vasariniai drabužiai** 'summer clothing', **sporto reikmenys** 'sports equipment'.
- The main activities at camp are **sportas** 'athletics', such as **maudymasis** 'swimming', **tenisas** 'tennis.' There will be **lietuvių kalbos pamokos** 'Lithuanian language lessons' and **rankdarbiai** 'crafts'. In the evenings, there will be **laužas** 'bonfire', **ėjimas su kliūtimis**, a game something like an 'obstacle course' and **šokiai** 'dances'. The day will end with **nakties tyla**, which is time for lights out.

Listen, understand and speak

This is the next set of exercises, three to test your understanding, three that will permit you to speak. Read the directions in the book before continuing with the tape.

1. Read the sentences and fill in the blanks with the proper personal pronouns, choosing from the box below.

a. *Aš turiu atostogas..*........................ I'm on vacation.
b. .... mokytis. We have to study.
c. Ar .... šokolado? Do you have any chocolate?
d. .... daug daiktų. They have many things.
e. .... gražią suknelę. She has a pretty dress.

Aš turiu	ji turi	mes turime
tu turi	jie turi	

2. Algis is writing a letter to his uncle. Listen to the tape and decide which statements are true (**teisingi**), which are false (**neteisingi**).

a.	Algis is going to a camp called Dainava.	T	N
b.	He is planning to stay there for two months.	T	N
c.	His friend's name is Jonas.	T	N
d.	They both like to swim and play volleyball.	T	N
e.	Algis thinks he will have a good time.	T	N

3. Now we will talk about work and vacations. On tape you will hear Dr. Balčiūnas telling about himself. Listen carefully and circle the right choice for each sentence.

a. Dr. Balčiūnas works 8 hours / 10 hours daily.
b. His day off is on Wednesdays / on Fridays.
c. He likes to take his vacations in the spring / in the fall.
d. He goes away in May / June.
e. He will be gone for 3 weeks / 4 weeks.

4. Translate the following questions into Lithuanian, and then check your answers on tape.

a. Where are the boys' cabins? *Kur yra berniukų trobelės?* .....
b. Where are the girls' cabins? ....
c. Where is the athletic field? ....
d. Where is the camp store? ....
e. Where are the restrooms? ....

5. This time you must give the answers, doing so in complete sentences. The questions are in Lithuanian, the prompts on tape in English.

a. Kiek laiko? *Pusė keturių.* ....
b. Kiek ilgai jūs pasiliksite? ....
c. Kiek Algiui metų? ....
d. Kiek ilgai tu manęs laukei? ....
e. Kiek laiko tu viešėjai? ....

6. Form a question from each sentence. If you prefer, write the questions into the book before listening to the tape.

a. Mano mergaitės vardas yra Onutė.
   Koks yra tavo mergaitės vardas? ....
b. Raštinė yra ten, prie valgyklos ....
c. Tai yra mano miegmaišis. ....
d. Pietūs bus dvyliktą valandą. ....
e. Aš einu į šokius. ....

In Lithuanian only

As before, listen to the conversations. These, as you know, are about summer camps — if you have children, you might need this beginning information. Even if you do not, please review the lesson should you not understand everything and then proceed to the following one.

Conversation No. 1

"Sveiki. Kokia graži diena! Ar tu ilgai čia būsi?"
"Ne, tiktai savaitgalį. Pirmadienį turiu būti darbe."
"Mes pasiliksime visą savaitę. Mes atostogaujame."
"Prašau, atleiskite. Ar galite pasakyti, kur yra registracija?"
"Mielai. Registracija į stovyklą yra čia. Registracija į vidurinę mokyklą yra raštinėje."
"Kur yra raštinė?"
"Žiūrėkite, ten. Eikite su manimi, aš jums parodysiu."

Conversation No. 2

"Laba diena. Tai mano sūnus Algis. Aš noriu jį užregistruoti į stovyklą."
"Gerai. Prašau užpildyti šias anketas. Ar turite reikalingus dokumentus?"
"Taip. Aš taip pat tuojau sumokėsiu. Ar jūs turite plunksną? Aš išrašysiu čekį."
"Ačiū. Jūsų sūnus bus antroje trobelėje. Čia yra jo vadovas Giedrius."
"Malonu. Algio daiktai yra automobilyje."
"Aš padėsiu atnešti. Sekite paskui mane. Mes turime skubėti."

Conversation No. 3

"Labas. Aš esu Algis. Ar tu čia pirmą kartą?"
"Ne, aš atvažiuoju kiekvienais metais."
"Ar tau patinka?"
"Man patinka dainavimas ir sportas. Bet mes taip pat mokomės kasdien tris valandas. Vakarais turime visokius užsiėmimus. Pernai buvo labai smagu."
"Ar tu turi ką nors valgomo?"
"Taip, turiu šokolado ir bulvių skiedrų."
"Gerai. Aš tikiuosi, kad tu būsi mano trobelėje."

Study hints

A problem-spot English speaking people often hit is the double negative: they've been taught never to use it, but in Lithuanian there are times when you *must* use it. Whenever you have a few minutes, make up some drills using the double negative.

Aš niekad nekalbu garsiai 'I never talk loudly' (**tu niekad nekalbi garsiai, jis niekad nekalba garsiai, mes niekad**). Or **Man niekas nepatinka** 'I don't like anything' (**tau niekas nepatinka, mums niekas nepatinka**). Think of as many as you can, and keep going.

Lesson #16 — Athletics

Dialogues and explanations

In this lesson, you will learn the names of various sports, how to ask for the score, and how to join a team. Joining any activity is a good way to study a language, so, if you are sports-minded, find out whether there is a Lithuanian basketball or volleyball team in your area. Quite often there are also skiing, golf and novice clubs.

Kur tu bėgi?	Where are you (running) off to?
Aš skubu susitikti Jurgį.	I'm in a hurry to meet Jurgis.
Mes žaisime tinklinį.	We're going to play volleyball.
Palauk. Aš turiu važiuoti pro sporto aikštę.	Wait. I have to drive past the athletic field.
Aš tave nuvešiu.	I'll take you.
Ar tavo draugas geras sportininkas?	Is your friend a good athlete?
Taip. Žiemą jis slidinėja.	Yes. In the winters he skis.
Pavasarį ir vasarą žaidžia futbolą.	During spring and summer he plays soccer.
Jam taip pat patinka žaisti tenisą.	He also likes to play tennis.
Man labiausiai patinka gimnastika, bet tu jau tai žinai.	I like gymnastics the best, but you know that already.
Ar tu lauki atostogų, kai mes važiuosime prie ežero?	Are you waiting for vacation, when we're going to the lake?
Taip. Mums visiems patinka meškerioti ir plaukyti.	Yes. We all like to fish and swim.

Notes about us

Organized sports in Lithuania began soon after the nation declared its independence in 1918. Many sports organizations were formed then. Lithuanians cultivated all branches of sports, but in the beginning mostly soccer, later basketball. In May of 1937, in the Latvian capital of Riga, the unknown Lithuanian team captured the highest honor in European basketball. Lithuania was the European basketball champion, and overnight the population suddenly became basketball-conscious, baskets being hung from barn doors and telephone poles. Basketball became the national sport. Even now "Žalgiris", a basketball team of Soviet-occupied Lithuania, has won many championships. (E.L., V. 200-268).

- Some sports: **tinklinis** 'volleyball', **krepšinis** 'basketball', **beisbolas** 'baseball', **futbolas** 'soccer' or 'football', **ledo ritulys** 'ice hockey', **tenisas** 'tennis', **lengvoji atletika** 'track'. Notice that **futbolas** is soccer. What is called football in English is often translated as **amerikietiškas futbolas**. The field a game is played on is **aikštė**. **Komanda** is 'team' and **komandos kapitonas** is 'team captain'. **Rungtynės** 'competitive game' or 'match'.

- More about the verb **patikti** 'to like': The direct object of this verb is in the nominative case. **Man patinka mokykla** 'I like school'. **Man patinka Onutė** 'I like Onutė'. When it is followed by a transitive verb, the object of the new verb is in the accusative case. **Jai patinka gerti arbatą** 'She likes to drink tea'. **Petrui patinka žaisti tenisą** 'Petras likes to play tennis'.

- There are two words for 'to fish': **meškerioti** (with a hook and line) and **žvejoti** (with a net). Various bodies of water are **upė** 'river', **tvenkinys** 'pond', **ežeras** 'lake', **jūra** 'sea', **vandenynas** 'ocean'. **Aš meškerioju upėje, bet Jurgis žvejoja ežere** 'I fish in the river, but Jurgis fishes in the lake'. Notice the use of the locative.

Mes jau čia. Eikime vidun.	Here we are. Let's go in.
Ar aš taip pat galiu žaisti?	May I play, too?
Žinoma.	Of course.
Kurioje pusėje aš žaisiu?	Which side shall I play on?
Eik su manimi.	Come with me.
Tu gali būti mano komandoje.	You can be on my team.
Kur mes sėdėsime?	Where shall we sit?

Kokie yra rezultatai?	What is the score?
Septyni prieš tris mūsų naudai.	Seven to three, in our favor.
Kas yra geriausias žaidėjas?	Who is the best player?
Kas per klausimas!	What a question!
Žinoma, kad mano brolis Jonas.	My brother Jonas, of course.
Jis yra aštuntas numeris.	He is number eight.
Ar matei krepšinio rungtynes vakar televizijoje?	Did you see the basketball game yesterday on TV?
Ne, aš neturėjau laiko.	No, I did not have the time.
Kuri komanda nugalėjo?	Which team won?
Žinai, aš paprastai žiūriu komedijas ir žinias.	You know, I usually watch sitcoms or the news.
Tai man labiau patinka.	I like those better.
Jurgi, kada bus kita treniruotė?	Jurgis, when is the next practice?
Ketvirtadienį.	Thursday.
Mes treniruojamės kiekvieną ketvirtadienį, čia pat po pamokų ar darbo.	We practice every Thursday, right here, after school or work.
Ar užvažiuosime į alinę?	Shall we go to a pub?
Aš šiandien gavau algą, tai užmokėsiu.	I got paid today, I'll treat.
Onute, ar eini kartu?	Onutė, are you coming?
Ne? Na tai iki pasimatymo kitą savaitę.	No? Well then, we'll see you next week.

- The verb 'to play' has many different meanings in the Lithuanian language. If it is talking about sport, it means **žaisti** and is followed mostly by a noun in the accusative **case: Jonas žaidžia futbolą, krepšinį, tenisą...** 'Jonas plays soccer, basketball, tennis...' If it refers to musical instruments, the instruments are used in the instrumental case: **Jonas griežia smuiku** 'plays the violin', **skambina pianinu** 'plays the piano', **kankliuoja kanklėmis** 'plays the zither', **pučia dūdą** 'plays the trumpet', **groja vargonais** 'plays the organ'.

- In competitive sports, there is always a chance for **prizes: Pirma premija** 'first prize', **antra premija** 'second prize'. **Pirma vieta** 'first place', **trečia vieta** 'third place'. **Algis gavo pirmą premiją** 'Algis received the first prize'. **Mūsų komanda yra pirmoje vietoje** (loc.) 'Our team is in the first place'. **Kokioje vietoje** (loc.) **yra tavo komanda?** 'What place is your team in?'
- It is good to know how to give some praise. **Tu labai gerai žaidi tenisą** 'You play tennis very well'. **Man patinka, kaip tu groji vargonais** 'I like the way you play the organ'. **Tu esi geriausias mokinys mūsų klasėje** 'You are the best student in our class.' or **Jurgis yra geriausias žaidėjas mūsų komandoje** 'Jurgis is the best player on our team'.
- **Mes treniruojamės kiekvieną ketvirtadienį** 'We practice every Thursday.' Time phrases often are expressed in the accusative. Another way to say it is: **Ketvirtadieniais mes žaidžiame tinklinį** 'On Thursdays we play volleyball'. This time **ketvirtadieniais** is in the plural instrumental case. **Elenytė važiuoja į svečius kiekvieną sekmadienį** (acc.) 'Elenytė goes visiting every Sunday.' **Vasarą** (acc.) **mes einame plaukyti** 'During the summer we go swimming.
- About **televizija** 'television': **Įjunk televiziją** 'Turn on the TV set,' **Išjunk televiziją** 'Turn the TV set off.' **Per garsiai** 'That' too loud'. **Ar nėra per tyliai?** Isn't it too quiet?' **Prašau, pasuk į kitą kanalą** 'Please, turn to another channel.' **Ta yra kvaila programa** 'This is a stupid program ' or **Man patinka ši programa** 'I like this program'.
- The conversations, especially this one, have been using all tenses — present, past and future. If you have any questions about their formation, and you should, please keep checking pages 52, 53 and 72 of the grammar lessons, and pages 231-233 of the supplement.

Listen, understand and speak

Before you start the following exercises, read the directions and do the written exercises. You must have noticed that not all sentences have English translations. We assume that by now these are easily understood. If not, stop and check.

1. You are talking to some people you have met at a sports event. Study the answers below, then write in the appropriate questions.

a. ..*Ar tu žaidi tenisą?* .... Taip, aš žaidžiu tenisą.
b. .... Ne, mano sesuo nežaidžia ledo ritulio.
c. .... Taip, mes žaidžiame krepšinį.
d. .... Taip, mes ketvirtadieniais lošiame futbolą.
e. .... Ne, Edis nežaidžia tinklinio. Jis žaidžia (lošia) futbolą.

2. Onutė is the scorekeeper at the volleyball games in Kalamazoo. She is reading the scores. Listen to them on your cassette and write down the scores in the grid below.

....
a. New Yorkas prieš Bostoną.
....
b. Torontas prieš Kalamazoo
....
c. Milwaukee prieš Minneapolį
....
d. New Yorkas prieš Indianapolį
....
e. Čikaga prieš San Francisco
....

3. Jurgis is talking on the telephone. Listen to the tape and choose whether the following statements are true (**teisingas**) or false (**neteisingas**). New word: **dalyvauti** 'take part.'

a.	Petras and Jurgis went to Toronto	T	N
b.	for a volleyball meet.	T	N
c.	Three teams from Australia took part.	T	N
d.	Petras won first place at tennis,	T	N
e.	and Jurgis' team placed first in volleyball.	T	N

160 Lesson #16

4. Listen to the tape and translate each question into Lithuanian. If you prefer, write the answers before listening to the tape.

a. Where are you off to? ..*Kur tu bėgi?* ....
b. Do you play tennis? ....
c. Who is the captain of the team? ....
d. What time is the basketball game? ....
e. Do you like to fish? ....

5. Now listen to the following questions, answering in full sentences:

a. Ar Petras rytoj eis slidinėti?
   Taip, *Petras rytoj eis slidinėti.* ....
b. Ar tavo draugas laimėjo pirmą vietą?
   Taip, ...
c. Ar tu žiūri televizijos? Taip, ...
d. Ar ketvirtadieniais yra treniruotės?
   Ne, ...
e. Ar tu loši kortomis? Ne, ...

6. In the last set of questions continue answering in full sentences. Remember to say them out loud when using the tape.

a. Ar tu žaidi tenisą? Ne, *aš nežaidžiu teniso.* ....
b. Ar tu nori mokytis žaisti tenisą?
   Taip, ...
c. Ar tu moki gerai gimnastikuoti?
   Taip, ...
d. Ar tu nori išmokyti mane gimnastikuoti?
   Ne, ...
e. Ar jis nori eiti su mumis? Taip, ...

In Lithuanian only

Listen to the following three conversations and see how well you understand them. Remember to try to use your new language whenever and wherever possible, even if you can only start the converstations and have to ask a lot of questions to continue.

Conversation No. 1

"Kur tu bėgi?"
"Aš skubu susitikti Jurgį. Mes žaisime tinklinį."
"Palauk. Aš turiu važiuoti pro sporto aikštę. Aš tave nuvešiu. Ar tavo draugas geras sportininkas?"
"Taip. Žiemą jis slidinėja. Pavasarį ir vasarą lošia futbolą. Jam taip pat patinka žaisti tenisą."
"Man labiausiai patinka gimnastika, bet tu jau tai žinai. Ar lauki atostogų, kada mes važiuosime prie ežero?"
"Taip. Mums visiems patinka meškerioti ir plaukyti."

Conversation No. 2

"Jau mes čia! Eikime vidun."
"Ar aš taip pat galiu žaisti?"
"Žinoma."
"Kurioje pusėje aš žaisiu?"
"Eik su manimi. Tu gali būti mano komandoje."
"Kur mes sėdėsime? Kokie yra rezultatai?"
"Septyni prieš tris mūsų naudai."
"Kas yra geriausias žaidėjas?"
"Kas per klausimas! Žinoma, kad mano brolis Jonas. Jis yra aštuntas numeris."

Conversation No. 3

"Ar tu matei krepšinio rungtynes vakar televizijoje?"
"Ne, neturėjau laiko. Kuri komanda nugalėjo? Žinai, aš paprastai žiūriu komedijas ir žinias. Tai man labiau patinka."
"Jurgi, kada bus kita treniruotė?"
"Ketvirtadienį. Mes treniruojamės kiekvieną ketvirtadienį, čia pat po pamokų ar darbo."
"Ar užvažiuosime į alinę? Aš šiandien gavau algą, tai užmokėsiu."
"Onute, ar eini kartu? Ne? Na tai iki pasimatymo kitą savaitę."

Study hints

A few lessons back, when Danutė and her son Algis met some friends at a shopping center, you discovered that Algis could also be called Algiukas, which is the diminutive form of that name. The diminutive is used when talking to children: **mažas berniukas** 'little boy', **gražus žaisliukas** 'pretty little toy', **mielas kačiukas** 'a dear kitten'. It is also used extensively in Lithuanian poetry and especially in folk literature, as you will learn in time. For that reason, when making up, for example, lists of nouns modified by adjectives, try practicing these in their diminutive forms as well: **Mažas namas, mažas namelis; juodas batas, juodas batukas** or **batelis; trys vaikai, trys vaikeliai.**

Lesson #17 — I don't feel well

Dialogue and explanations

Everyone gets sick — some more often than others. In this short lesson we can only cover the most basic phrases to use in case of illness — how to complain about the common cold and how to express some sympathy. As far as illnesses go, Lithuanians believe in bedrest as much as anyone else, combined with mugs and mugs of hot tea with raspberry jam or hot milk with honey. Some get so addicted, they drink these even when feeling fine.

Mielas drauge!	Dear friend!
Kaip tu jautiesi?	How are you feeling?
Nevisai gerai.	Not so good.
Kas tau yra?	What is the matter with you?
Man skauda galvą,	I have a headache, and
turiu slogą ir kosėju.	I have a head cold and a cough.
Aš sakyčiau, kad	I'd say that
tu esi peršalęs.	you've cought a cold.
Geriau eik namo,	You'd better go home.
pasimatuok temperatūrą	take your temperature,
ir atsigulk.	and get to bed.
Paimk du aspirinus.	Take two aspirin.
Aš nupirksiu vaistų nuo kosulio	I'll buy some cough medicine
ir atvažiuosiu aplankyti.	and will come to visit.
Tu esi persidirbęs.	You've been working too hard.
Turi gerai pailsėti.	You must get a good rest.
Tai greit būsi sveikas.	Then you'll be fine soon.

Notes about us

A happy frame of mind often helps one feel better. Perhaps that is why we have so many folk songs: approximately two million songs and more than 100,000 melodies have been collected. Before they were written down, they passed from generation to generation by word of mouth. Very many Lithuanian folk songs talk of various virtues in a picturesque and often allegorical language. Work is considered one of the virtues, together with love of family, wisdom, joy, charity and fairness. Besides folk songs, there is also a huge collection of fairy tales, proverbs, riddles and other folkloric materials.

- The first words when talking about health are **sveikas** 'well' and **sergantis** 'ill' or 'sick': **Aš esu sveikas** 'I am well' or **Jis serga** 'He is sick'. **Aš nesijaučiu gerai** 'I don't feel well.' And for those among us who are seldom or never admit to being sick: **Aš nesergu!** 'I'm not sick!' **Aš esu pavargęs** 'I am tired.'
- **Kas tau yra?** is 'What is the matter with you?' **Ar tau skauda?** 'Does anything hurt?' **Ką tau skauda?** 'What hurts?' Some answers: **Aš esu peršalęs** 'I've cought a cold.' **Aš turiu karščio** 'I have a fever.' **Man skauda galvą** 'I have a headache.' **Man svaigsta galva** 'I'm dizzy.' **Mane verčia vemti** 'I'm nauseated.' **Man yra diegliai pilve** 'I have a stomachache.' **Ar tau skauda dantį?** 'Do you have a toothache?' Notice once again the dative construction.
- The dative construction is also used when the subject is a noun. **Petrui skauda gerklę** 'Petras has a sore throat.' **Vaikui skauda pilvą** 'The child has a stomachache.' **Man skauda širdį** 'I have a heartache (used in the sense of mental anguish).' Notice that this construction is used whenever the subject experiences liking and disliking, or a sensation: pain, thirst, hunger, etc.

Kaip tu dabar jautiesi?	How are you feeling now?
Čia yra karštos arbatos	Here is some hot tea
ir sumuštinis.	and some sandwiches.
Ar nenoriu **valgyti**.	I am not hungry.
Man skauda gerklę.	I have a sore throat,
ir verčia vemti.	and I feel nauseated.
Aš noriu tiktai miegoti.	I only want to sleep.
Atsikelk	Sit up
ir paimk vaistus.	and take your medicine.
Tu turi juos imti	You must take it

tris kartus per dieną.	three times daily.
Mano tėvas taip pat turėjo gripą, bet dabar jis yra sveikas.	My father had the flu, too, but now he is alright.
O dabar ilsėkis ir sveik.	And now, take it easy and get well.
Užmerk akis ir miegok.	Close your eyes and go to sleep.
Kas tau yra, Maryte?	What's the matter, Marytė?
Aš kritau ir susižeidžiau kelį.	I fell and hurt my knee.
Eikš. Eisim pas slaugę.	Come, let's go see the nurse.
Ar gali paeiti?	Can you walk?
Aš tau padėsiu.	I'll help you.
Ar labai skauda koją?	Does the leg hurt a lot?
Aš paskambinsiu daktarui.	I'll call the doctor.
Daktaras Jonaitis greit bus čia.	Dr. Jonaitis will be here soon.
Jis apriš koją ir, jei reikės, padarys rentgeno nuotraukas.	He'll bandage your leg and, if necessary, take some X-rays.
Tuo tarpu atsigulk.	For the time being, lay down.
Aš tave apklosiu.	I'll cover you.
Nesirūpink, viskas bus gerai.	Don't worry, everything will be fine.

- **Kaip tu jautiesi?** or **Kaip jūs jaučiatės?** 'How are you feeling?' Some further answers: **man karšta** 'I am hot', **man šalta** 'I am cold', **aš drebu** 'I am shivering'.

- Here are some, although by no means all, parts of the human body: **akis** 'eye', **ausis** 'ear', **nosis** 'nose', **galva** 'head', **liežuvis** 'tongue', **lūpa** 'lip', **burna** 'mouth', **dantys** 'teeth', **veidas** 'face', **plaukai** 'hair', **kaklas** 'neck', **gerklė** 'throat', **petys** 'shoulder', **alkūnė** 'elbow', **ranka** 'arm (and hand)', **pirštas** 'finger', **krūtinė** 'breast', **pilvas** 'stomach', **nugara** 'back', **užpakalis, sėdynė** 'buttocks', **koja** 'leg (and foot)', and **kelis** 'knee'.

- Note that possessive pronouns **mano, tavo, savo** 'my, your, his, her, its, our, your, their' are not declined and do not take the gender or number of the noun they modify: **mano tėvas, tavo motina, jo sesuo** 'my father, your mother, his sister'.

• **Gydytojas** or **daktaras** (the latter used in title only) 'physician, doctor', **seselė** or **gailestingoji sesuo** 'nurse', **dantų gydytojas** 'dentist' and **vaikų gydytojas** 'pediatrician'. To get to one, you must **susitarti dėl laiko** 'make an appointment' or **vizito**. **Aš susitariau dėl laiko su daktaru Kalnium** 'I made an appointment with dr. Kalnius.

• **Aš važiuoju pas daktarą** 'I'm going to the doctor's'. The preposition **pas** 'to' is followed by a noun in the accusative case. You use **pas** when going to see a person: **pas mane** 'to me', **pas tave** 'to you', **pas draugą** 'to my friend's'. Remember that when going to a place, use **į** 'to' and the accusative: **į ligoninę** 'to the hospital', **į darbą** 'to work.'

• The following are participles describing some hurts: **sužeistas** 'hurt', **subraižytas, įdrėkstas** 'scratched', **įsipjovęs** 'cut', **lūžęs** 'broken.' **Elenytei yra supjaustyta ranka** (nom.) 'Elenytė has a *cut* hand.' **Arūnui yra lūžusi koja** (nom.) 'Arūnas has a broken leg.' These participles are derived from the verbs **sužeisti** 'to hurt', **subraižyti, įdrėksti** 'to scratch', **pjauti, supjaustyti** 'to cut', **lūžti** 'to break'. **Ar tu įsipjovei** (verb.) **ranką** (acc.)? 'Did you cut your hand?' **Jis susilaužė koją** (acc.) 'He broke a leg.'

Listen, understand and speak

It is time to do some exercises. Please stop the tape and read the directions in the book before continuing with the cassette.

1. The following is a recognition exercise. Read each line and circle the one that does not belong.

a. nugara   dantys   veidas   paltas   ausis

b. akis   galva   žiedas   ranka   pirštas

c. krūtinė   pilvas   petys   nosis   dešra

d. liežuvis   sesuo   lūpa   burna   veidas

e. galva   staltiesė   plaukai   kaklas   alkūnė

2. Listen to the following sentences and change each into a 'must' sentence. Use the verb **reikia** with an infinitive and put the subject in the dative.

a. Aš važiuoju pas gydytoją.
   Man reikia važiuoti pas gydytoją. ....
b. Aš važiuoju pas dantų gydytoją. ....
c. Jurgis užsisakė vizitą pas
   dr. Jonaitį. ....
e. Mas važiuojame pas vaikų daktarą. ....
f. Ar tu eisi pas gailestingąją seserį? ....

3. In this exercise, write the answers before listening to the tape. Select the answers from the box below.

a. Vytukui yra ketveri metai. . . *Jis eina pas vaikų daktarą.* ...
b. Audrai skauda dantis. ....
c. Motinai skauda galvą ir kaklą. ....
d. Brolis kosi. ....
e. Man nieko neskauda. ....

> Jis eina pas vaikų daktarą.
> Ji važiuoja pas dantų gydytoją.
> Jam reikia vaistų nuo kosulio.
> Aš esu sveikas.   Ji serga.

4. On the cassette you will be asked to answer a series of questions. Do so according to the English prompts, and then write the answers below.

a. Kaip tu jautiesi? ... *Aš nesijaučiu gerai.* ....
b. Ar tau kas nors negerai? ....
c. Ar tau ką skauda? ....
d. Ar tu esi persišaldęs? ....
e. Ar tu nori dviejų aspirinų? ....

168   Lesson #17

5. Listen to the tape and translate into Lithuanian. If you prefer, write the answers first.

a. I have a backache. *Man skauda nugarą.* ....
b. Jurgis feels dizzy. ....
c. Grandmother has the flu. ....
d. Petras is cold. ....
e. Onutė has a cold. ....

6. Listen to the following sentences and change each of them into the negative.

a. Man skauda . . .*Man neskauda* ....
b. Albertas nusilaužė koją ....
c. Motina serga. ....
d. Ar tu turi slogą? ....
e. Aš esu persišaldęs. ....

In Lithuanian only

As at the end of every lesson, this is your chance to check how well you have absorbed the material. If you understand everything said, you can feel pretty good about yourself. If not, do not despair — the best medication in this case is plain repetition.

Conversation No. 1
"Mielas drauge! Kaip tu jautiesi?"
"Nevisai gerai."
"Kas tau yra?"
"Man skauda galvą, turiu slogą ir kosėju."
"Aš sakyčiau, kad tu peršalęs. Geriau eik namo, pasimatuok temperatūrą ir atsigulk. Paimk du aspirinus. Aš nupirksiu vaistų nuo kosulio ir atvažiuosiu aplankyti. Tu esi persidirbęs. Turi gerai pailsėti. Tai greitai būsi sveikas."

Conversation No. 2

"Kaip tu dabar jautiesi? Čia yra karštos arbatos ir sumuštinis."
"Aš nenoriu valgyti. Man skauda gerklę ir verčia vemti. Aš noriu tiktai miegoti."
"Atsikelk ir paimk vaistus. Tu turi juos imti tris kartus per dieną. Mano tėvas taip pat turėjo gripą, bet dabar jis jau sveikas. O dabar ilsėkis ir sveik. Užmerk akis ir miegok."

Conversation No. 3

"Kas tau yra, Maryte?"
"Aš kritau ir susižeidžiau kelį."
"Eikš. Eisime pas slaugę. Ar tu gali paeiti? Aš tau padėsiu. Ar labai skauda koją? Aš paskambinsiu daktarui. Daktaras Jonaitis greit bus čia. Jis apriš koją ir, jei reikės, padarys rentgeno nuotraukas. Tuo tarpu atsigulk. Aš tave apklosiu. Nesirūpink, viskas bus gerai."

Study hints

This lesson's study hint is a reminder rather than something new: remember that in Lithuanian you must distinguish between, or at least must give a good try at distinguishing between, the formal and informal you — **tu** and **jūs**. **Tu** is used when talking to children or good friends, **jūs** to everyone else. There is one further distinction, especially in Lithuania itself: you might be invited to call a person by his or her first name but still use the formal **jūs**. For that reason it is a good idea to wait until you are specifically invited to say **tu**. Sooner or later you may come up against a special small ceremony for this purpose called **tu brolystė**; you'll know when that happens.

Lesson #18 — Excuses

Dialogues and explanations

How could we survive if we didn't have something to complain about — a messy house, a flat tire, unruly children, or a forgotten piece of homework. We cannot be sunshine and light all the time. So here is a lesson devoted mainly to complaints and excuses. Actually it is safe to assume that you will pick up these on your own. We're just giving you a slight head start.

Nežinia, kur yra Martynas.	I wonder where Martynas is.
Jis vėluoja.	He is late.
Aš tikiuosi, kad jam nieko neatsitiko.	I hope nothing has happened.
Nesirūpink,	Don't worry,
Martynas niekada nebūna laiku.	Martynas is never on time.
Abejoju, ar jis šiandien ateis.	Most likely he won't come today.
Kvailystė!	Nonsense!
Aš jį tik ką mačiau gatvėje.	I just saw him on the street.
Jis pasirodys.	He'll show up.
Jau jis čia!	Here he is!
Atsiprašau! Bet aš turėjau per daug darbo.	Please forgive me, but I had too much to do.
Nepasakok niekų!	Don't talk nonsense!
Tu tikriausiai užmiršai.	You simply forgot.
Baikite ginčytis, viskas tvarkoje.	Stop quarreling, everything is OK now.
Ar galime važiuoti?	Can we go?

Notes about us

The Supreme Committee for the Liberation of Lithuania (Vyriausias Lietuvos Išlaisvinimo Komitetas, abbr. VLIKas) is the chief agency officially empowered to advance the cause of Lithuania's sovereignity and freedom from foreign occupation. It was established in Lithuania during World War II (1943) as a representative organ of all political underground groups. VLIKas retreated to West Germany in the fall of 1944 and to the United States in 1955. In order to carry out its principal task — liberating Lithuania from Soviet Russian occupation — VLIKas engages in major efforts to disseminate information on the situation in occupied Lithuania and on the liberation activities of Lithuanians abroad (E.L., V, 326-328).

- **Martynas niekada nebūna laiku** 'Martynas is never on time.' Remember that in Lithuanian you must use a double negative. In the example **laiku** is in the instrumental case, answering the question 'how'. Another example of the double negative: **Aš niekuomet neturiu pinigų** 'I never have any money.' In this case, use the genitive, answering to the question 'of what?'

- **Atsiprašau, kad pavėlavau** 'I'm sorry that I'm late.' (Although you will often hear the less correct **Aš pavėlavau**). Here are some excuses: **Aš pramiegojau** 'I overslept'. **Man suplyšo kojinės** 'I had a tear in my stockings.' **Man sugedo mašina** 'My car broke down.' **Mašinai nulcido padangą** 'The car had a flat tire.' **Aš pamečiau raktą** 'I lost my key.' **Aš pavėlavau į autobusą** 'I missed the bus.' **Mano vaikas serga** 'My child is sick.' And a myriad more, which you have to pick up on your own.

- **Ar mes galime važiuoti?** 'Can we go?' In Lithuanian there is no difference as in English between 'can' and 'may'; the same verb **galėti** is used for both. When asking permission or wanting to be polite, Lithuanians use the verb in a subjunctive mood: **Ar aš galėčiau važiuoti, kalbėti?** 'May I go, talk?'

Daiva, padėk man aptvarkyti namą.	Daiva, help me tidy up the house.
Palik mane ramybėje!	Leave me alone!
Šiandien aš esu blogoje nuotaikoje.	I'm in a bad mood today.
Iš tikrųjų?	Really?
Kas apie tai būtų pagalvojęs?	Who would have thought it?

Gal tu galėtum išvalyti nors virtuvę?	Could you at least clean up the kitchen?
Jokiu būdu.	No way.
Tai man per sunku.	That's too hard for me.
Na, tai nuostabu!	Well, that's great!
Ir vėl man reikės viską padaryti pačiai.	Then, once again, I have to do everything by myself.
Tiesą sakant, tai manęs visai nedomina.	To tell the truth, that does not interest me at all.
Labas rytas, vaikai!	Good morning, children!
Šiandien mokysimės istorijos.	Today we'll be studying history.
Prašau, atsiverskite knygos penktąjį puslapį.	Please open your books, to page five.
Aš negaliu!	I can't.
Aš pamiršau knygą namie.	I forgot my book at home.
Tai negerai. Tada prašau pasakyk eilėraštį apie žiemą.	That's (too) bad. Then please recite the poem about winter.
Tai neteisinga!	That's not fair!
Aš nežinojau, kas buvo užduota.	I didn't know what was assigned.
Tą aš jums vakar pasakiau.	I told you about it yesterday.
To aš neatsimenu.	I don't remember that.
Aš apie tai taip pat negirdėjau.	I didn't hear it either.
Mokytojau, aš nebuvau klasėje.	Teacher, I wasn't in class.
Prašau, pasakykite, kas užduota dar vieną kartą.	Please tell us about the assignment one more time.

- The opposite of **gera nuotaika** 'good mood' is **bloga nuotaika** 'bad mood.' **Ar tu esi blogoje nuotaikoje?** (loc.) 'Are you in a bad mood?' **Ne, aš esu linksma** 'No, I am happy.' **Ar Algis yra geroje nuotaikoje?** 'Is Algis in a good mood?' **Ne, jis yra liūdnas** 'No, he is sad' or **Ji yra pikta** 'She is angry'.

- Ieva wants to tidy the house: **ji nori aptvarkyti namą** or **išvalyti namą** 'to clean the house'. The following verbs should be useful: **šluoti** 'sweep', **išvalyti su dulkių siurbliu** 'to vacuum', **skalbti** 'to wash', **blizginti** 'polish'. **Jurgis šluoja grindis** 'Jurgis is sweeping the floor.' **Tėvas išvalė gyvenamąjį** kambarį 'Father cleaned the living room'. **Ar tu išskalbei skalbinius?** 'Did you do the laundry?' **Eik, išnešk šiukšles** 'Go, take out the garbage.'

- **Man reikia daryti pačiai** 'I have to do it myself.' The declensional pattern of the pronouns **pats, pati** is given on p. 226 of the supplement.

- As in any language, there are many phrases used to excuse oneself: **Aš negaliu** 'I can't.' **Aš nežinau** 'I don't know.' **Aš nenoriu** 'I don't want to.' **Aš užmiršau** 'I forgot.' **Aš negaliu atsiminti** 'I can't remember.' **Aš neturiu laiko** 'I don't have the time.' **Aš negirdėjau** 'I didn't hear that.' **Aš pamečiau** 'I lost.' And, quite often, **Tas neteisinga!** 'That's not fair!' and **Man vis tiek (man nesvarbu)** ['I don't care!' These should be sufficient for a start.

- **Pasakyk (or padeklamuok) eilėraštį!** 'Recite the poem'. When giving an order, use the imperative mood. The formation of imperative mood is not complicated: drop the **-ti** from infinitive and add **-k** (2nd person singular), **-kime** (1st person plural) or **-kite** (2nd person plural): **Kalbė(ti) +k, kime, kite — kalbėk, kalbėkime, kalbėkite** 'Let's talk'. The imperative mood is followed by an object in the accusative case: **Išvalyk virtuvę!** 'Clean the kitchen! **Atnešk laikraštį!** 'Bring the newspaper!' When addressing more than one person or addressing formally, add **-kite: Paskaitykite eilėraštį! Išvalykite virtuvę!**

- **Aš nesu klasėje** 'I am not in the classroom.' **Mes nebuvome klasėje** 'We were not in the classroom.' **Jo nebus klasėje** 'He will not be in the classroom.' In order to correctly use the verb 'to be', please review it — all four tenses are given on p. 41 and in the supplement.

Listen, understand and speak

Before continuing, please read the directions in the book and do the written exercises. As you have noticed, some of the examples do not give English translations. Whenever you do not understand something, do take the time to find out.

1. Before listening to the tape to check your answers, fill in the proper descriptions from the choices below, two with formal and three informal usage.

a. Could you (formal) help me?...*Ar jūs galėtute.* ....
b. Could you bring me some coffee? ....
c. Could you clean the house? ...*Ar tu galėtum* ....
d. Could you do the laundry? ....
e. Could you take out the garbage? ....

```
išvalyti namą      atnešti man kavos
  išnešti šiukšles     man padėti
       išskalbti skalbinius
```

2. Before listening to the tape, fill in the empty spaces with words from the box below.

a. Man yra gera nuotaika. Aš esu *linksma* ....
b. Tau yra bloga nuotaika. Tu esi ....
c. Jam skauda širdį. Jis yra ....
d. Mes pramiegojome. Mes ....
e. Jūs laukiate ir laukiate. Jūs esate ....

```
linksma     per ankstyvi     liūdnas
     vėluojamės     piktas
```

3. Match the following excuses to their Lithuanian translations. Then listen to the tape.

a. I lost my money.   Aš tavęs negirdėjau.
b. That's not fair.   Aš užmiršau.
c. I don't have the time.   Aš pamečiau pinigus.
d. I forgot.   Aš neturiu laiko.
e. I didn't hear you.   Tai neteisinga (negarbinga).

4. You are late for a meeting and have a list of excuses. Say them in Lithuanian, according to the English prompts.

a. First (pirmiausia) I overslept.
   Pirmiausia aš pramiegojau. . . . .
b. Then (tada) my husband became sick. . . . .
c. After that (po to) I lost my
   keys. . . . .
d. My car had a flat tire. . . . .
e. And finally (ir galų gale) I
   missed the bus. . . . .

5. This time you ask the questions. Do so according to the English prompts.

a. Are you happy? . . . *Ar tu esi laimingas?* . . . .
b. Is she angry? . . . .
c. Is he in a good mood? . . . .
d. Are they in a bad mood? . . . .
e. Am I sad (fem.)? . . . .

6. Answer each question in the negative, and then check the tape for the correct answers.

a. Ar tu žinai kiek laiko?
   Aš nežinau, kiek laiko. . . . .
b. Ar tu gali atnešti man knygą?
   . . . .
c. Ar tu atsimeni praėjusias
   atostogas? . . . .
d. Ar jis užmiršo pavalgyti pietus? . . . .
e. Ar mes norime važiuoti namo?
   . . . .

In Lithuanian only

Please listen to the following three conversations and check how well you understand them. Should there be any problems, make no excuses for yourself, unless, and then only perhaps, you can do so in Lithuanian.

Conversation No. 1

"Nežinia, kur Martynas. Jis vėluoja. Tikiuosi, kad jam nieko neatsitiko."
"Nesirūpink. Martynas niekada nebūna laiku. Abejoju, ar jis šiandien ateis."
"Kvailystė! Aš jį tik ką mačiau gatvėje. Jis pasirodys. Jis jau čia!"
"Atsiprašau, bet aš turėjau per daug darbo."
"Nepasakok niekų! Tu tikriausiai užmiršai."
"Baikite ginčytis. Viskas tvarkoje. Ar mes galime važiuoti?"

Conversation No. 2

"Daiva, padėk man aptvarkyti namą. Jis labai netvarkingas."
"Palik mane ramybėje! Aš šiandien blogoje nuotaikoje."
"Iš tikrųjų? Kas apie tai būtų pagalvojęs? Gal galėtum išvalyti nors virtuvę?"
"Jokiu būdu. Tai man per sunku."
"Na, tai nuostabu! Tada man vėl reikės viską pačiai padaryti."
"Tiesą sakant, tai manęs visai nedomina."

Conversation No. 3

"Labas rytas, vaikai! Šiandien mokysimės istorijos. Prašau atsiverskite penktąjį puslapį."
"Aš negaliu! Aš pamiršau namie knygą."
"Tai negerai. Tada prašau pasakyk eilėraštį apie žiemą."
"Tas neteisinga! Aš nežinojau, kas buvo užduota."
"Tą aš jums vakar pasakiau."
"To aš neatsimenu."
"Aš taip pat to negirdėjau."
"Mokytojau, pasakykite, kas užduota, dar vieną kartą."

Study hints

In the first study hint of this course, we pointed out that not every phrase can be translated into English word for word. An example we'll give you now is **mokytis atmintinai** which means 'to learn by heart' in English and 'learn to recite from memory' (or commit to memory) in Lithuanian.

A fun way to study is to collect such idiomatic phrases. Here are just two: **Sukąsk dantis** 'Bite your teeth' or 'Bear whatever is coming'; **Kas tau ant širdies** 'What's on your heart?' or 'What's, troubling you?'

Lesson #19 — At a concert

Dialogues and explanations

As you begin to go on more Lithuanian outings, you will find that one of the most popular events is a concert. It is doubtful whether there is a single weekend in the year when there is not a Lithuanian concert somewhere. The following conversations will provide you with a few more phrases you should find useful, not only at concerts but at many other events.

Laba diena. Ar jūs stovite eilėje dėl bilietų?	Hello. Are you standing in line for the tickets?
Kiek jie kainuoja?	How much are they?
Po dešimt dolerių.	Ten dollars apiece.
Ar vaikams įėjimas laisvas?	Are children admitted free?
Ne. Lietuviškos mokyklos mokiniai moka pusę kainos.	No. Students of the Lithuanian school pay half price.
Prašau man du bilietus suaugusiems ir du vaikams.	Please (give) me two adult and two children's tickets.
Prašau. Tai 30 dolerių.	Here, please. That's $30.00.
Ar jūs norite taip pat programos?	Do you also want a a program?
Ji ten yra už auką.	It's over there, for a donation.
Atrodo, kad bus geras koncertas.	Looks like this'll be a good concert.
Dainuoja jaunimo choras.	The youth choir is singing.
Taip. Visi jį mėgsta.	Yes. Everyone likes it.
Kur yra drabužinė?	Where is the cloakroom?
Noriu pasikabinti paltą.	I want to hang up my coat.

Notes about us

The Lithuanian folk dances now seen performed on stage have been recreated and arranged. The oldest women's dances were serene and slow. Men's dances were noted for their special physical agility. Lithuanian folk dances are performed collectively by large groups. The old dances were neglected and forgotten until the early 1930's. In 1937 The Folk Dance Society was established in Kaunas. Folk dance groups and courses for dance instructors were organized. More than 500 dancers took part in the festival at the 1938 National Olympics. After World War II, Lithuanian refugees popularized folk dances abroad. There have been eight Folk Dance Festivals in U.S.A. and Canada (E.L.II, 210-215).

- Everyone loves to be a critic. Here are a few adjectives or phrases you can use to describe a concert, lecture, or whatever else: **geras** 'good', **nuostabus** 'wonderful', **vienkartinis, nepakartojamas** 'one of a kind', or 'outstanding', **nepamirštamas** 'unforgettable' or **blogas** 'bad', **nuobodus** 'boring', **neįdomus** 'uninteresting' and **žemiau bet kokios kritikos** 'too bad for words.'

- **Jaunimo** (gen.) **choras** (nom.) 'youth choir'. When two nouns are used consecutively, with the first noun modifying the second, the first noun is in the genitive case, the second in whichever needed. **Vyrų** (gen.) **choras** (nom.) **gražiai dainuoja** 'The men's choir sings beautifully.' **Duok Onutės** (gen.) **seseriai** (dat.) **pinigų** 'Give Onutė's sister (some) money.' **Vaistuose nuo kosulio yra alkoholio** 'There is alcohol in the cough medicine.'

- To express feelings, you can start with **Ar tau patiko koncertas?** 'Did you like the concert?' or **Man nepatinka kaip jis dainuoja** 'I don't like the way he sings.' and **Aš eičiau dar kartą** 'I'd like to go again.' or **Gaila, kad atėjau** 'I'm sorry I came.'

Kaip tau patiko praėjusios savaitės koncertas?	How did you like last week's concert?
Man patiko "Dainos" choras, bet nepatiko paskaita prieš tai.	I liked the Daina choir, but I did not like the lecture before that.
Aš manau, kad ji buvo nuobodi.	I think that it was dull.
Aš sutinku su tavimi.	I agree with you.

Ar eisi į parodą?	Are you going to the exhibit?
Ne, aš turiu susirinkimą.	No, I have a meeting.
Ar tu nemanai,	Don't you think,
kad per daug dirbi?	that you are doing too much?
Tu dainuoji chore,	You sing in the choir,
šoki tautinius šokius	dance in the folk dance group,
ir esi skaučių vadovė.	and are a Scout troop leader.
Tu niekada neturi	You never have any
laisvo laiko.	free time.
Eikime vidun!	Let's go in!
Aš noriu gauti geras vietas.	I want to get good seats.
Ar tos vietos užimtos?	Are these seats taken?
Taip. Šios dvi užimtos,	Yes. These two are taken, but
bet tos dvi kėdės dar laisvos.	those two seats are still free.
Ar čia gerai?	Is this alright?
Taip, iš čia galima	Yes, you can see well
gerai matyti.	from here.
Jau po aštuonių.	It is past eight o'clock.
Kaip paprastai,	As usual,
koncertas prasidės pavėluotai.	the concert will start late.
Ką jūs veiksite	What will you be doing
po koncerto?	after the concert?
Nieko ypatingo. Kodėl	Nothing much. Why do
klausi?	you ask?
Atvažiuokite pas mus	Let's go to our place
išgerti kavos ir	to drink some coffee and
pasikalbėti.	chat.
Puiku! Atvažiuosime!	Wonderful. We'll be there.

- **Prieš tai** 'before that' is a time description. Some others are **po to** 'after that,' **praėjusią savaitę** 'last week,' **kitais** (or **ateinančiais**) **metais** 'next year' and, of course, the ones you have learned already: **šiandien** 'today', **rytoj** 'tomorrow', **vakar** 'yesterday', etc. Two more: **pradžioje** 'at the beginning' and **pabaigoje** 'at the end'. **Aš važiuoju į mokyklą mėnesio pradžioje** 'I'll be going to school at the beginning of the month.' **Mano gimtadienis yra metų pabaigoje** 'My birthday is at the end of the year.'

- **Kaip tau patiko koncertas?** 'How did you like the concert?' Some other performances you might have asked about: **vaidinimas** 'play', **paroda** 'exhibit', **šokiai** 'dance', **choras** 'choir', **tautiniai šokiai** 'folk dances', **sporto rungtynės** 'athletic event', **meniškų dirbinių mugė** 'craft fair', **susirinkimas** 'meeting.'

- **Konvencija** 'sorority' or 'fraternity' meeting, depending on who is speaking. **Paukštytės** are 'Brownies', **vilkiukai** — 'Cub Scouts,' **skautės** 'Girl Scouts,' **skautai** 'Boy Scouts', **vadovas** or **vadovė** are 'leaders'. **Paukštyčių vadovė** 'Brownie troop leader.' **Skautų vadovas** 'Scout leader.'

- Many community events do not have reserved seating. A quick review: **Ar ši vieta užimta?** 'Is this place taken?' **Ši vieta (kėdė) yra laisva** 'This seat is free.' **Prašau, užimk man vietą** 'Please save me a seat.'

- **Šios dvi vietos yra užimtos** 'These two places are taken.' The subject of the sentence being **vietos** (feminine, plural), notice that everything else agrees in tense and number, including the adjective **užimtos** which is a declinable participle of the verb **užimti** 'to occupy' or 'to take.'

- Remember that whenever two verbs follow one another, as in **gali matyti**, only the first verb is conjugated.

Listen, understand and speak

The time has come for another set of exercises. Please stop the tape, read the directions in the book and do the written exercises.

1. Before listening to the tape, change each sentence from the present tense to the past. Write your answers into the book, and then listen to the tape.

a. Aš einu į koncertą. . . .*Aš ėjau į koncertą*.. . . . .
b. Aš esu koncerte. . . . .
c. Mes einame į bažnyčią . . . .
d. Mes esame bažnyčioje. . . . .
e. Tu eini į banką. . . . .
f. Tu esi banke. . . . .

2. Now do the same thing in the future tense.

a. Aš einu namo. . . . *Aš eisiu namo*. . . . .
b. Aš esu namie. . . . .
c. Birutė eina į klasę. . . . .
d. Birutė yra klasėje. . . . .
e. Mes einame į restoraną. . . . .
f. Mes esame restorane. . . . .

3. Before listening to the tape, write in the verbs in the past tense in the spaces provided; the infinitive form of the verbs has been given in the book. Then listen to the tape to check your answers.

a. Filmas buvo įdomus. Ar tu jį (matyti)
    matei? . . . .
b. Koncertas buvo gražus. Ar tu jį
    (girdėti) . . . .
c. Vaidinimas buvo žemiau bet kokios kritikos.
    Ar jūs jį (matyti) . . . .
d. Krepšinio rungtynės buvo nuobodžios.
    Ar jūs ten (būti) . . . .
e. Laužas buvo nuostabus. Ar tu ten
    (būti) . . . .

4. What would you say if. . . ? Stop the tape after each question and answer in Lithuanian, the first question in the negative, the rest in the positive. Then check your answers on tape.

a. Ar šios vietos yra laisvos?
   Ne, jos yra užimtos. ....
b. Ar anos vietos yra laisvos? ....
c. Ar aš galiu čia sėdėti? ....
d. Ar jūs turite programą? ....
e. Ar jūs galite gerai matyti? ....

5. You are talking after a performance. Write your answers in Lithuanian, then check on tape.

a. I liked the concert. . . *Man patiko koncertas.* . ...
b. I did not like it. ....
c. The play was boring. ....
d. It was wonderful. ....
e. I'm sorry I came. ....
f. I'm glad (fem.) I came. ....

6. Now you are buying tickets. Translate each sentence into Lithuanian, saying it out loud and then listening to the tape to check both the grammar and your pronunciation.

a. How much are the tickets?
   Kiek kainuoja bilietai? ....
b. Let me have four adult tickets. ....
c. Thank you. Where are the programs? ....
d. Where is the cloakroom? ....
e. Shall we go in? ....

In Lithuanian only

Here is another review of what you have learned. Do you understand everything that is being said? If not, play the lesson through once more before going on to the next one. The more you listen and repeat, the more familiar you will become with the language.

Conversation No. 1

"Laba diena. Ar jūs stovite eilėje dėl bilietų? Kiek jie kainuoja?"
"Po dešimt dolerių."
"Ar vaikams įėjimas laisvas?"
"Ne. Lietuviškos mokyklos mokiniai moka pusę kainos."
"Prašau man du bilietus suaugusiems ir du vaikams."
"Prašau. Tai 30 dolerių. Ar norite taip pat programos? Ji ten yra už auką?"
"Atrodo, kad bus geras koncertas. Dainuoja jaunimo choras."
"Taip. Visi jį mėgsta. Kur yra drabužinė? Aš noriu pasikabinti paltą."

Conversation No. 2

"Kaip tau patiko praėjusios savaitės koncertas?"
"Man patiko *Dainos* choras, bet nepatiko paskaita prieš tai. Aš manau, kad ji buvo nuobodi."
"Aš sutinku su tavimi. Ar eisi į parodą?"
"Ne, aš turiu susirinkimą."
"Ar nemanai, kad per daug dirbi? Tu dainuoji chore, šoki tautinius šokius ir esi skaučių vadovė. Tu niekada neturi laisvo laiko."

Conversation No. 3

"Eikime vidun! Aš noriu gauti geras vietas. Ar tos vietos yra užimtos?"
"Taip. Šios dvi vietos yra užimtos, bet anos dvi kėdės dar laisvos."
"Ar čia gerai?"
"Taip, iš čia galima gerai matyti. Jau po aštuonių. Kaip paprastai, koncertas prasidės pavėluotai. Ką jūs veiksite po koncerto?"
"Nieko ypatingo. Kodėl klausi?"
"Atvažiuokite pas mus išgerti kavos ir pasikalbėti."
"Puiku! Atvažiuosime."

Study hints

To give yourself more confidence in the use of verbs, try making substitution practice charts — you can do this mentally or on scraps of paper. Start by identifying the tenses. Is **aš valgau pietus** in the present, past or future tense? How about **mes bėgsime namo, Jonas giedojo bažnyčios chore, ponia Kalniuvienė yra gera mokytoja, aš rytoj būsiu pavargęs.** Then change each of the sentences into the other tenses: **aš valgau pietus — aš valgiau pietus, aš valgydavau pietus, aš valgysiu pietus.** Try changing the texts in the lessons as well as sentences you hear in actual conversations.

Lesson #20 — During the intermission

Dialogues and explanations

Intermissions are marvelous inventions. During them you stretch, take a drink of water, and become an art critic. At Lithuanian concerts and plays, since everyone seems to know everyone else, you also catch up on gossip, meet friends, deliver packages and set up meetings for your club or organization. At most of them you can also have dinner, since what is served during intermissions is sufficient even for those who are trying to gain weight.

Pertrauka.	It's intermission.
Pagaliau! Išeikim laukan.	Finally! Let's go outside.
Ar jūs norėtute ką nors valgyti?	Would you like something to eat?
Čia yra sumuštinukų, trys už dolerį.	Here are some finger sandwiches, three for a dollar.
Man nieko, ačiū.	Nothing for me, thank you.
Šie tortai labai skanūs.	These tortes are very good.
Aš pakeičiau nuomonę.	I changed my mind.
Aš imsiu abu: sumuštinius ir tortą.	I'm taking both, sandwiches and cake.
Ir kavos.	And some coffee.
Tuoj pat, aš paduosiu.	Just a moment, I'll serve you.
Ačiū, galiu pasiimti pats.	Thanks, I can help myself.
Ar turite sūrio?	Do you have any cheese?
Taip, žinoma. 50 centų gabalas.	Yes, of course. 50 ¢ per piece.
Kas sekantis?	Who's next?
Jurgi, skubėk! Tavo eilė.	Jurgis, hurry up! It's your turn.

Notes about us

Lithuanian organizations often have ladies' auxiliaries. One of their fund-raising activities is the preparation and selling of food at concerts, plays, etc. Their offerings are always mouthwatering, usually surpassing the best of smorgasbords. The next time you have a chance, try every kind of **pyragaičiai** 'pastries', and **lietuviškas sūris** 'Lithuanian cheese'. Of course, food preparation is not all the auxiliaries do: as in any country or with any nationality, they are involved in many different projects.

- Keep watching the formal and informal usage of the 2nd person singular and plural. **Ar jūs norite ką nors valgyti?** 'Would you like something to eat?' (either formal usage of a single person *or* when talking to several people.) **Ar tu norėtum ką nors valgyti?** 'Do you want something to eat?' (2nd person singular, informal, as if to a good friend or a child.

- **Čia yra sumuštinukų** 'Here are some finger sandwiches.' Remember that Lithuanian makes extensive use of the diminutive; the literal translation of **sumuštinukai** would be 'small pieces of a sandwich'. Other diminutives might be **tortelis** 'small cake,' **sūrelis** 'small cheese', **Jurgelis** 'little Jurgis.' The last is also used as a fond greeting.

- **Kas sekantis?** 'Who's next?' The masculine gender is used when talking to a man or to men and women together, or **Kuri yra sekanti?** 'Who's next?' when talking to women only. When followed by a noun, the adjective agrees in gender with the noun: **Sekanti diena** (fem.) 'next day', **sekantis rytas** (masc.) 'next morning.'

- **Aš pasiimsiu pats** "I'll take it myself.' The pronoun **pats**, **pati** corresponds to the English '-self' and is used without any indication of person: **Pasiimk** 'Take (some) yourself'. **Daiva įsipylė kavos** 'Daiva pours the coffe herself.'

Eilė prie kavos stalo yra labai ilga.	The line at the coffee table is very long.
Ar čia galima gauti ir ko kito?	Can you get anything else here?
Bare yra vyno ir alaus.	There is wine and beer at the bar.
Palaukite čia.	Wait right here.
Aš paimsiu visiems.	I'll get something for everybody.
Atsiprašau, aš jus pastūmiau.	Excuse me, I pushed you.

Tai nieko,
   nesirūpinkite.
Na, ar eisime atgal
   vidun?
Ne, truputį palaukim.
Su kuo Onutė kalba?
Onutė kalba su kunigu.
Ar tai kunigas
   Klevaitis?
Aš noriu jį susitikti.
Aš greit grįšiu.
	That's alright,
	   don't worry.
	Well, shall we go
	   back in?
	No, wait a moment!
	To whom is Onutė talking?
	Onutė is talking to a priest.
	Is that the Reverend
	   Klevaitis
	I want to meet him.
	I'll be right there.

Jurgi, kur mes sėsime?
Ten yra keli staleliai.
Ar šios vietos laisvos?
Taip. Prisitraukite kėdes.
Prie to stalo
   yra kelios kėdės.
Šį vakarą yra
   labai daug žmonių.
Paprastai į koncertus tiek
   daug žmonių neateina.
Atsiprašau, Jurgi,
   ar tu žinai, kur yra
   telefonas?
Telefonas yra antrame
   aukšte už drabužinės.
	Jurgis, where shall we sit?
	There are some tables.
	Are these places free?
	Yes. Pull up some chairs.
	At that table
	   there are some more chairs.
	Tonight there are
	   quite a few people here.
	Usually that many people
	   do not come to concerts.
	Excuse me, Jurgis,
	   do you know where
	   the phone is?
	The phone is on the second
	   floor, behind the cloakroom.

- **Eilė prie kavos stalo yra labai ilga** 'The line at the coffee table is very long.' Let us break this sentence into grammatical parts: **Eilė** (feminine, nominative singular) **prie stalo** (the preposition **prie** takes the genitive) **kavos** (genitive noun modifying **stalas**) **yra ilga** 'is...long'. The feminine form of the adjective **ilgas** describes **eilė** 'line', therefore it takes the feminine ending.

- Remember that whenever an object or person is in or at something, answering to the question where, the locative case is used. **Bare yra vyno** 'There is wine *at* the bar.'

- **Aš tuojau būsiu** 'I'll be right there.' **Aš nebūsiu ilgai (aš ilgai neužtruksiu)** 'I won't be long.' **Ar tu ilgai būsi išvykęs?** 'Will you be gone long?' **Ne, aš ilgai nebūsiu** 'No, I won't be long.'
- In Lithuanian, there are many prefixed verbs. For example, from the verb **sėsti** 'to sit': **Sėsk čia** 'Sit here'; **Atsisėsk** 'Sit down right here'; **Prisėsk** 'Sit down for a moment.'
- Reminder: after either definite or indefinite quantity words, use the genitive. **Ten yra daug žmonių** 'There are many people here.' **Ten yra maža vietos** 'There's little room here.' **Kiek tu turi pinigų?** 'How much money do you have?' **Aš turiu mažai pinigų** 'I have little money.' **Kiek tu turi kavos?** 'How much coffee do you have?' **Rita neturi pakankamai pieno** 'Rita does not have enough milk.'
- **Aš turiu paskambinti namo** 'I must call home.' **Ar tu turi eiti namo?** 'Do you have to go home?' **Jis turi važiuoti namo** 'He has to go home.' Remember the difference between **eiti** (usually walking) and **važiuoti** (driving).

Listen, understand and speak

Time for some exercises. Please stop the tape and read the directions in the book. Do any written exercises, and then continue with the cassette.

1. The following are some phrases you might hear during an intermission. Look them over and write the missing words.

Ar ši vieta yra — — — — — —?
Ne, ji yra užimta.
Ar tu norėtum gabaliuką — — — — — —?
Ir kavos?
Ačiū, aš — — — — — — pats.
Aš jau turiu lėkštę.
Bare yra — — — — — ir alaus.
Aš norėčiau kai ko išgerti.
Ar tu žinai, kur yra — — — — — —?
Aš turiu paskambinti namo.

2. This time, on tape, you will hear two people discussing prices. Listen carefully and fill in the box below.

Tickets for adults	$ ....
Tickets for children	....
Programs	....
Sandwiches	....
Coffee or tea	....

3. Listen to the tape and check whether the following statements are true (**teisingi**) or false (**neteisingi**).

a.	It is the end of the play.	T	N
b.	**Vytautas nori sutikti Marytės brolį Joną.**	T	N
c.	He wants to go home after the play.	T	N
d.	He wants to go to a French restaurant.	T	N
e.	The restaurant serves excellent coffee and pastries.	T	N

4. Listen to each statement and answer the first three in the affirmative, the last two in the negative. Be sure to use the correct pronoun.

a. Tas yra mano krikšto tėvas. Ar tu jį pažįsti?
   Taip, aš pažįstu tavo krikšto tėvą. ....
b. Tai yra mano tėvai. Ar tu juos pažįsti?
   Taip, ...
c. Tai yra mūsų kunigas. Ar tu jį pažįsti?
   Taip, ...
d. Tai yra mano mokytoja. Ar tu ją pažįsti?
   Ne, ...
e. Tai yra mano seserys. Ar tu jas pažįsti?
   Ne, ...

5. The following exercise will help you with questions. Listen to the question in English and repeat it in Lithuanian, using the formal 'you' only.

a. Do you know where the telephone is?
   Ar jūs žinote, kur yra telefonas? ....
b. Will you be long? ....
c. Who's next? ....
d. How much money do you have? ....
e. Do you have to call home? ....

6. The next few sentences will give you practice in using the adverbs **daug** 'a lot/many' and **mažai** 'a little/few'. Listen to each sentence and repeat in Lithuanian. Remember that **daug** and **mažai** are always followed by the genitive.

a. There are many people here.
   Čia yra daug žmonių. ....
b. I have few friends. ....
c. Girl eats a lot of cake. ....
d. Jonas drinks a lot of coffee. ....
e. I have little money. ....

In Lithuanian only

As before, listen to the conversations. See whether you understand everything said. If you do, congratulations are in order. One reason might be that you have been studying on a regular basis and have been concentrating on the material presented.

Conversation No. 1
"Pertrauka."
"Pagaliau. Eikime laukan! Ar jūs norite ko nors valgyti? Čia yra
   sumuštinukų, trys už dolerį."
"Man nieko. Ačiū."
"Šie tortai yra labai skanūs."
"Aš pakeičiau nuomonę. Aš imsiu abu: sumuštinukų ir torto. Ir
   kavos."
"Aš jums tuoj pat paduosiu."
"Ačiū, aš galiu pasiimti pats. Ar turite sūrio?"
"Taip, žinoma. 50 centų gabalas. Kas sekantis?"
"Jurgi, skubėk! Tavo eilė."

Conversation No. 2

"Eilė prie kavos stalo labai ilga. Ar čia galima gauti ir ko kito?"
"Bare yra vyno ir alaus. Palaukite čia, aš paimsiu visiems. Atsiprašau, aš jus pastūmiau."
"Tai nieko, nesirūpinkite!"
"Na, ar eisime atgal vidun?"
"Ne, truputį palaukime. Su kuo Onutė kalbasi?"
"Onutė kalbasi su kunigu?"
"Ar tai kunigas Klevaitis? Aš noriu jį susitikti. Aš greit sugrįšiu."

Conversation No. 3

"Jurgi, kur mes sėsime?"
"Ten yra keli staleliai. Ar šios vietos laisvos?"
"Taip. Prisitraukite kėdes. Prie to stalo yra dar kelios kėdės."
"Šį vakarą yra labai daug žmonių. Paprastai į koncertus tiek daug žmonių neateina."
"Atsiprašau, Jurgi, ar žinai, kur yra telefonas? Aš turiu paskambinti namo."
"Telefonas yra antrame aukšte už drabužinės."

Study hints

An excellent way of increasing your vocabulary is to make lists of prefixed verbs. There are two ways of doing this. One is to take a preposition such as **pri-** 'close to/at' and see how many verbs (use the dictionary) you can find using it: **prieiti** 'come near', **prirašyti** 'write a full page, make a note', **prikelti** 'to awaken'. Another way is to take the verb itself and find as many prefixed variations as possible: **vilkti** 'pull or put on', **privilkti** 'pull up next to something', **užvilkti** 'put on', such as jacket or coat, **nuvilkti** 'take off.' While you can begin to speak using only the phrases given in this course, such practice will enrich your vocabulary and give you ease in using the Lithuanian language.

Lesson #21 — To the Song Festival
Dialogues and explanations

Lithuanians, as you might have heard, pride themselves on being a nation of singers. For that reason, **Dainų šventės** 'Song Festivals' are the most popular events of any year. At a Song Festival you can spend a weekend at a hotel and meet Lithuanians in the elevators, in the streets, and in the stores. There are many other events besides the main concert, and everyone, the participants and the audience, has a good time.

Ar jūs šiais metais važiuosite į Dainų šventę?	Are you going to the Song Festival this year?
Taip, žinoma. O jūs?	Yes, of course. And you?
Mes taip pat važiuosime.	We're going, too.
Mes, visa šeima, dainuojame chore.	Our entire family sings in the choir.
Aš pats dainuoju jau dvidešimt metų.	I personally have been singing for twenty years.
Mes turime labai gerą dirigentą.	We have an excellent conductor.
Tiktai gaila, kad Torontas taip toli.	It's just a pity that Toronto is so far.
Mes skrisime, bet tai yra labai brangu.	We're going to fly, but that is very expensive.
O tu? Ar važiuosi?	And you? Are you going?
Ne, aš šiais metais važiuosiu į Lietuvą.	No, this year I'm going to Lithuania.
Negali visur būti.	One cannot do everything.
Tai tiesa. Ar negaila?	That's true. Isn't it a pity?

Note about us

Large Song Festivals (at the festivals in the United States, about 1,000 to 2,000 singers usually participate, while the one in Kaunas drew from 3,000 to 9,000 singers!) seem to be Baltic in origin. The first Lithuanian Song Festival was held in 1924, and since then there has been one in every four or five years. We also have Song Festivals in the United States and Canada (1956, 1961, 1966, 1971, 1978, 1983, etc.) you can find small Song Festivals in Europe, Australia and South America. The festivals offer not only concerts, but a place to meet friends, attend plays and lectures, and buy crafts and jewelry.

- **Ar jūs važiuosite?** 'Are you going?' (2nd pers. pl. or formal sing.) **Į Dainų šventę** 'to the Song Festival'. Remember that the noun following the preposition **į** 'to' takes the accusative case. A noun modifying another noun, such as **dainų**, is in the genitive case.

- Some nouns are always used in the plural: **durys** 'door', **kelnės** 'pants or trousers', **marškiniai** 'shirt'. Some nouns meaning festivals are plural: **vestuvės** 'wedding', **sukaktuvės** 'anniversary', **rungtynės** 'contest', etc.

- A way to ask about future plans is with the sentence **Ką tu veiksi?** (or **darysi**) or **Ką jūs darysite?** (or **veiksite**) 'What are you going to do?' If you are not sure, you can answer **Aš nežinau, ką veiksiu** 'I don't know what I'm going to do,' or **Galbūt, kad aš...** 'Maybe I'll...'

- A quick mini-review of verbs: present tense: **Ką tu darai (veiki)?** 'What are you doing?' Past tense: **Ką tu darei (veikei)?** 'What did you do?' Past frequentative: **Ką tu darydavai (veikdavai)?** 'What you used to do?' Future tense: **Ką tu darysi (veiksi)?** 'What will you be doing?' The verb **daryti** 'to do' is a 3rd conjugation verb. See the supplement for a complete example. The verb **veikti** 'to do' is a I conjugation verb.

Mamyte, kur yra mano papuošalai?	Mommy, where is my jewelry?
Papuošalai yra dėžutėje.	In the jewelry box.
Aš neturiu baltų kojinių.	I don't have any white stockings.

Jas nupirksim pakeliui.
Ko tu ieškai, tėti?

Aš ieškau raktų.
Kiek ilgai reikės
    mums važiuoti?
Mažiausiai šešias valandas.
Ar Arvydas pasiruošęs?
Arvydas išnešė lagaminus
    ir laukia mašinoje.
Aš negaliu sulaukti,
    kol būsime ten.
Dainų šventėse aš visuomet
    sutinku daug draugų.

We'll buy them on the way.
What are you looking for,
    Daddy?
I'm looking for the keys.
How long do we have
    to drive?
At least six hours.
Is Arvydas ready to go?
Arvydas carried out the suitcases
    and is waiting in the car.
I can't wait
    to get there!
At the Song Festival I always
    meet many friends.

Ateik, mamyte, mes turime
    skubėti.
Tuojau prasidės paradas.
Kaip gražūs tautiniai
    drabužiai!
Žiūrėk, ten eina Onutė!
Ar tu ją matai?
Kokia milžiniška salė!
Nutilk, Maryte!
Ateina dirigentas.
Pirmiausia mes giedosim
    "Lietuva, tėvyne mūsų".
Tada dainuos choras, ar ne?
Matai solistę, stovinčią
    scenos priešakyje.
Viskas buvo neblogai.
Neblogai? Tai buvo
    nuostabu!
Klausyk, kaip žmonės ploja.

Come, Mommy, we must
    hurry.
The parade will start soon.
What lovely folk
    costumes!
Look, there goes Onutė.
Do you see her?
What a huge auditorium.
Quiet, Marytė!
Here comes the conductor.
First we will sing
    "Lithuania, Our Fatherland."*
Then the choir will sing, right?
See the soloist standing
    at the front of the stage.
That wasn't bad at all.
Wasn't bad? It was
    wonderful!
Listen to the applause!

*The Lithuanian national anthem

Papuošalai 'jewelry', made of amber, is a necessary part of the national costume, needed at **Dainų šventė** 'the Song Festival'. Others for women are: **sijonas** 'skirt', **marškiniai** 'shirt' (or **palaidinukė** 'blouse'), **juosta** 'sash', **liemenė** 'vest', **vilnonė skara** 'woolen shawl', **vainikas** 'head piece', **sagtis, sagtelė** 'brooch'. For men: **švarkas** 'jacket', **kelnės** 'pants, trousers', **batai** 'shoes', **kepurė** 'cap'. Both men and women need **kojinės** 'stockings' or 'socks'.

- Things you need on the way: **pasas** 'passport', **pinigai** 'money', **kredito kortelė** 'credit card', **žemėlapis** 'road map'. Remind yourself — **Neužmiršk drabužių ir raktų** 'Don't forget your clothes and keys'. The noun after the verb 'don't forget' is in the genitive case.

- **Nupirksim pakeliui** 'We'll buy (them) on the way.' Notice that no pronouns are used in the Lithuanian version. Since the verbs have a different ending for each person, you can leave out the pronouns and still be easily understood.

- **Tuojau prasidės paradas** 'The parade will start right away'. **Dainų šventė** usually begins with **atidarymo ceremonijos** 'the opening ceremonies', followed by **pamaldos** 'religious services'. These are followed by **paskaitos** 'lectures', **tautinių šokių pasirodymas** 'folk dance performance', **vaidinimas** 'play', **parodos** 'exhibits', **mugės** 'craft fairs', and, of course, **paradas** and finally **didysis koncertas** 'the main concert.'

- **Kaip gražūs tautiniai drabužiai** 'What lovely folk costumes' **Kaip** is used to introduce an exclamatory sentence: **Kaip jauku**, 'how nice', **Kaip čia šilta** 'How warm it is here.' **Kiek** is used to introduce a question: **Kiek laiko?** What time is it?' **Kiek tu turi pinigų?** 'How much money do you have?'

- Remember: To express a necessity, use the verb **reikia** (only in the 3rd person) followed by a verb, with the subject in the dative case. **Man reikia skubėti** 'I must hurry'. **Ar tau reikia eiti?** 'Do you have to go?' In Lithuanian you can also express necessity using the verb **turėti** 'to have' followed by the verb, with the subject in the nominative case: **Aš turiu skubėti** 'I must hurry', **Ar tu turi eiti?** 'Do you have to go?'

Listen, understand and speak

Before doing the two sets of exercises, please stop the tape and read the directions in the book. Do all written exercises before continuing with the cassette.

1. Connect the Lithuanian sentences with their English translations.

a. Ar tavo tautiniai drabužiai tvarkoje?
b. Ar Asta turi mano liemenę?
c. Ar Petras turi koncerto bilietus?
d. Kur yra mano sagės?
e. Ar mes pagaliau galime eiti?

1. Where are my brooches?
2. Is your costume in order?
3. Can we finally go?
4. Does Petras have the concert tickets?
5. Does Asta have my vest?

2. Listen to Danutė's telephone conversation, circling each of the following statements True (**teisingai**) or False (**neteisingai**). New phrase: **ar tu atsimeni?** 'do you remember?'

	T	N
a. Danutė is going to the Song Festival by herself.	T	N
b. They are flying to save time.	T	N
c. Her daughter has a new sash for her national costume.	T	N
d. Her family will not participate actively in the festival.	T	N
e. Danutė is looking forward to meeting a friend.	T	N

3. Take each sentence and turn it into a form of obligation, then listen to the tape. Remember that **reikia** are always preceded by a pronoun or noun in the dative case; **turėti** are always preceded by a noun or pronoun in the nominative case. Use in first two sentences **reikia**, in the last three the verb **turėti**.

a. Aš dainuoju chore.
   Man reikia dainuoti chore. ....
b. Tu važiuosi į Dainų šventę ....
c. Mes nusipirkome kojines. ....
d. Arvydas išneša lagaminus. ....
e. Žiūrovai ploja. ....

4. Listen to the tape and answer each question, according to the three conversations of this lesson. Answer in full sentences.

a. Kur jūs važiuosite?   *Mes važiuosime į Dainų šventę.* ......
b. Ar jūs dainuojate chore? .
c. Ar jūs turite gerą dirigentą? ....
d. Kaip ilgai reikia važiuoti
   ligi Toronto? ....
e. Ką mes pirmiausia veiksime? ....

5 Listen to the tape. Substitute the proper pronoun for each subject of the sentence. Then listen to the tape to check your answers.

a. Berniukas ieško draugų. .. *Jis ieško draugų.* ....
b. Daiva dainuoja chore. ....
c. Jurgis, Arvydas ir aš nešame
   lagaminus. ....
d. Rimas ir Vladas važiuoja į
   Lietuvą ....
e. Daina ir Jonas valgo sūrį. ....

6. Listen to the tape and answer according to the English prompts. The adverbs used are **gerai, geriau, geriausiai**. Notice the formal use of the 2nd pers. sing. pronoun **jūs**. New phrase: **važiuoti keltuvu** 'take the elevator.'

a. Kaip jums patinka Dainų šventė?
   Man patinka Dainų šventė. ....
b. Kaip jums patinka paskaitos? ....
c. Kas jums labiausiai patinka? ....
d. Kaip Onutei patiko paroda? ....
e. Kas Algiukui labiausiai patiko? ....

In Lithuanian only

Conversation No. 1

"Ar jūs šiais metais važiuosite į Dainų šventę?"
"Taip, žinoma. O jūs?"
"Mes taip pat važiuosime. Mes visa šeima dainuojame chore. Aš pats dainuoju dvidešimt metų."
"Mes turime labai gerą dirigentą. Tiktai gaila, kad Torontas yra taip toli."
"Mes skrisime, bet tai labai brangu. O tu ar važiuosi?"
"Ne, aš šiais metais važiuosiu į Lietuvą. Negali visur būti."
"Tai tiesa. Ar negaila?"

Conversation No. 2

"Mamyte, kur mano papuošalai?"
"Papuošalai yra dėžutėje."
"Aš neturiu baltų kojinių."
"Jas nusipirksime pakeliui."
"Ko tu ieškai, tėti?"
"Aš ieškau raktų."
"Kiek ilgai reikės mums važiuoti?"
"Mažiausiai šešias valandas. Ar Arvydas pasiruošęs?"
"Arvydas išnešė lagaminus ir laukia mašinoje."
"Aš negaliu sulaukti, kol būsime ten. Dainų šventėse aš visuomet sutinku daug draugų."

Conversation No. 3

"Ateik, mamyte, mes turime skubėti. Tuojau prasidės paradas. Kaip gražūs tautiniai drabužiai! Žiūrėk, ten eina Onutė! Ar tu ją matai? Kokia milžiniška salė!"
"Nutilk, Maryte! Ateina dirigentas."
"Pirmiausia mes giedosime *Lietuva, tėvyne mūsų*. Tada dainuos choras, ar ne? Matai solistę, stovinčią scenos priešakyje?"
"Viskas buvo neblogai."
"Neblogai? Tai buvo nuostabu! Klausyk, kaip žmonės ploja!"

Study hints

Here is a hint found in several English foreign language study books: as you progress with your studies, practice thinking in the language you're learning, in this case, Lithuanian.

Set aside a certain time of day, in the morning while getting dressed or later, while driving to work. There will be definite limits as to what you can think about, but it will force you to use what you have learned and to recognize the empty spots. And you will find that, with a little effort, you can have long mental conversations with yourself or an imaginary friend.

Lesson #22 — In a Lithuanian store

Dialogues and explanations

Most language courses provide you with several chapters on how to shop. The only place you are likely to need this knowledge in Lithuanian is at one of the specialty shops that sell books and crafts. On the other hand, conversations about prices do come up at home, parties and in other places.

Laba diena. Ar galiu jums patarnauti?	Hello. Can I help you?
Ne, aš noriu tiktai pasižvalgyti.	No. I just want to look around.
Valandėlę, prašau!	Just a moment, please!
Kiek kainuoja šis žiedas?	How much is this ring?
Sidabrinis žiedas kainuoja šešiasdešimt dolerių.	A silver ring costs sixty dollars.
Auksinis — du šimtai penkiasdešimt dolerių.	Gold — two hundred fifty dollars.
Tai brangu!	That's expensive.
Bet tai gražūs žiedai.	But they are beautiful rings.
Ar galiu pasimatuoti?	May I try (it) on?
Šis žiedas man per didelis.	This ring is too big for me.
Prašau, pasimatuokite šį.	Please try this one.
Tas tinka visai gerai.	That one fits just right.
Prašau, parodykite taip pat gintarinius karolius.	Please show me the amber necklace as well.
Ar galiu mokėti čekiu?	May I pay with a check?
Žinoma. Arba kredito kortele.	Of course. Or with a credit card.
Kas sekantis, prašau?	Who's next, please?

Notes about us

So you have a friend with a beautiful seven-day ring you'd like to have or perhaps you wish to buy a Lithuanian book, either as a present or for yourself. Where can you get them? There are small gift shops in most Lithuanian centers, at community houses, churches, or privately owned. They sell silver, gold and amber jewelry, crafts, books and greeting cards. Both books and crafts can be ordered by mail, usually through advertisements in Lithuanian newspapers. For a better selection, there are crafts exhibits, the largest of which are held at the Song Festivals.

- **Lietuvių krautuvėje** 'in a Lithuanian store.' **Lietuviškos knygos** 'Lithuanian books, **žurnalai** 'magazines', **papuošalai** 'jewelry', especially **sidabriniai** 'silver' and **gintariniai** 'amber' **karoliai ir žiedai** 'necklaces and rings'; **plokštelės** 'records', **rankdarbiai** 'handcrafts', such as **audiniai** 'weavings', **pagalvėlės** 'throw pillows', **mezginiai** 'knit items', **sveikinimo kortelės** 'greeting cards.'

- **Pirkti** is 'to buy', **parduoti** 'to sell'. **Motina perka gintarinius karolius.** 'Mother is buying an amber necklace.' **Ar jūs parduodate plokšteles?** 'Do you sell records?' **Ar jūs turite plokštelių?** 'Do you have records?' is the phrase more commonly used.

- **Tai brangu** 'That's expensive.' **Tai per brangu** 'That's too expensive.' **Tai pigu** 'That's inexpensive.' **Tai yra per pigu** 'That's too inexpensive.' **Brangu** and **pigu** are adjectives (neuter), Masculine and feminine adjectives are: **brangus, brangi** and **pigus, pigi. Tai brangus žiedas** (masc. sing.) 'This is an expensive ring.' **Man nepatinka pigios suknelės** (fem. pl.) 'I don't like inexpensive (cheap) dresses.' **Čia viskas yra labai brangu** (neuter) 'Everything is very expensive here.'

- **Tai man pritinka** 'That fits me.' **Tai man nepritinka** 'That does not fit me.' **Tas yra per didelis** 'That's too big.' **Ta yra per maža** 'That's too small.'

Ar jūs turite lietuviškų
  gimtadienio kortelių?
Apatinėje lentynoje po kairei.
Kiek jos kainuoja?
Septyniasdešimt penki centai
  kiekviena.
Daiva, kaip tos tau patinka?
Manau, kad paimsiu
  tuziną.
Ar turite naujausių
  knygų?
Taip, šios ką tik atsiųstos.
Čia yra Šapokos Lietuvos
  istorija.
Aš kaip tik jos ir ieškojau.
Aš nupirksiu dvi knygas.
Vieną dovanosiu Jurgiui,
  o antrą pasilaikysiu sau.

Do you have Lithuanian
  birthday cards?
On the lower shelf, to the left.
How much are they?
Seventy-five cents
  each.
Daiva, how do you like them?
I think I'll take
  a dozen.
Do you have the
  latest books?
Yes, they have just arrived.
Here is Šapoka's
  History of Lithuania.
Just what I was looking for.
I'll buy two books.
One I'll give to Jurgis,
  but the other one I'll keep
  for myself.

Tuoj po pamaldų
  bus mugė.
Ar eisime?
Taip, žinoma, bet aš
  neturiu pakankamai pinigų.
Nesirūpink. Jei reikės,
  aš tau paskolinsiu.
Ką tu rengiesi pirkti?
Norėčiau nupirkti
  Kalėdų dovaną šeimai.
Kol tu apžiūrėsi,
  aš nusipirksiu lietuviškas
  pirštines.
Ar jūs taip pat turite
  juostelių?
Ne, gaila, jų
  mes neturim.
Ar norite užsisakyti?

Right after the church services
  there will be a crafts fair.
Shall we go?
Yes, gladly, but I
  don't have enough money.
Don't worry. If you need
  some, I'll lend it to you.
What are you planning to buy?
I'd like to buy
  Christmas gifts for my family.
While you're looking around,
  I'll buy some Lithuanian
  mittens.
Do you also have some
  sashes?
No, I'm sorry,
  we don't have those.
Do you want to order?

- **Lietuviškos gimtadienio kortelės** 'Lithuanian birtday cards.' If you want to point out any particular cards, that is, use the English article 'the', say **Lietuviškosios gimtadienio kortelės** 'The Lithuanian birthday cards.' Other examples: **didelis namas** 'large house', **didysis namas** 'the large house.' **Gudrus berniukas** 'smart boy', **gudrusis berniukas** 'the smart boy.'

- **Aš imsiu tuziną kortelių** 'I'll take a dozen cards.' **Ar tu imsi vieną knygą?** 'Will you take one book?' **Jurgis perka du žurnalus** 'Jurgis is buying two magazines.' Some amounts: **tuzinas** 'dozen', **du tuzinai** 'two dozen', **pora** 'a pair', **dvi poros** 'two pairs,' **dėžė** 'box', or in this case, 'boxful.'

- Places where things might be kept: **lentynoje** (loc.) or **ant lentynos** 'on the shelf', **ant aukštutinės lentynos** 'on the top shelf', **ant apatinės lentynos** 'on lower shelf', **apačioj lentynos** 'under the shelf', **stiklinėje dėžutėje** 'in the glass box or in the display shelf (box)', **ant prekystalio** (gen.) 'on the counter.'

- **Ar eisime?** 'Shall we go?' Remember the use of prefixes to change the meaning of words. **Nueikime!** 'Let's go (there)!' **Įeikim** 'Let's go inside.'

- **Rengtis** or **ruoštis** 'to get ready' or 'to plan.' **Ką tu rengiesi (ruošiesi) pirkti?** 'What are you planning to buy?' **Aš rengiuosi (ruošiuosi) pirkti dovanas** 'I'm planning to buy presents.' **Algi, renkis (ruoškis) į mokyklą!** 'Algis, get ready for school!' **Ko tu taip ilgai rengiesi (ruošiesi)?** 'What is taking you so long?'

- Remember that to express a wish you take the subjunctive mood of the verb **norėti** 'to want' and the infinitive of an appropriate verb. **Aš norėčiau valgyti** 'I'd like to eat.' **Mes norėtume važiuoti namo** 'We'd like to go home.' **Jie norėtų pirkti knygų** 'They'd like to buy books.'

Listen, understand and speak

It is time for another set of exercises. Stop the tape and read the directions before proceeding with the cassette. Should you have problems with any of the exercises, please take the time to review whatever material is necessary.

1. Listen to the tape for a listing of various prices. Fill them into the proper boxes.

gold ring	$_____
records	_____
amber beads	_____
knit items	_____
greeting cards	_____

2. Before listening to the tape, write where each item is kept, choosing, if necessary, from the box below.

a. Papuošalai yra (display counter)
   stiklinėje dėžutėje . . . .
b. Sveikinimo kortelės yra (lower shelf)
   . . . .
c. Istorijos knygos yra (upper shelf)
   . . . .
d. Vaikų knygos yra (lower shelf, to the left)
   . . . .
e. Žurnalai yra (on the counter)
   . . . .

stiklinėje dėžutėje   ant prekystalio   apatinėje lentynoje
apatinėje lentynoje, kairėje   aukštutinėje lentynoje

3. Mr. Lataitis is talking to a salesperson at a Lithuanian community store. Listen to their conversation and answer the questions below.

a. Does Mr. Lataitis want to buy some jewelry? . . . .
b. What is the salesperson offering him? . . . .
c. Does Mr. Lataitis like gold jewelry? . . . .
d. What has just come into the store? . . . .
e. What does Mr. Lataitis finally buy? . . . .

Lesson #22

4. Now it is your turn to speak. You will be asking for prices.

a. How much is this ring?
   Kiek kainuoja šis žiedas? ....
b. How much is a dozen?
c. How much are three greeting cards?
   ....
d. How much is that book? ....
e. How much are the amber beads?
   ....

5. Say each sentence in Lithuanian.

a. Please show me some jewelry.
   Prašau parodykite man papuošalus. ....
b. What would you like to see?
   ....
c. That ring. No, I do not like it.
   ....
d. That is too small for me.
   ....
e. That one is expensive, but I will buy it.
   ....

6. You are still talking to the salesperson. Listen to the tape and say each sentence in Lithuanian. Remember that all modifiers must agree with their nouns in gender, case, and number.

a. I'll buy these mittens.
   Aš pirksiu šias pirštines. ....
b. I'd like these four books.
   ....
c. Is Arūnas buying a Lithuanian newspaper?
   ....
d. I want some Lithuanian newspapers too.
   ....
e. My sister wants to buy a silver brooch.
   ....

In Lithuanian only

You are nearing the end of the course — only two more lessons after this one. Please listen to the following conversations carefully and, should you need to, review whichever parts gave you any trouble. Then, of course, listen to the conversations once more.

Conversation No. 1
"Laba diena. Ar galiu jums patarnauti?"
"Ne, aš noriu tiktai pasižvalgyti. Valandėlę, prašau. Kiek kainuoja šis žiedas?"
"Sidabrinis Namejo žiedas kainuoja šešiasdešimt dolerių. Auksinis — du šimtai penkiasdešimt dolerių."
"Tai brangu! Bet tai gražūs žiedai. Ar galiu pasimatuoti? Šis žiedas man per didelis."
"Prašau, pasimatuokite šį!"
"Tas tinka visai gerai. Prašau, parodykite taip pat gintarinius karolius. Ar galiu mokėti čekiu?"
"Žinoma. Arba kredito kortele. Kas yra sekantis, prašau?"

Conversation No. 2
"Ar jūs turite lietuviškų gimtadienio kortelių?"
"Apatinėje lentynoje, kairėje pusėje."
"Kiek jos kainuoja?"
"Septyniasdešimt penki centai kiekviena."
"Daiva, kaip tau tos patinka? Manau, kad paimsiu tuziną. Ar turite naujausių knygų?"
"Taip, šios ką tik atsiųstos. Čia yra Šapokos *Lietuvos istorija*."
"Aš jos kaip tik ieškojau. Nupirksiu dvi knygas: vieną dovanosiu Jurgiui, o antrą pasilaikysiu sau."

Conversation No. 3
"Tuoj po pamaldų bus mugė. Ar eisime?"
"Taip, žinoma, bet aš neturiu pakankamai pinigų."

"Nesirūpink! Jei reikės, aš tau paskolinsiu."
"Ką tu ruošiesi pirkti?"
"Aš norėčiau nupirkti Kalėdų dovaną šeimai."
"Kol tu apžiūrėsi, aš nusipirksiu lietuviškas pirštines. Ar jūs taip pat turite juostelių?"
"Ne, gaila, mes jų neturime. Ar norite užsisakyti?"

Study hints

We're just about done — there are only two more lessons to go. Keep on listening to the tapes and studying the book. Do not forget the lists and the drills. Can you say all the days of the week? Can you use the verb 'to have'? Can you make a telephone call, give a date or your address, or buy a cup of coffee or a glass of wine during the intermission?

But the main thing is — can you continue with your studies without getting discouraged? If you can do that — and since you've gotten to lesson #22, we assume you can — you are a winner! Good for you!

Lesson #23 — On the job

Dialogues and explanations

Lithuanians seem to have inherited the Northern European work ethic (there are many Lithuanian folk songs praising it), for which reason a question about work is always in order. Of course, the answer might have nothing to do with the eight hours put in at the office but about the many projects we all have at home, with our children or, quite often, with specific Lithuanian projects.

Sveikas, senuk!	Hello, old man!
Kaip tau einasi darbe?	How's it going at work?
Gerai, gerai. Tik, kaip paprastai, per daug darbo. O tau?	Quite well. Only, as usual, too much to do. And you?
Aš tik ką gavau naują darbą.	I just got a new job.
Malonūs žmonės ir daugiau atsakomybės.	The people are nice, and there's more responsibility.
Ir atlyginimas yra daug didesnis.	And the salary is much bigger.
Kaip tu sugyveni su savo viršininku?	How do you get along with your boss?
Puikiai. Praėjusią savaitę jis mane pasikvietė vakarienės.	Excellent! Last week he invited me to dinner.
Ar girdėjai, kad Albertą atleido?	Did you hear that Albertas was fired?
Ne. Negali būti!	No. That cannot be!
Chemikams yra sunku rasti kitą darbą.	Chemists have a hard time finding another job.

Notes about us

Most of the early Lithuanian immigrants were unskilled laborers. Their children were better educated and went into trades or entered the professions. At present there are many Lithuanian professors at universities all over the U.S., Canada and other countries and many Lithuanians have their own businesses: stores, restaurants, taverns, cafes, movie theatres, beauty salons, automobile repair shops, and others.

- **Kaip tau sekasi darbe?** or **Kaip tau einasi darbe?** 'How's it going at work?' **Aš gavau naują darbą** 'I got a new job.' **Petras gavo geresnį darbą** 'Petras got a better job.' **Aš netekau darbo** 'I lost my job' or **Mane atleido** 'I was fired' or 'laid off,' to which you can reply **Kaip gaila!** 'What a pity!' **Tai baisu!** 'That's terrible! and **Ar tu ieškai naujo darbo?** 'Are you looking for a new job?'

- A few more or less optimistic things connected with a job: **Aš turiu dirbti viršvalandžius** 'I have to work overtime.' **Aš turiu per daug dirbti** 'I have too much to do.' **Aš turiu per mažai dirbti** 'I don't have enough to do.' (**per daug** 'too much', **per mažai** 'not enough/too little.') **Man pakėlė atlyginimą** 'I got a raise, and **Ponas Kalnius išėjo pensijon** 'Mr. Kalnius retired.'

- **Ar girdėjai, kad Albertą atleido?** 'Did you hear that Albertas was laid off?' Some answers: **Iš tikrųjų?** 'Really?' **Negali būti!** 'That can't be!' **Aš netikiu** 'I don't believe it.' **Kas sakė?** 'Who told you?'

Ar jūs esate ponas Šilas?	Are you Mr. Šilas?
Aš atėjau jūsų pasitikti.	I came to meet you.
Kaip malonu. Aš tik ką atskridau.	How nice! I just flew in.
Kaip galiu pasiekti Grant gatvę?	How shall I get to Grant street?
Ar galiu paimti taksi?	Could I take a taxi?
Taksiu būtų geriau.	A taxi would be better.
Autobusai čia eina labai pamažu.	The buses here are very slow.
Ar jūs čia gyvensite?	Are you going to live here?

Taip. Dirbsiu vidurinėje mokykloje.	Yes. I'm going to work at the high school.
Esu istorijos mokytojas.	I am a history teacher.
Aš dėstau istoriją lietuvių mokykloje.	I teach history at the Lithuanian school.
Ar galite truputį palaukti?	Can you wait a bit?
Aš turiu važiuoti į tą pusę.	I have to go in that direction.
Aš jus nuvešiu.	I'll take you there.
Kur jūs dirbate?	Where are you working?
Dirbu Fordo fabrike.	I work at the Ford factory.
Įdomu.	How interesting.
Mano žmona ir aš nusipirkom namą ten pat netoli.	My wife and I bought a house near there.
Ar turite vaikų?	Do you have any children?
Taip, turime tris vaikus: dvi mergaites ir berniuką.	Yes, we have three children, two girls and a little boy.
Tame rajone yra geros mokyklos.	There are good schools in that area.
Vaikų darželis yra ten pat prie parko ir zoologijos sodo.	The kindergarten is right next to the park and the zoo.
Vidurinė mokykla truputį toliau, tuojau už ligoninės.	The high school is a little further, right behind the hospital.
O kaip toli apsipirkimo centras?	And how far is the shopping center?
Tik kelios gatvės už policijos nuovados.	Just a few streets behind the police station.

- **Aš mokau mokykloje** 'I teach at the school.' Other places where one can work: **Aš dirbu fabrike** 'I work in a factory,' **krautuvėje** 'in a store,' **raštinėje** 'in an office,' **banke** 'in a bank,' **namie** 'at home,' **ūkyje** 'on a farm.'

- Here are some professions in their masculine and feminine forms: **advokatas/advokatė** 'lawyer,' **gydytojas/gydytoja** 'physician,' **raštininkas/raštininkė** 'office clerk,' **fotografas/fotografė** 'photographer', **kirpėjas/kirpėja** 'barber or hairdresser,' **dailininkas/dailininkė** 'artist,' **chemikas/chemikė** 'chemist,' **pardavėjas/pardavėja** 'sales person,' **inžinierius/inžinierė** 'engineer,' **rašytojas/rašytoja** 'writer,' **ūkininkas/ūkininkė** 'farmer.'

• **Ką jūs dirbate?** 'What do you do?' **Aš esu žurnalistas** 'I'm a journalist.' **Ar jūs esate gailestingoji sesuo?** 'Are you a nurse?' **Ne, aš esu gydytoja** 'No, I am a doctor.' **Mes esame ugniagesiai** 'We are firemen.'

• Some places for a good neighborhood: **mokykla** 'school,' **paštas** 'post office,' **ugniagesių stotis** 'fire station,' **policijos nuovada** 'police station,' **maudymosi baseinas** 'swimming pool,' **ligoninė** 'hospital,' **benzino stotis** 'gas station,' **apsipirkimo centras** 'shopping center' and **krautuvės** or **parduotuvės** 'stores', **teatras** 'theater' and **kinas** 'movie theater', **parkas, žaidimų aikštė** 'playground.'

• **Vaikų** (gen.) **darželis** (nom.) 'kindergarten.' Remember that whenever one noun is used to modify another, the first is frozen into a permanent genitive; only the second one is declined. **Elenytė eina į naują vaikų** (gen.) **darželį** (acc.) 'Elenytė goes to a new kindergarten.' **Sustok prie senosios policijos stoties** 'Stop at the old police station.' **Mano vyras dirba naujojoje policijos** (gen.) **nuovadoje** (loc.) 'My husband works in the new police station.' The adjective, of course, is declined as usual.

• Keep watching the differences between the masculine and feminine genders and how adjectives and numerals agree with them.

Listen, understand and speak

The time has come to stop for another set of exercises. As always, please read the directions in the book before continuing with the cassette.

1. Before listening to the tape, write the English translation next to each profession. In addition, write whether the person is a man or a woman.

mokytojas .... *teacher* ..... M. ....
gydytoja . ...
kunigas . ...
chemikas . ...
inžinierė . ...
sekretorė . ...

2. Now fill in the blanks of the Lithuanian sentences with the correct possessive pronouns, then translate each sentence into English.

a. Aš pažįstu (tu) — — — — gydytoją.
   I know your doctor. ....

b. Ta yra (aš) — — — — mokykla.
   ....

c. Aš žinau, kur yra (tu) — — — — raštinė.
   ....

d. Ar tu dirbi (mes) — — — — fabrike?
   ....

e. Aš nežinau, kur yra (jūs) — — — — krautuvė.
   ....

3. Listen to the tape and decide whether the statements below are true or false (**teisingas — neteisingas**). New word: **persikelti** 'move.'

a.	Jonas' home town is in Anchorage, **Alaska**.	T	N
b.	He does not care for Toronto.	T	N
c.	There are more Lithuanians in Anchorage than in Toronto.	T	N
d.	Jonas and his sister are both looking for work.	T	N
e.	Jonas is a policeman, and his sister is a teacher.	T	N

4. You have met a group of friends and are checking on their job situations. What you have said is **Kaip tau sekasi darbe?** 'How

are you doing at work?' Give their answers by translating each of the sentences below.

a. I'm doing fine. *Man gerai sekasi.* . . . .
b. I have a lot to do. . . . .
c. I was fired last week.
. . . .
d. I just got a new job.
. . . .
e. I just got a better job.
. . . .

5. This exercise will give you practice in using the adverbs **per daug** 'too much' and **per mažai** 'not enough/too little.' Say each sentence in Lithuanian or write it into the book and then listen to the tape.

a. I have too much to do.
   Aš turiu per daug darbo. . . . .
b. Algis has too much homework.
. . . .
c. Onutė does not have enough responsibility.
. . . .
d. Antanas has too little to do.
. . . .
e. We don't have enough friends.
. . . .

6. This time you will be asking questions. Do so first in the informal, then the formal 2nd person.

a. Where do you live?
   Kur tu gyveni/kur jūs gyvenate?
b. How much work do you have?
. . . .
c. How many children do you have?
. . . .
d. Where do you work?
. . . .
e. What do you do?
. . . .

In Lithuanian only

In order to review what you have learned, please listen to the following three conversations. If need be, repeat the lesson and then continue with the next and last one.

Conversation No. 1
"Sveikas, senuk! Kaip tau sekasi darbe?"
"Gerai, gerai. Tik, kaip paprastai, yra per daug darbo. O tau?"
"Aš ką tik gavau naują darbą. Malonūs žmonės ir daugiau atsakomybės. Ir atlyginimas daug didesnis."
"Kaip tu sugyveni su savo viršininku?"
"Puikiai. Praėjusią savaitę jis mane pasikvietė vakarienės. Ar girdėjai, kad Albertą atleido?"
"Ne. Negali būti! Chemikams yra sunku rasti kitą darbą."

Conversation No. 2
"Ar jūs esate ponas Šilas? Aš atėjau jūsų pasitikti."
"Kaip malonu. Aš tik ką atskridau. Kaip galiu pasiekti Grant gatvę? Ar galiu paimti taksį?"
"Taksiu būtų geriau. Autobusai čia eina labai pamažu. Ar jūs čia gyvensite?"
"Taip, dirbsiu vidurinėje mokykloje. Esu istorijos mokytojas."
"Aš mokau istoriją lietuvių mokykloje. Ar jūs galite truputį palaukti? Aš turiu važiuoti į tą pusę, tai jus nuvešiu."

Conversation No. 3
"Kur jūs dirbate?"
"Aš dirbu Fordo fabrike."
"Įdomu. Mano žmona ir aš nusipirkome namą ten pat netoli. Ar turite vaikų?"
"Taip, turime tris vaikus: dvi mergaites ir berniuką."
"Tame rajone geros mokyklos. Vaikų darželis yra ten pat prie parko ir zoologijos sodo. Vidurinė mokykla truputį toliau, tuoj už ligoninės."
"O kaip toli apsipirkimo centras?"
"Tik kelios gatvės už policijos nuovados."

Lesson #23

Study hints

As we near the end of the course, remember to use the grammar lessons, the supplement and the dictionary as often as possible or whenever needed. Do you know, or at least recognize, all the words in the Lithuanian/English dictionary of this book? It is not a bad idea to go through it, review and learn anything you've missed. It is, after all, not very large. You might also want to look at some other Lithuanian books. There are places where you can mail-order them. (For addresses see page 292 of this book).

Lesson #24 — Friendship and Love

Dialogues and explanations

What better way to end this course in Lithuanian phraseology than with something about love and friendship? Even for those who never learn the language, the simple sentence **Aš tave myliu** can be just as handy as 'Ich liebe dich' or 'Je t'aime.' You will also learn a little bit about invitations, weddings, christenings and other family celebrations.

Onute, kur tu vakar buvai?	Onutė, where were you yesterday?
Buvau bibliotekoje, mokiausi.	I was at the library, studying.
Netikiu!	I don't believe you.
Tu buvai su Jurgiu kine.	You went to the movies with Jurgis.
Martynai, taip nesakyk!	Martynas, don't say that!
Aš niekada nemeluoju.	I never lie.
Atleisk, Onute, nepyk.	Forgive me, Onutė, don't be angry.
Aš esu pavydus.	I am jealous.
Tu žinai, kad man labai patinki.	You know I like you very much.
Čia tau bučinys ir sakyk, kad tu mane myli!	Here, have a little kiss and say that you love me.
Prašau, būk vėl linksma.	Please, be happy again.
Pažiūrėk, lauke šviesus mėnulis.	Look, there's a lovely moon outside.
Einame pasivaikščioti.	Let's go for a walk.
Ar tau tas patiktų?	Would you like that?
Aš tau atleidžiu, Martynai.	I forgive you, Martynas.
Iš tikrųjų visai nebuvau supykusi.	I wasn't really angry.

Lesson #24

Notes about us

Lithuanians like to celebrate their weddings on a grand scale. According to old traditions, a wedding has to go on for three days and three nights. While a three-day wedding is rare, most do go on for two days. On the first day there is a church wedding, followed by a reception, dinner and dance. Most young people today like to incorporate some of the older wedding traditions.

• This lesson is about **draugystė** 'friendship'. Let's start with **Šis yra Albertas** or **Tai yra Albertas** 'This is Albertas.' **Jis yra mano draugas** 'He is my friend.' **Ji yra mano draugė** 'She is my (girl) friend.' Once the friendship has progressed, the introduction might be **Čia yra mano sužieduotinė Mirga** or **Tai yra mano sužieduotinis Antanas** 'This is my fiancée Mirga' or 'This is my fiancé Antanas'.

• When going on dates, one is likely to say: **Eikime į kiną** 'Let's go to the movies,' **šokti** 'dancing', **į pokylį** 'to a formal dance (party)', **į naktinį klubą** 'to a night club,' **į restoraną** 'to a restaurant,' **į teatrą** 'to the theater,' **į svečius** 'for a visit.' Remember that the preposition **į**, when referring to a direction, takes a noun in the accusative case.

• One last example of the double negative: **aš nė kiek nebuvau pikta** 'I wasn't really angry.' And while we're on the subject: **linksma** or **linksmas** 'happy/glad,' **laimingas** or **laiminga** 'happy/fortunate', **liūdnas** or **liūdna** 'sad' or 'miserable;' **raudoti** or **verkti** 'cry/weep' and **juoktis** 'laugh.' Also: **Aš tave myliu** 'I love you.' **Mes labai sutinkame** 'We get along well' and their opposites **Mes visai nesutinkame** 'We don't get along at all.' **Aš tavęs negaliu pakęsti** 'I can't stand you' or **Aš tavęs nekenčiu** 'I hate you.'

Šiandien gavau pakvietimą į Daivos ir Jurgio vestuves.	Today I received an invitation to Daiva's and Jurgis' wedding.
Aš irgi. Džiaugiuosi.	I did too. I'm glad.
Jurgį pažįstu jau labai seniai.	I've known Jurgis for a long time.

Kada jie susituoks?	When are they getting married?
Aš užmiršau datą.	I forgot the date.
Mėnesio pabaigoje, trisdešimtą?	At the end of the month, on the 30th?
Man atrodo, kad bus didelės vestuvės.	I think that it'll be a large wedding.
Taip. Daiva yra gera mano draugė.	Yes. Daiva is my good friend.
Aš būsiu pamergė.	I'm going to be a bridesmaid.
Ar žinai, kad Onutė ir Martynas yra susižiedavę?	Did you know that Onutė and Martynas are engaged?
Tikrai? Na, tai ko mes laukiame?	Really! Well, what are we waiting for?
Ar tai pasipiršimas?	Is that a proposal?

Kaip gaila, kad jau reikia važiuoti.	What a pity that it's time to go.
Buvo tokios malonios vestuvės!	It was such a nice wedding!
Aš tau paskambinsiu.	I'll call you.
Duok man savo adresą.	Give me your address.
Prižadu rašyti laišką kiekvieną dieną.	I promise to write a letter every day.
O aš mėginsiu atsakyti.	And I'll try to answer.
Tik neužmiršk!	Just don't forget.
Palauk manęs!	Wait for me!
Aš važiuosiu drauge.	I'm coming along.
Kur mano apsiaustas ir rankinukas?	Where is my coat and purse?
Iki pasimatymo sekančiose vestuvėse.	We'll see you at the next wedding.
Neužmiršk pasveikinti Kristinos ir jos tėvų.	Don't forget to say hello to Kristina and her parents.

• **Vestuvės bus mėnesio pabaigoje** 'The wedding will be at the end of the month.' **Kur yra pradžia?** 'Where is *the* beginning?' **Pradžioje man Onutė nepatiko** 'In the beginning I didn't like Onutė.' **Visiems patinka gera pabaiga** 'Everyone likes a good ending.'

- An important event in any life is **vestuvės** 'wedding.' Lithuanians also usually celebrate **krikštynas** 'christening', **sužiedotuvės** 'engagement,' **laidotuvės** 'funeral.'

- A wedding takes a lot of planning and doing. First, of course, you need **jaunoji** 'bride' and **jaunasis** 'bridegroom.' Others, not necessarily in the order of importance, are **pamergė** 'bridesmaid,' **pabrolys** 'best man,' **kunigas** 'priest,' **bažnyčia** 'church,' **šeimininkė** 'hostess (landlady),' **salė** 'hall,' **orkestras** 'orchestra' and **taip toliau** (abbr. **ir t.t.** 'etc.').

- **Duok man savo adresą.** As you know, the possessive pronouns and adjectives **mano, tavo, savo** are not declined. **Savo** is used whenever someone refers to something as 'one's own.' **Jis davė žiedą savo sužadėtinei** 'He gave a ring to his (own) fiancée.'

- **Aš mėginsiu** 'I'll try." **Aš mėginsiu atsakyti** 'I'll try to answer.' **Aš mėginsiu atsiminti** 'I'll try to remember.' **Ar tu mėginai rašyti lietuviškai?** 'Did you try to write in Lithuanian?'

- When taking leave, people remember all kinds of things: **Kaip tau einasi mokykloje?** How are you doing in school?' **Kaip einasi tavo senelei?** 'How's your grandmother doing?' **Neužmiršk jos pasveikinti** 'Don't forget to say hello to her.' **Pasveikink taip pat savo brolį** 'Say hello to your brother as well.' Notice another use of the word **savo**.

Listen, understand and speak

We have come to the last lesson and the last set of exercises. As always, read the directions before listening to the tape and say each sentence out loud in the space provided for that purpose. And, as a last suggestion, we will leave you with the one we started out with: go out and speak! That's the only way you will really learn the language!

1. Onutė is talking about the wedding. Listen to her side of the

conversation and decide which of the statements are true **(teisingi)** and which false **(neteisingi).**

a. Onutė's friend Birutė is getting married in June.	T	N
b. She will be married in a Lithuanian church.	T	N
c. She will have three bridesmaids.	T	N
d. The priest is a relative.	T	N
e. Onutė also has to go to a christening.	T	N

2. Before listening to the tape, fill in the blanks below. Choose from the box below, if necessary.

Arūnas yra mano — — — — —. Jis man patinka, bet aš myliu Martyną. Martynas man — — — — — —. Aš pasakiau taip, ir dabar jis yra mano — — — — — —. Aš esu Arūno — — — — —, bet Martyno — — — — — —. Maloniausia yra tai, kad Martynas yra mano draugas ir sužadėtinis.

draugas   sužadėtinis   draugė
pasipiršo   sužadėtinė

3. Fill in the correct words, choosing from the box below. New word: **mirti** or **numirti** 'to die.'

a. Daiva ir Jurgis tuokiasi. Bus gražios
   vestuvės. ....
b. Numirė Onutės krikšto motina. Ji eina į
   ....
c. Birutė rugpjūčio mėnesį laukia vaikučio.
   Aš einu į ....
d. Aš būsiu Poviliuko krikšto motina.
   Sekmadienį bus ....
e. Praėjusį sekmadienį buvo mano brolio pirmoji
   Komunija. Jam buvo ....

vestuvės   krikštynos   laidotuvės
pokylis vaiko kraičiui   didelė šventė

4. Listen to the tape and answer each question according to the English prompts.

a. Ar tu esi vedęs?
   Ne, *aš esu nevedęs.* ....
b. Ar jūs esate vedęs?
   Taip, ...
c. Ar tu esi vedęs?
   Ne, bet ....
d. Ar ji yra ištekėjusi?
   Ne, ...
e. Ar jis yra vedęs?
   Taip, žinoma, ...

5. Listen to the tape. It gives the time when each person has returned home. Say the time in Lithuanian, according to the English prompts.

a. Aš vakar buvau svečiuose.
   Aš sugrįžau pusę trijų. ....
b. Tu sekmadienį buvai vestuvėse.
   ....
c. Petras trečiadienį buvo laidotuvėse
   ....
d. Mes vakar buvome krikštynose
   ....
e. Jis šį rytą buvo bažnyčioje
   ....

6. Saying goodbye, in this course at least, for the last time.

a. We'll see you! Good-bye!
   Iki pasimatymo. Sudiev. ....
b. What a pity it's time to go. ....
c. When will you call me? ....
d. Bye! Just don't forget! ....
e. **Say hello to all our friends.**
   ....

Lesson #24   223

In Lithuanian only

You have come to the end of the course **Easy Way to Lithuanian**. You should now have a sufficient number of stock phrases to use on many occasions, as well as some understanding of Lithuanian structure and grammar. We hope you will continue with your studies. A list of publishers and places to study is printed in the supplement. Please check it out after you listen to the following conversations, of course.

Conversation No. 1
"Onute, kur tu vakar buvai?"
"Buvau bibliotekoje mokytis."
"Netikiu. Tu buvai su Jurgiu kine."
"Martynai, taip nesakyk! Aš niekada nemeluoju."
"Atleisk, Onute, nepyk! Aš esu pavydus. Žinai, kad tu man labai patinki. Čia tau bučinys ir sakyk, kad mane myli. Prašau, būk vėl linksma. Pažiūrėk, lauke šviesus mėnulis. Einame pasivaikščioti. Ar tau tai patiktų?"
"Aš tau atleidžiu, Martynai. Iš tikrųjų visai nebuvau supykusi."

Conversation No. 2
"Šiandien gavau pakvietimą į Daivos ir Jurgio vestuves."
"Aš irgi. Džiaugiuosi."
"Jurgį pažįstu labai seniai. Kada jie susituoks?"
"Užmiršau datą. Mėnesio pabaigoje, trisdešimtą? Man atrodo, kad bus didelės vestuvės."
"Taip. Daiva yra gera mano draugė. Aš būsiu pamergė. Ar žinai, kad Onutė ir Martynas susižiedavę?"
"Tikrai? Na, tai ko mes laukiame?"
"Ar tai pasipiršimas?"

Conversation No. 3
"Kaip gaila, kad jau reikia važiuoti. Buvo tokios gražios vestuvės! Aš tau paskambinsiu."

"Duok man savo adresą. Prižadu rašyti laišką kiekvieną dieną."
"O aš mėginsiu atsakyti."
"Tik neužmiršk!"
"Palauk manęs! Aš važiuosiu drauge. Kur mano apsiaustas ir rankinukas? Iki pasimatymo sekančiose vestuvėse!"
"Neužmiršk pasveikinti Kristinos ir jos tėvų!"

Study hints

The course is finished and you are on your own. Not quite, of course, since there is a list at the back of the book of places where you can continue your studies and buy books. But otherwise, we would like to leave you with this thought: When talking in Lithuanian, are you missing an ending here and there? Is a conjugation wrong or a word used in not quite the proper context? Did your friend understand what you were trying to say? He did, and you fulfilled the main purpose of a language — to make yourself understood using the notations of that particular language. So — do not get discouraged, keep going and speak! And speak and speak. In Lithuanian, of course.

This is the end of the sixth cassette and the course **Easy Way to Lithuanian**. If you have been listening and practicing, you should be on your way to speaking Lithuanian. For that reason, the last words will be in Lithuanian only.

Mielieji draugai! Buvo malonu rašyti šį kursą. Aš tikiu, kad tas kursas jums patiko, kad jūs daug išmokote. Jei galiu jums kuo nors padėti, prašau, rašykite, aš atsakysiu. Tikiu, kad mes kur nors — sporto rungtynėse, stovykloje, Dainų ar Tautinių šokių šventėje — susitiksime. Iki pasimatymo!

GRAMMAR SUPPLEMENT

The following declension and conjugation charts provide an overview of the handling of nouns, adjectives and pronouns and verbs, as well as prepositions. Use them whenever you need extra help during your studies.

DECLENSION OF NOUNS

Lithuanian nouns are divided into five **declensions**, according to the endings of genitive singular: 1st **-o,** 2nd **-os,** 3rd **-ies,** 4th **-aus,** 5th **-ens, -ers.**

First declension: nominative endings are **-as (-ias), -is, -ys;** genitive ending **-o (-io).** All are masculine in gender: **namas** 'house', **kelias** 'road', **žirnis** 'pea', **ožys** 'goat'.

		s.	pl.	s.	pl.
Nom.	kas?	nam-as	-ai	kel-ias	-iai
Gen.	ko?	nam-o	-ų	kel-io	-ių
Dat.	kam?	nam-ui	-ams	kel-iui	-iams
Acc.	ką?	nam-ą	-us	kel-ią	-ius
Ins.	kuo?	nam-u	-ais	kel-iu	-iais
Loc.	kur?	nam-e	-uose	kel-yje	-iuose
Voc.	o!	nam-e	-ai	kel-y	-iai

		s.	pl.	s.	pl.
Nom.	kas?	ož-ys	-iai	žirn-is	-iai
Gen.	ko?	ož-io	-ių	žirn-io	-ių
Dat.	kam?	ož-iui	-iams	žirn-iui	-iams
Acc.	ką?	ož-į	-ius	žirn-į	-ius
Ins.	kuo?	ož-iu	-iais	žirn-iu	-iais
Loc.	kur?	ož-yje	-iuose	žirn-yje	-iuose
Voc.	o!	ož-y	-iai	žirn-i	-iai

Second declension: nominiative endings are **-a** or **-ia, -ė, i**; genitive endings are **-os** or **-ios, -ės**. Most are feminine: **daina** 'song', **valdžia** 'government', **bitė** 'bee', **pati** 'wife.'

		s.	pl.	s.	pl.
Nom.	kas?	dain-a	-os	valdž-ia	-ios
Gen.	ko?	dain-os	-ų	valdž-ios	-ių
Dat.	kam?	dain-ai	-oms	valdž-iai	-ioms
Acc.	ką?	dain-ą	-as	valdž-ią	-ias
Ins.	kuo?	dain-a	-omis	valdž-ia	-iomis
Loc.	kur?	dain-oje	-ose	valdž-ioje	-iose
Voc.	o!	dain-a	-os	valdž-ia	-ios

		s.	pl.	s.	pl.
Nom.	kas?	bit-ė	-ės	pat-i	č-ios
Gen.	ko?	bit-ės	č-ių	pač-ios	-ių
Dat.	kam?	bit-ei	-ėms	pač-iai	-ioms
Acc.	ką?	bit-ę	-es	pač-ią	-ias
Ins.	kuo?	bit-e	-ėmis	pač-ia	-iomis
Loc.	kur?	bit-ėje	-ėse	pač-ioje	-iose
Voc.	o!	bit-e	-ės	pat-i	-ios

Third declension: the nominative ending is **-is**, the genitive is **-ies**. Nouns are both masculine and feminine: **akis** 'eye', **dantis** 'tooth.'

	s.	pl.	s.	pl.
Nom.	ak-is	-ys	dant-is	-ys
Gen.	ak-ies	-ių	dant-ies	-ų
Dat.	ak-iai	-ims	danč-iui	-ims
Acc.	ak-į	-is	dant-į	-is
Ins.	ak-imi	-imis	dant-imi	-imis
Loc.	ak-yje	-yse	dant-yje	-yse
Voc.	ak-ie	-ys	dant-ie	ys

Fourth declension: the nominative ending is **-us**, the genitive ending is **-aus**. Nouns are masculine: **turgus** 'market.'

	s.	pl.
Nom.	turg-aus	-ūs
Gen.	trug-aus	-ų
Dat.	turg-ui	-ums
Acc.	turg-ų	-us
Ins.	turg-umi	-umis
Loc.	turg-uje	-uose
Voc.	turg-au	-ūs

Fifth declension: nominative endings are **-uo, -ė, -ens, -ers**. Nouns are masculine and feminine: genitive endings are **vanduo** 'water', **sesuo** 'sister.'

	s.	pl.	s.	pl.
Nom.	vand-uo	-enys	ses-uo	-erys
Gen.	vand-ens	-enų	ses-ers	-erų
Dat.	vand-eniui	-enims	ses-eriai	-erims
Acc.	vand-enį	-enis	ses-erį	-eris
Ins.	vand-enimi	-enimis	ses-erimi	-erimis
Loc.	vand-enyje	-yse	ses-eryje	-yse
Voc.	vand-enie	-enys	ses-erie	-erys

THE DECLENSION OF INDEFINITE ADJECTIVES

Lithuanian adjectives are divided into three declensions according to the endings of the nominative singular 1st **-as** (masc.), **-a** (fem): **geras, gera** 'good'; 2nd **-us, -i: puikus, puiki** 'wonderful'; 3rd **-is, -ė: auksinis, auksinė** 'golden.'

I	masculine		feminine	
	s.	pl.	s.	pl.
Nom.	ger-as	-i	-a	-os
Gen.	ger-o	-ų	-os	-ų
Dat.	ger-am	-iems	-ai	-oms
Acc.	ger-ą	-us	-ą	-as
Ins.	ger-u	-ais	-a	-omis
Loc.	ger-ame	-uose	-oje	-ose

II.	masculine		feminine	
	s.	pl.	s.	pl.
Nom.	puik-us	-ūs	-i	-ios
Gen.	puik-aus	-ių	-ios	-ių
Dat.	puik-iam	-iems	-iai	-ioms
Acc.	puik-ų	-ius	-ią	-ias
Ins.	puik-iu	-iais	-ia	-ias
Loc.	puik-iame	-iuose	-ioje	-iose

III	masculine		feminine	
	s.	pl.	s.	pl.
Nom.	auksin-is	-iai	-ė	-ės
Gen.	auksin-io	-ių	-ės	-ių
Dat.	auksin-iam	-iams	-ei	-ėms
Acc.	auksin-į	-ius	-ę	-es
Ins.	auksin-iu	-iais	-e	-ėmis
Loc.	auksin-iame	-iuose	-ėje	-ėse

THE DECLENSION OF DEFINITE ADJECTIVES

To speak about something definite, known or previously mentioned, use the definite adjectives. (The adjectives of the 3rd declension have no definite form.) This is essentially equivalent to using the definite article in English. Examples: **puikusis, puikioji** 'the wonderful one', **gerasis, geroji** 'the good one.'

Singular

Nom.	gerasis	geroji	puikusis	puikioji
Gen.	gerojo	gerosios	puikiojo	puikiosios
Dat.	gerajam	gerajai	puikiajam	puikiajai
Acc.	gerąjį	gerąją	puikųjį	puikiąją
Ins.	geruoju	gerąja	puikiuoju	puikiąja
Loc.	gerajame	gerojoje	puikiajame	puikiojoje

Plural

Nom.	gerieji	gerosios	puikieji	puikiosios
Gen.	gerųjų	gerųjų	puikiųjų	puikiųjų
Dat.	geriesiems	gerosioms	puikiesiems	puikiosioms
Acc.	geruosius	gerąsias	puikiuosius	puikiąsias
Ins.	geraisiais	gerosiomis	puikiaisiais	puikiosiomis
Loc.	geruosiuose	gerosiose	puikiuosiuose	puikiosiose

PERSONAL PRONOUNS

Aš	tu	jis	ji	(tai)	mes	jūs	jie	jos
I	you	he	she	it	we	you	they	they

Singular

Nom.	aš	tu	jis	ji
Gen.	manęs	tavęs	jo	jos
Dat.	man	tau	jam	jai
Acc.	mane	tave	jį	ją
Ins.	manimi	tavimi	juo	ja
Loc.	manyje	tavyje	jame	joje

Plural

Nom.	mes	jūs	jie	jos
Gen.	mūsų	jūsų	jų	jų
Dat.	mums	jums	jiems	joms
Acc.	mus	jus	juos	jas
Ins.	mumis	jumis	jais	jomis
Loc.	mumyse	jumyse	juose	jose

POSSESSIVE PRONOUNS

Possessive pronouns are very easy to handle in Lithuanian: for each person there is only one form for the possesive pronoun, and they are indeclinable.

Personal pronoun

aš — I
tu — you
jis — he
ji — she
mes — we
jūs — you
jie — they (masc.)
jos — they (fem.)

Possessive pronoun

mano — mine
tavo — yours
jo — his
jos — hers
mūsų — ours
jūsų — yours
jų — theirs
jų — theirs

Possessive adjective

mano — my
tavo — your
jo — his
jos — her
mūsų — our
jūsų — your
jų — their
jų — their (fem.)

Definitive pronouns **manasis, tavasis** 'mine, your' are declined as **gerasis; manoji, tavoji, savoji** as **geroji**.

DEMONSTRATIVE PRONOUNS

Demonstrative pronouns are used to point out nouns, the choice depending on the viewpoint of the speaker. Examples: **šis, ši** 'this,' **tas, ta** 'that.'

Grammar Supplement 231

Singular

	masc.	fem.	masc.	fem.
Nom.	šis	ši	tas	ta
Gen.	šio	šios	to	tos
Dat.	šiam	šiai	tam	tai
Acc.	šį	šią	tą	tą
Ins.	šiuo	šia	tuo	ta
Loc.	šiame	šioje	tame	toje

Plural

	masc.	fem.	masc.	fem.
Nom.	šie	šios	tie	tos
Gen.	šių	šių	tų	tų
Dat.	šiems	šioms	tiems	toms
Acc.	šiuos	šias	tuos	tas
Ins.	šiais	šiomis	tais	tomis
Loc.	šiuose	šiose	tuose	tose

CONJUGATION OF VERBS

Lithuanian verbs are divided into three conjugations: I **-a**, II **-i**, III **-o**. In order to be able to properly use the verbs, one must know their principal parts. For that reason, in the dictionary and throughout the course, each verb is shown in the infinitive and in the 3rd person present and past tense. Note that the 3rd person singular and plural always have the same form. Examples: **kelti, kelia, kėlė** I 'lift'; **mylėti, myli, mylėjo** II 'love'; **mokyti, moko, mokė** III 'teach'.

Reflexive verbs: **keltis, keliasi, kėlėsi** 'get up', **mylėtis, mylisi, mylėjosi** 'love each other'; **mokytis, mokosi, mokėsi** 'learn'.

Esamasis laikas   **Present tense**

aš	keliu	myliu	mokau
tu	keli	myli	mokai
jis/jie	kelia	myli	moko
mes	keliame	mylime	mokome
jūs	keliate	mylite	mokote

232 Grammar Supplement

Reflexive

aš	keliuos	myliuos	mokaus
tu	kelies	mylies	mokais
jis/jie	kelias	mylis	mokos
mes	keliamės	mylimės	mokomės
jūs	keliatės	mylitės	mokotės

Būtasis kartinis laikas **Past tense**

aš	kėliau	mylėjau	mokiau
tu	kėlei	mylėjai	mokei
jis/jie	kėlė	mylėjo	mokė
mes	kėlėme	mylėjome	mokėme
jūs	kėlėte	mylėjote	mokėte

Reflexive

aš	kėliaus	mylėjaus	mokiaus
tu	kėleis	mylėjais	mokeis
jis/jie	kėlės	mylėjos	mokės
mes	kėlėmės	mylėjomės	mokėmės
jūs	kėlėtės	mylėjotės	mokėtės

Past frequentative — Būtasis dažninis laikas is made from infinitive stem, omitting the ending **-ti**, and adding endings **-davau** etc.

Future tense — Būsimasis laikas is made from infinitive stem, omitting the ending **-ti** and adding endings **-siu**, etc.

Būtasis dažninis laikas **Past frequentative**

					Reflexive
aš	kel-	mylė-	moky-	davau	davaus
tu	kel-	mylė-	moky-	davai	davais
jis/jie	kel-	mylė-	moky-	davo	davos
mes	kel-	mylė-	moky-	davome	davomės
jūs	kel-	mylė-	moky-	davote	davotės

Būsimasis laikas **Future tense**

					refl.
aš	kel-	mylė-	moky-	-siu	-siuos
tu	kel-	mylė-	moky-	-si	-sies
jis	kel-	mylė-	moky-	-s	-sis
mes	kel-	mylė-	moky-	-sime	-simės
jūs	kel-	mylė-	moky-	-site	-sitės

Subjunctive mood — Tariamoji nuosaka is made from the infinitive stem, omitting the ending -ti, adding endings -čiau, etc.

Imperative mood — Liepiamoji nuosaka is made from the infinitive stem, omitting the ending -ti, adding endings -k, -kime, -kite, etc.

Subjunctive mood

					refl.
aš	kel-	mylė-	moky-	-čiau	-čiaus
tu	kel-	mylė-	moky-	-tum	-tumeis
jis	kel-	mylė-	moky-	-tų	-tųsi
mes	kel-	mylė-	moky-	-tume	-tumės
jūs	kel-	mylė-	moky-	-tute	-tutės

Imperative mood

					refl.
aš					
tu	kel-	mylė-	moky-	-k	-kis
jis/jie					
mes	kel-	mylė-	moky-	-kime	-kimės
jūs	kel-	mylė-	moky-	-kite	-kitės

PREPOSITIONS

The following are prepositions which are followed by a noun in a certain case.

Genitive: ant 'on', upon'; **be** 'without'; **iki** 'till, untill, up to'; **iš** 'from'; **nuo** 'from, off'; **prie** 'at, near, by.'

Accusative: apie 'about'; **į** 'in, into, to'; **pas** 'at, with'; **per** 'through, across, over'; **prieš** 'before'.

Instrumental: su 'with'.

Genitive, accusative, instrumental: po 'after'.

Genitive, accusative: už 'behind, across, over'.

ŽODYNAS — DICTIONARY

All words appearing in the 24 units of **Easy Way to Lithuanian** are included in this dictionary except for proper names. Verbs are given in their base forms: infinitive, the third person of present tense and the third person of past tense. The conjugation is determined by the ending of the third person present tense and is marked with Roman numerals: **-a** (I), **-i** (II), **-o** (III). Nouns are given in the nominative and genitive cases to help determine the nouns' gender and declension. Gender is marked M for masculine, F for feminine, and the declension is indicated by a Roman numeral. Some numerals are marked in nominative and genitive endings, some in masculine and feminine endings, some are not marked because they are indeclinable. Adjectives are given in the nominative case with their masculine and feminine endings. The following abbreviations are used in the dictionary:

adj. adjective (būdvardis)
adv. adverb (prieveiksmis)
conj. conjunction (jungtukas)
excl. exclamation (šauktukas)
int. interjection (jaustukas)
sg. singular (vienaskaita)
pl. plural (daugiskaita)
FII Feminine II declension noun
FIII Feminine III declension noun
FV Feminine V declension noun
M I Masculine I declension noun
M II Masculine II declension noun (very few)
M III Masculine III declension noun
M IV Masculine IV declension noun
M V Masculine V declension noun
num. numeral, number (skaitvardis)
part. particle (dalelytė)
participle (dalyvis)
prep. preposition (prielinksnis) with genitive, accusative or instrumental case

pron. pronoun (įvardis)
I I conjugation verb (I asmenuotės veiksmažodis)
II II conjugation verb (II asmenuotės veiksm.)
III III conjugation verb (III asmenuotės veiksm.)
refl. reflexive verb (sangrąžinis veiksmažodis)

Cases:
nom. nominative (vardininkas)
gen. genitive (kilmininkas)
dat. dative (naudininkas)
acc. accusative (galininkas)
instr. instrumental (įnagininkas)
loc. locative (vietininkas)
voc. vocative (šauksmininkas)

LIETUVIŠKAI — ANGLIŠKAS ŽODYNAS
LITHUANIAN — ENGLISH DICTIONARY

A

abu, abi (num.) both
ačiū (int.) thank you
adresas, -o (M I) address
advokatas, -o (M I) lawyer
aerodromas, -o (MI) airport
aerouostas, -o (M I) airport
agurkas, -o (M I) cucumber
aikštė, -ės (F II) (city) square, (sport) field
akimirksnis, -io (M I) moment; **akimirksnyje** (loc.), **prašau** in a moment
akis, -ies (F III) eye
alga, -os (F II) salary, wages
alyva, -os (F II) oil
alus, -aus (M IV) beer
alkanas, -a (adj.) hungry; **aš esu alkanas** I'm hungry
alkis, -io (M I) hunger
alkoholis, -io (M I) alcohol
alkūnė, -ės (F II) elbow
Amerika, -os (F II) America
amerikietis, -čio (M I), **amerikietė, -ės** (F II) American
anglas, -o (M I) Englishman
anglė, -ės (F II) Englishwoman
angliškai (adj.) English
anksti (adv.) early

ankstyvas, -a (adj.) early
ant (prep. with gen.) on
antklodė, -ės (F II) blanket
antras, -a (num.) second
antradienis, -io (M I) Tuesday
antra valanda, -os (F II) two o'clock
apačia, -os (F II) bottom, lower part; **apačioje** (loc.) below, at the bottom of
apatiniai baltiniai, -ių (M I pl.) underwear
apelsinas, -o (M I) orange
apetitas, -o (M I) appetite
apgalvo-ti, -ja, -jo (I) to think over; **apsigalvoti** to change one's mind
apibrėžtas, -a (participle) definite
apie (prep. with acc.) about
apykaklė, -ės (F II) collar
apylinkė, -ės (F II) district
apytikriai (adv.) approximately, about
aplink (prep. with acc. or adv.) around
apsivilkti, apsivelka, apsivilko (I) to dress, put on
apsiaustas, -o (M I) coat, overcoat
apsiniauk-ti, -ia, -ė (I) cloud over
apsipirkimo centras, -o (M I) shopping center
ar (part. interrog. or conj.) or, whether; **ar aš galiu?** may I?
arbata, -os (F II) tea
arbatinis šaukštukas, -o (M I) tea-spoon
arklys, -io (M I) horse
arti (prep. with gen. or adv.) close, nearby
artimas, -a (adj.) near
ar tu/jūs nori/norite daugiau? do you want more?
asmeninis, -ė (adj.) personal

Dictionary 237

asmuo, -ens (M V) person
aspirinas, -o (M I) aspirin
aš (pron.) I
aštuntas, -a (num.) eighth
aštuoni, -ių (num. M), **aštuonios, -ių** (num.) eight
aštuoniasdešimt (num.) eighty
aštuoniolika, -os (num.) eighteen
ateiti, ateina, atėjo (I) come; **ateik čia** come here!
atgal (adv.) back, move back
atiduoti, atiduoda, atidavė (I) give back, return, deliver
atkarto-ti, -ja, -jo (I) review, repeat
atleisti, atleidžia, atleido (I) (iš darbo) discharge, (dismiss) fire
atleisti, atleidžia, atleido (I) forgive
atletas, -o (M I) athlete
atlikimas, -o (M I) performance
atmatos, -ų (F II pl.) garbage, refuse
atmesti, atmeta, atmetė (I) refuse
atneš-ti, -a, -ė (I) fetch
atostogos, -ų (F II pl.) vacation
atrasti, atranda, atrado (I) find
atrod-yti, -o, ė (III) seem
atsakymas, -o (M I) answer
atsak-yti, -o, -ė (III) answer, reply
atsakomybė, -ės (F II) responsibility
atsargus, -i (adj.) careful
atsibusti, atsibunda, atsibudo (I) wake (oneself)
atsiminti, atsimena, atsiminė (I refl.) remember
atsiprašau I'm sorry
atsiprašymas, -o (M I) apology
atsipraš-yti, -o, -ė (III refl.) apologize

atsirasti, atsiranda, atsirado (I ref.) show up, arrive
atsisak-yti, -o, -ė (III refl.) refuse
atsisveikin-ti, -a, -o (I refl.) take leave
atsitikimas, -o (M I) occurrence; **nelaimingas atsitikimas** accident
atsitikti, atsitinka, atsitiko (I refl.) happen, chance
atvež-ti, -a, -ė (I) (in vehicle) bring
atvykti, atvyksta, atvyko (I) arrive
audinys, -io (M I) cloth
audra, -os (F II) storm
augin-ti, -a, -o (I) raise, grow
aug-ti, -a, -o (I) grow
aukojimas, -o (M I) contribution, donation
auksas, -o (M I sg.) gold
auksinė žuvelė, -ės (F II) gold fish
áukštas, -a (adj.) high, tall
aũkštas, -o (M I) (building) floor, story
aukštesnioji mokykla, -os (F II) high school
aukštyn (adv.) up
aukštoji mokykla, -os (F II) university
ausis, -ies (F III) ear
Australija, -os (F II) Australia
autobusas, -o (M I) bus
automobilis, -io (M I) automobile, car
Azija, -os (F II) Asia

B

badas, -o (M I) famine, hunger
baig-ti, -ia, -ė (I) cease, end, finish
baisiai (adv.) terribly
baisus, -i (adj.) terrible, awful
balius, -iaus (M IV) party, ball, dance
baldas, -o (baldai, -ų) (I M) furniture
balsas, -o (M I) voice
baltas, -o (adj.) white
bananas, -o (M I) banana
bandelė, -ės (F II) roll; **bandelė su kmynais** caraway roll
band-yti, -o, -ė (III) attempt, try
bankas, -o (M I) bank
baras, -o (M I) (alaus) bar
barzda, -os (F II) beard
baseinas, -o (M I) pond, pool
batas, -o (M I) shoe
bažnyčia, -ios (F II) church
be (prep. with gen.) without
be abejo (be abejonės) definitely
bėg-ti, -a, -o (I) run
beisbolas, -o (M I) baseball
bekonas, -o (M I) bacon
belsti, beldžia, beldė (I) knock (at the door)
bendras, -a (adj.) common, joint
bendrasis kambarys, -io (M I) living room
bendrovė, -ės (F II) association, company
bent (adv.) at least
benzinas, -o (M I) gasoline, gas
benzino stotis, -ies (F III) gasoline station
beprotybė, -ės (F II) nonsense, madness
berniukas, -o (M I) boy
bet (conj.) but
bet koks (pron.) any
be to (adv.) besides
biblioteka, -os (F II) library
bilietas, -o (M I) ticket
bilijonas, -o (M I) billion
biografija, -os (F II) biography

biržel is, -io (M I) June, birželio mėnesį in June
biuras, -o (M I) bureau, office
blogas, -a (adj.) bad, terrible
blogai (adv.) badly, terribly; that's too bad!
blizginti, -a, -o (I) polish, shine
blokas, -o (M I) (city) block
braižymas, -o (M I) drawing, drafting
braiž-yti, -o, -ė (III) draw, draft
brangiai (adv.) expensively
brangus, -i (adv.) expensive, dear
braškė, -ės (F II) strawberry
brolis, -io (M I) brother
bučinys, -io (M I) kiss
budin-ti, -a, -o (I) wake (someone else)
bufetas, -o (M I) counter, canteen
bulvė, -ės (F II) potato
bulvinės skiedros, -ų (F II) potato chips
būrelis, -io (M I) group
būrys, -io (M I) crowd
burna, -os (F II) mouth
butas, -o (M I) apartment
butelis, -io (M I) bottle
būti, yra, buvo (I) to be
būti susijaudinusiam to be excited

C

centas, -o (M I) cent
centras, -o (M I) (building) center
ceremonija, -os (F II) ceremony
chemija, -os (F II) chemistry
chemikas, -o (M I), chemikė, -ės (F II) chemist
choras, -o (M I) choir
cit! (int.) quiet!
citrina, -os (F II) lemon
cukrus, -aus (M IV sg.) sugar

Č

čekis, -io (M I) check
čia (adv.) here
čia pat (adv.) right here

D

dabar (adv.) just now, now, right now; dabar mes esame bėdoje now we're in trouble
daiktas, -o (M I) thing
dailininkas, -o (M I) artist, painter
daina, -os (F II) song
dainų šventė, -ės (F II) song festival
dainuoti, dainuoja, dainavo (I) sing
daktaras, -o (M I); daktarė, -ės (F II) doctor
dangtis, -čio (M I) cover
dantis, -ies (M III) tooth
dantų pasta, -os (F II) tooth paste
dantų šepetukas, -o (M I) tooth brush
dar (adv.) again
darbas, -o (M I) work
darbininkas, -o (M I); darbininkė, -ės (F II) worker
dar-yti, -o, -ė (III) do, make
dar kartą once more
daržas, -o (M I) garden, yard
daržovė, -ės (F II) vegetable
data, -os (F II) date
daug (adv.) much, many
daugiau (adv.) more
dažai, -ų (M I pl.) paint
daž-yti, -o, -ė (III) to paint
dažytojas, -o (M I); dažytoja, -os (F II) painter
dažnai (adv.) frequently, often
debesis, -ies (M III) cloud
dėdė, -ės (M II) uncle

degin-ti, -a, -o (I) burn
dėkui (excl.) thank you
dėl (prep. with gen.) for
desertas, -o (M I) dessert
dešimt (num.) ten
dešimtas, -a (num.) tenth
dešinė, -ės (F II) right
dešinioji pusė, -ės (F II) right side
dešra, -os (F II) sausage
detektyvinis romanas, -o (M I) detective novel (story)
dėti, deda, dėjo (I) put
dėvėti, dėvi, dėvėjo (II) wear
devyni, -ių (num.) nine
devyniasdešimt (num.) ninety
devyniolika, -os (num.) nineteen
devintas, -a (num.) ninth
dėžė, -ės (F II) box, crate
didelė vilnonė skara, -os (F II) (for nat'l costume) shawl
didelis, -ė (adj.) big, large
didžiai gerbiamas, -a (participle) revered
diena, -os (F II) day
dirb-ti, -a, -o (I) work
dirigentas, -o (M I); **dirigentė, -ės** (F II) conductor
diriguoti, diriguoja, dirigavo (I) conduct (music)
duktė, -ers (F V) daughter
du, dvi (num.) two
dubuo, -ens (M V) bowl
dugnas, -o (M I) bottom; **dugne** (loc.) at the bottom of
dulkė, -ės (F II) dust
dulkių siurblys, -io (M I) vacuum cleaner
duona, -os (F II) bread; **balta —** white bread; **ruginė —** rye bread
duoti, duoda, davė (I) give
durys, -ų (F III pl.) door
dušas, -o (M I) shower

dvidešimt (num.) twenty
dvigubas, -a (adj.) **dvigubai** (adv.) double
dvylika, -os (num.) twelve
dviratis, -čio (M I) bicycle
dokumentas, -o (M I) document
doleris, -io (M I) dollar
dorai (adv.) honestly
doras, -a (adj.) honest
dovana, -os (F II) gift, present
dovanojimas, -o (M I) donation
dovano-ti, -ja, -jo (I) give a gift, donate; forgive
drabužis, -io; drabužiai, -ių (M I) clothes, clothing
drabužinė, -ės (F II) cloak-room
drąsus, -i (adj.) courageous, bold
draugas, -o (M I) friend, boyfriend
draugė, -ės (F II) friend, girlfriend
draugija, -os (F II) association, society, union
drebėti, dreba, drebėjo (I) tremble, shiver
drebučiai, -ių (M I pl.) jelly
drebulys, -io (M I) shivering, trembling
druska, -os (F II) salt
džiaugsmas, -o (M I) joy
džiovin-ti, -a, -o (I) dry
džiovintuvas, -o (M I) dryer

E, Ė

eglė, -ės (F II) fir, spruce
egzaminai, -ų (M I pl.) examination
egzaminuoti, egzaminuoja, egzaminavo (I) examine
eilė, -ės (F II) line, row
eilėraštis, -čio (M I) poem
eilutė, -ės (F II) (knygoje) line, (kostiumas) suit
eisena, -os (F II) parade, procession

Dictionary 241

eiti, eina, ėjo (I) go (on foot), walk; eiti vonion take a bath; eiti į svečius go visiting
elektros lemputė, -ės (F I) light bulb
ėsti, ėda, ėdė (I) eat (for animals only)
Europa, -os (F II) Europe
ežeras, -o (M I) lake

F

fabrikas, -o (M I) factory
festivalis, -io (M I) festival
filmas, -o (M I) film, movie
firma, -os (F II) firm, company
fortepijonas, -o (M I) grand piano
foto aparatas, -o (M I) camera
fotografas, -o (M I), fotografė, -ės (F II) photographer
fotografija, -os (F II) picture; photography; photograph
futbolas, -o (M I) football, soccer

G

gabalas, -o (M I) piece
gaila (adv.) that's a pity, too bad, sorry
gailestingoji sesuo, -ers (F V) nurse
gailėti, gaili, gailėjo (II) feel sorry for, pity
gaisras, -o (M I) fire
gaisrininkas, -o (M I) fireman
galbūt (adv.) perhaps, maybe
galėti, gali, galėjo (II) be able, can, may
galva, -os (F II) head
galvo-ti, -ja, -jo (I) think
gamta, -os (F II) nature
gamtos šventovė, -ės (F II) open air church
gana (adv.) enough
garažas, -o (M I) garage

garbingas, -a (adj.) respectable, honorable; garbingai (adv.) honorably
garbinimas, -o (M I) worship
garsus, -i (adj.) loud
gatvė, -ės (F II) street
gauti, gauna, gavo (I) receive, get, obtain
gegužė, -ės (F II) May; gegužės mėnesį In May
gegužinė, -ės (F II) picnic
gėlė, -ės (F II) flower
gėlių lysvė, -ės (F II) flower bed
geltonas, -a (adj.) yellow
geografija, -os (F II) geography
gerai (adv.) well, good, all right, fine, right
geras, -a (adj.) good, fine, nice
geriau (adv.) better
geriausiai (adv.) best
geresnis, -ė (adj.) better
gėrimas, -o (M I) drink
gerin-ti, -a, -o (I) improve
gero pasisekimo! good luck!
gerti, geria, gėrė (I) drink; aš noriu gerti I am thirsty
giedoti, gieda, giedojo (I) sing (hymns)
giedras, -a (adj.) clear
giedrintis, giedrinasi, giedrinosi (I refl.) clear up, clear away
giesmė, -ės (F II) song, hymn
gydytojas, -o (M I); gydytoja, -os (F II) physician
gimtadienio kortelė, -ės (F II) birthday card
gimtadienis, -io (M I) birthday
gimnastika, -os (F II) gymnastics
gimnastikos salė, -ės (F II) gymnasium
gintaras, -o (M I) amber
ginčytis, ginčijasi, ginčijosi (I refl.) argue, quarrel

girdėti, girdi, girdėjo (II) hear
gyven-ti, -a, -o (I) live
gyvulys, -io (M I) animal
gyvuoti, gyvuoja, gyvavo (I) live
golfas, -o (M I) golf
gražus, -i (adj.) beautiful, pretty
grėblys, -io (M I) rake
grėb-ti, -ia, -ė (I) rake
greitai (adv.) quickly
greitas, -a (adj.) fast, quick
gretimas, -a (adj.) next
greitkelis, -io (M I) expressway
grietinė, -ės (F II) cream; **rūgšti grietinė** sour cream
grindys, -ų (F III pl.) floor
gripas, -o (M I) flu
grupė, -ės (F II) group
gruodis, -džio (M I) December; **gruodžio mėnesį** in December
gudrus, -i (adj.) wise, clever, smart
gvazdikas, -o (M I) carnation

H

hidrantas, -o (M I) hydrant
humoras, -o (M I) humor

I, Į, Y

į (prep. with acc.) in, into, to
į dešinę to the right
įdėti, įdeda, įdėjo (I) put in, put into
įdomus, -i (adj.) interesting
ieškoti, ieško, ieškojo (III) search, look for
iki pasimatymo! see you! so long!
įkurtuvių dovana, -os (F II) housewarming gift
ilgai (adv.) for a long time
ilgas, -a (adj.) long, tall
įlie-ti, -a, -o (I) pour into
įlip-ti, -a, -o (I) climb in, get in
ilsėtis, ilsisi, ilsėjosi (II refl.) rest

imti, ima, ėmė (I) take
indas, -o (M I) dish
ypatingai (adv.) especially
ypatingas, -a (adj.) special
į priekį forward, ahead
ir (conj.) and
yra (3rd person present of **būti**) is
įsakymas, -o (M I) order
įsakyti, įsako, įsakė (III) order
įskristi, įskrenda, įskrido (I) fly in
istorija, -os (F II) history
išaiškin-ti, -a, -o (I) make clear, explain
išeiti, išeina, išėjo (I) leave, go away
išeiti pensijon retire
išėjimas, -o (M I) exit
išgerti, išgeria, išgėrė (I) drink
išgerti vaistus take medicine
išlaja, -os (F II) sink
išlaik-yti, -o, -ė (III) keep
išlipti, išlipa, išlipo (I) get out, get off, climb out
išmesti, išmeta, išmetė (I) throw away
išneš-ti, -a, -ė (I) carry out
išpardavimas, -o (M I) sale
išparduoti, išparduoda, išpardavė (I) sell out, put on sale
išsiųsti, išsiunčia, išsiuntė (I) mail (paštu), send out
išstat-yti, -o, -ė (III) exhibit
ištekėti, išteka, ištekėjo (I) marry (for a girl)
iš tikrųjų (adv.) really, indeed
išvažiavimas, -o (M I) exit
išvažiuoti, išvažiuoja, išvažiavo (I) go (in a vehicle), drive out, drive to
išvietė, -ės (F II) restroom
įvairus, -i (adj.) various
įvykis, -io (M I) event

įvykti, įvyksta, įvyko (I) happen

J

ją (pron. acc.) her
jam (pron. dat.) for him
jau (adv.) already
jaunas, -a (adj.) young
jaunasis, -ojo (adj.) bridegroom
jaunikis, -io (M I) bridegroom
jaunimas, -o (M I) youth, young people
jaunimo organizacija, -os (F II) youth organization
jaunystė, -ės (F II) youth
jaunoji, -osios (adj.) bride
jaunuolis, -io (M I); jaunuolė, -ės (F II) youth, young man, young woman
jausti, jaučia, jautė (I) sense, feel
jautiena, -os (F II) beef
jautis, -čio (M I) ox
jei (conj.) if
ji (pron.) she
jį (pron acc.) him
jie (pron.) they
jis (pron.) he
jo (pron. gen.) his
Joninės, -ių (F II pl.) St. John's festival
jos (pron. gen.) her; (pl.) they
joti, joja, jojo (I) ride (horse)
jungtinis, -ė (adj.) joint
juodas, -a (adj.) black
juoktis, juokiasi, juokėsi (I refl.) laugh
juosta, -os (F II) sash
jūra, -os (F II) sea
jūros pakraštys, -čio (M I) sea shore

K

ką (pron. acc.) what, whom

ką tai reiškia? What does that mean?
kabina, -os (F II) cabin
kabin-ti, -a, -o (I) hang up
kad (conj.) that
kada (adv.) when, at what time
kaimas, -o (M I) country; village
kai kas (pron.) some
kai kurie (pron.) some, a few
kaimynas, -o (M I) neighbor
kaimynystė, -ės (F II) neighborhood; kaimynystėje (loc.) in the neighborhood
kaina, -os (F II) price
kaip (adv.) how, in what manner
kaip tau (jums) sekasi, einasi how are you doing?
kairė, -ės (F II) left
kairėje (loc.) on the left side
kairysis, -ioji (adj.) left
kaklas, -o (M I) neck
kaklaraištis, -čio (M I) necktie
kakta, -os (F II) forehead
kalakutas, -o (M I) turkey
kalba, -os (F II) language
kalb-ėti, -a, -ėjo (I) speak, talk, chat
Kalėdos, -ų (F II pl.) Christmas
Kalėdų eglutė, -ės (F II) Christmas tree
kambarys, -io (M I) room
kampas, -o (M I) corner; ant kampo on the corner
kanalas, -o (M I) canal
karas, -o M I) war
karoliai, -ių (M I pl.) beads
karštai (adv.) hotly
karštas, -a (adj.) hot
kartais (adv.) sometimes
kartą (acc. kartas) once
kartu (adv.) together
kartus, -i (adj.) bitter
kas (pron.) what, who

kas yra? what's the matter?
kas nors (pron.) something, somebody
kas naujo? what's new?
kas sekantis? who's next?
ką tau skauda? what hurts you?
ką̃sti, kanda, kando (I) bite
kastuvas, -o (M I) shovel
katė, -ės (F II) cat
kava, -os (F II) coffee
kavinė, -ės (F II) cafe
kažkas (pron.) something, somebody
kažkur (adv.) somewhere
kėdė, -ės (F II) chair
keistai (adv.) oddly
keistas, -a (adj.) odd, strange
kelias, -io (M I) road, way
keliauti, keliauja, keliavo (I) travel
kelnės, -ių (F II pl.) pants, trousers
kelti, kelia, kėlė (I) lift
keltis, keliasi, kėlėsi (I refl.) get up, rise
keltuvas, -o (M I) elevator
kenk-ti, -ia, -ė (I) (sveikatai) harm, hurt
kentėti, kenčia, kentėjo (I) suffer
kepalas, -o (M I) loaf
kepsnys, -io (M I) roast
kep-ti, -a, -ė (I) roast, bake, fry
kepurė, -ės (F II) cap
ketin-ti, -a, -o (I) intend
keturi, -ių (num.) four
keturiasdešimt (num.) forty
keturiolika, -os (num.) fourteen
ketvirtadienis, -io (M I) Thursday; **ketvirtadienį** on Thursday
ketvirtas, -a (num.) fourth
ketvirtis, -čio (M I) quarter
kiaulė, -ės (F II) pig

kiauliena, -os (F II) pork
kiaurai (adv. or prep. with gen.) through
kiaušinis, -io (M I) egg
kiek (adv.) question part with gen. — how much/ many?
kiek tai kainuoja? how much is that? how much does that cost?
kiekvienas, -a (adj.) every, each
kieno (gen. pron. of **kas**) whose
kietas, -a (adj.) hard
kilimas, -o (M I) carpet
kilometras, -o (M I) kilometer
kinas, -o (M I) movie
kirpėjas, -o (M I); **kirpėja, -os** (F II) hair dresser, barber
kišenė, -ės (F II) pocket
kišeninis laikrodis, -džio (M I) pocket watch
kitą kartą (acc.) some other time, at another time
kitas, -a (pron.) other, another
kitoks, -ia (pron.) different, one of another kind
klaida, -os (F II) error, mistake
klasė, -ės (F II) class, classroom, grade
klausimas, -o (M I) question
klausyti(s), klauso(si), klausė(si) (III refl.) listen
klausyti, klauso, klausė (III) obey, mind
klaus-ti, -ia, -ė (I) ask (question)
knyga, -os (F II) book
knygų lentyna -os (F II) book shelf
kodėl (adv.) why
koja, -os (F II) leg (and foot)
kojinė, -ės (F II) sock, long stocking
kokiu laiku (instr.) at what time
koks, -ia (pron.) what, what kind

koks reikalas, -o (M I) what's the matter
koks tavo vardas, -o (M I) what's your name
kokteilis, -io (M I) cocktail
kol (adv.) while
kolegija, -os (F II) college
komanda, -os (F II) team
komandos kapitonas, -o (M I) captain of the team
komedija, -os (F II) comedy
kompanija, -os (F II) company
komplimentas, -o (M I) compliment
koncertas, -o (M I) concert
kongresas, -o (M I) congress, large meeting
kopūstas, -o (M I) cabbage
korta, -os (F II) card
kortelė, -ės (F II) card
kostiumas, -o (M I) suit
kosulys, -io (M I) cough
kotletas, -o (M I) meat patty, hamburger
kovas, -o (M I) March; **kovo mėnesį** in March
kranas, -o (M I) (water) tap
kraust-ytis, -osi, -ėsi (III refl.) move
krauti, krauna, krovė (I) save (money), store something
krautuvė, -ės (F II) store, shop
kredito kortelė, -ės (F II) credit card
krepšinis, -io (M I) basketball
krikštatėvis, -io (M I), **krikšto tėvas, -o** (M I) godfather
krikštynos, -ų (F II pl.) christening
krikšto motina, -os (F II) godmother
kryptis, -ies (F III) direction
kristi, krinta, krito (I) fall

kritika, -os (F II) critique
krūtinė, -ės (F II) chest, breast
kur (adv.) where
kuris, -i (pron.) which
kumpis, -io (M I) ham
kunigas, -o (M I) priest, reverend
kurioje klasėje (kuriame skyriuje) tu esi? what grade are you in?
kurion pusėn? kuria kryptimi? in which direction?
kursas, -o (M I) course
kvadratas, -o (M I) (measure) square
kvailas, -a (adj.) fool, stupid
kvailystė, -ės (F II) foolishness
kvartalas, -o (M I) (city) block

L

laba diena, -os (F II) good day
labai (adv.) very
labai ačiū! thank you very much!
labanaktis, -čio (M I) good night
labas, -a (adj.) good
labas vakaras, -o (M I) good evening
labas rytas, -o (M I) good morning
labiausiai (adv.) mainly
laibas, -a (adj.) thin
laidotuvės, -ių (F II pl.) funeral
laikas, -o (M I) time
laik-yti, -o- -ė (III) hold, keep
laikraštis, -čio (M I) newspaper
laikrodis, -džio (M I) watch, clock
laimė, -ės (F II) fortune, luck
laimės! good luck!
laimingai (adv.) luckily, happily
laimingas, -a (adj.) happy, lucky
laimingo gimtadienio! happy birthday!
laiptas, -o (laiptai, -ų) (M I) stairs

laiptais į viršų upstairs
laisvalaikis, -io (M I) leisure time, free time, vacation
laisvas, -a (adj.) free
laivas, -o (M I) boat, ship
laiškas, -o (M I) letter
langas, -o (M I) window
lank-yti, -o, -ė (III) visit
lapas, -o (M I) sheet (of paper), leaf (of plant)
lapkritis, -čio (M I) November; lapkričio mėnesį in November
lašiniuočiai, -ių (M I pl.) bacon rolls
lašinukai, -ų (M I pl.) bacon
latvis, -io (M I) Latvian
Latvija, -os (F II) Latvia
laukas, -o (M I) field
lauke (loc.) out, outdoors, outside
lauk-ti, -ia, -ė (I) wait, expect
lauž-ti, -ia, -ė (I) break; nulaužti break off
ledai, -ų (M I pl.) ice cream
ledas, -o (M I) ice
lėkštė, -ės (F II) dish, plate
lėkštelė, -ės (F II) saucer
lėktuvas, -o (M I) airplane
lėlija, -os (F II) lily
lempa, -os (F II) lamp
lemputė, -ės (F II) flash bulb, lightbulb
lengvai (adv.) easily
lengvas, -a (adj.) light, easy
lengvoji atletika, -os (F II) track and field
lenktynės, -ių (F II pl.) race
lentyna, -os (F II) shelf, rack
lėtas, -a (adj.) slow
liautis, liaunasi, liovėsi (I refl.) cease, stop
liemenė, -ės (F II) vest, bodice
lie-ti, -ja, -jo (I) pour
Lietuva, -os (F II) Lithuania

lietuvis, -io (M I); lietuvė, -ės (F II) Lithuanian
lietuviškai (adv.) Lithuanian
liepa, -os (F II) July; liepos mėnesį in July
liep-ti, -ia, -ė (I) order
liežuvis, -io (M I) tongue
ligi (prep. with gen.) until
ligoninė, -ės (F II) hospital
limonadas, -o (M I) lemonade
lipus tvarstis, -čio (M I) bandage
liniuotė, -ės (F II) ruler
link-ėti, -i, -ėjo (II) wish
linksmas, -a (adj.) happy
literatūra, -os (F II) literature
lyti, lyja, lijo (I) rain
lošimo kortos, -ų (F II) playing cards
lošti kortomis play cards
lova, -os (F II) bed
lūpa, -os (F II) lip

M

maistas, -o (M I sg.) food
maiš-yti, -o, -ė (III) mix, stir
makaronai, -ų (M I pl.) noodles, macaroni
maldauti, maldauja, maldavo (I) beg, ask
maloniai (adv.) pleasantly
malonu (adv.) that's nice
malonumas, -o (M I) pleasure
malonus, -i (adj.) pleasant, nice, kind
malta mėsa, -os (F II) ground meat
mamytė, -ės (F II) mommy
man (pron. dat. from aš) for me
mane (pron. acc. of aš) me
man gaila I'm sorry
mano (pron.) my
mano eilė, -ės (F II) it's my turn
man skanu I like (the taste)

man vis tiek I don't care
marškiniai, -ių (M I pl.) shirt
marti, -čios (F II) daughter-in-law
mąst-yti, -o, -ė (III) think
mašina, -os (F II) machine
matematika, -os (F II) mathematics
mat-yti, -o, -ė (III) see
matuoti, matuoja, matavo (I) measure
maud-ytis, -osi, -ėsi (III refl.) bathe; take a bath, swim
maudymosi baseinas, -o (M I) swimming pool
maudymosi kelnaitės, -čių (F II pl.) trunk (swimming)
maudymosi kostiumas, -o (M I) swimming suit, bathing suit
mazgo-ti, -ja, -jo (I) wash up
mažai (adv.) few, little
mažas, -a (adj.) little, small
maždaug (adv.) more or less, about
mažiausiai (adv.) at least
mažiausias, -a (adj.) smallest, least
medicina, -os (F II) medicine
medis, -džio (M I) tree
medžiaga, -os (F II) material, cloth
mėgėjas, -o (M I); **mėgėja, -os** (F II) amateur
mėgin-ti, -a, -o (I) try, attempt
megzti, mezga, mezgė (I) knit
megztinis, -io (M I) sweater
meilė, -ės (F II) love
mėlynas, -a (adj.) blue
melstis, meldžiasi, meldėsi (I refl.) pray
meluoti, meluoja, melavo (I) lie
menas, -o (M I) art
mėnulis, -io (M I) moon
mėnuo, -esio M I) (metų) month
mergaitė, -ės (F II) girl

mėsa, -os (F II) meat
mesti, meta, metė (I) throw
meškerio-ti, -ja, -jo (I) (with a hook and line) fish
metai, -ų (M I pl.) year
mezgimas, -o (M I) knitting
miegamasis, -ojo bedroom
mieg-oti, -a, -ojo (I) sleep
miestas, -o (M I) city, town
myl-ėti, -i, -ėjo (II) love
mylia, -ios (F II) mile
milijonas, -o (num.) million
milžiniškas, -a (adj.) huge, gigantic
minia, -ios (F II) crowd
minkštai (adv.) softly
minkštas, -a (adj.) soft, tender
minutė, -ės (F II) minute
mok-ėti, -a, -ėjo I) know how, understand; pay
mokinė, -ės (F II) schoolgirl, pupil
mokinys, -io (M I) schoolboy, pupil
mok-yti, -o, -ė (III) teach
mok-ytis, -osi, -ėsi (III refl.) learn, study
mokytojas, -o (M I); **mokytoja, -os** (F II) teacher
mokykla, -os (F II) school
mokslas, -o (M I) science
momentas, -o (M I) moment
morka, -os (F II) carrot
moteris, -ies (F III) woman
motina, -os (F II) mother
motociklas, -o (M I) motorcycle
mugė, -ės (F II) craft fair
muilas, -o (M I) soap
mums (pron. dat. pl. of **aš**) us
muzika, -os (F II) music
muziejus, -aus (M IV) museum

N

naikin-ti, -a, -o (I) destroy, eat up

naktinis klubas, -o (M I) night club
naktis, -ies (F III) night
namas, -o (M I) (**namai, -ų** used in pl. — home) house
namie (adv.) at home
namõ (adv.) home
naujas, -a (adj.) new
Nauji metai, -ų (M I pl.) New Year
ne (part) no, not
nebrangus, -i (adj.) inexpensive
nedaug (adv.) not many, few
negražus, -i (adj.) ugly
nekęsti, nekenčia, nekentė (I) hate
nelaimė, -ės (F II) misfortune
nelaimingai (adv.) unfortunately
nelaimingas, -a (adj.) unlucky, unhappy
nelyginis, -ė (adj.) odd
nemaloni problema, -os (F II) pesky problem
nemalonumas, -o (M I) unpleasentness, trouble
nemalonus, -i (adj.) unpleasant, mean
neminėk! don't mention it!
nepasakok niekų! don't talk nonsense
nepažįstamas, -a (adj.) strange
nėra už ką! not at all, don't mention it!
nervingas, -a (adj.) nervous
nes (conj.) because, for
nesąmonė, -ės (F II) nonsensė
neseniai (adv.) not long ago
nesveikas, -a (adj.) ill, sick
neš-ti, -a, -ė (I) carry, bring
nešvarus, -i (adj.) dirty
neteisingai (adv.) wrongly
neteisingas, -a (adj.) wrong, incorrect
netvarkingas, -a (adj.) disorderly, messy
nė vienas, -o (pron.) none
nugara, -os (F II) back
niekas, -o (pron.) none, nobody, nothing
niekniekis, -io (M I) trifle
niekuomet (adv.) never
noras vemti nausea
nor-ėti, -i, -ėjo (II) wish, want, desire
nosis, -ies (F III) nose
nors (conj.) although
nudėv-ėti, -i, -ėjo (II) wear out
nugal-ėti, -i, -ėjo (II) conquer, win
nuimti, nuima, nuėmė (I) remove
nulip-ti, -a, -o (I) descend
nulis, -io (M I) zero
numeris, -io (M I) number
numesti, numeta, numetė (I) throw down
nuneš-ti, -a, -ė (I) carry away
nuo (prep. with gen.) from, off, since
nuobodus, -i (adj.) dull, boring
nuolat (adv.) constantly
nuomo-ti, -ja, -jo (I) rent
nuoma, -os (F II) rent
nuosaka, -os (F II) mood
nuosavybė, -ės (F II) possession
nuostabiai (adv.) wonderfully
nuostabus, -i (adj.) wonderful, marvelous
nuovada, -os (F II) police station
nuotaika, -os (F II) mood
nusileisti, nusileidžia, nusileido (I) descend
nustatytas, -a (participle) definite
nutrauk-ti, -ia, -ė (I) break off
nuval-yti, -o, -ė (III) clean off, tidy up

O

obuolys, -io (M I) apple
okeanas, -o (M I) ocean
opera, -os (F II) opera
oranžinis, -ė (adj.) orange (hue)
oras, -o (M I) weather
orkestras, -o (M I) orchestra
ornamentas, -o (M I) ornament

P

paaukštinimas, -o (M I) raise
pabaiga, -os (F II) end, conclusion
pabaig-ti, -ia, -ė (I) finish, end
pabaik! stop it!
pabudin-ti, -a, -o (I) wake up (someone else)
padanga, -os (F II) tire
padar-yti, -o, -ė (III) do, make
padeng-ti, -ia, -ė (I) cover (stalą), set
padėti, padeda, padėjo (I) help, aid; put down, place
padirb-ti, -a, -o (I) make
paduoti, paduoda, padavė (I) give, pass
pagalba, -os F II) help
pagaliau (adv.) at last, finally
pagalvė, -ės (F II) pillow
pagelbėti, pagelbsti, pagelbėjo (II) give aid
pagyrimas, -o (M I) compliment, praise
paimti, -a, -ė (I) take
pakalnutė, -ės (F II) lily of the valley
pakarto-ti, -ja, -jo (I) repeat, review
pakėlimas, o (M I) raise
pakelti, pakelia, pakėlė (I) lift up
paklysti, paklysta, paklydo (I) get lost

paklodė, -ės (F II) sheet (on the bed)
paklusti, paklūsta, pakluso (I) obey
pakviesti, pakviečia, pakvietė (I) invite
pakvietimas, -o (M I) invitation
palaidinukė, -ės (F II) blouse
palapinė, -ės (F II) tent
paliepimas, -o (M I) order
palikti, palieka, paliko (I) leave, remain
paltas, -o (M I) coat, overcoat
pamaldos, -ų (F II pl.) worship, services (in church)
pamėgtasis dalykas, -o (M I) hobby
pamėgin-ti, -a, -o (I) try
pamergė, -ės (F II) bridesmaid
pamesti, pameta, pametė (I) lose
pamoka, -os (F II) lesson
panašiai (adv.) likewise, similarly
panašus, -i (adj.) similar
panelė, -ės (F II) Miss, young lady
pasiklaus-yti, -o, -ė (III) listen
pasiklysti, pasiklysta, pasiklydo (I refl.) lose one's way
pasiteisinimas, -o (M I) excuse
paskambin-ti, -a, -o (I) ring (telefonu) call up
paplūdimys, -io (M I) beach
paprastai (adv.) usually, simply
paprastas, -a (adj.) usual, common, simple, ordinary
papuošalas, -o (M I) jewelry, ornament
papuošimas, -o (M I) decoration
paradas, -o (M I) parade
paragauti, paragauna, paragavo (I) sample, taste, try
pardavėjas, -o (M I); **pardavėja, -os** (F II) salesperson

parduoti, parduoda, pardavė (I) sell
parkas, -o (M I) park
paroda, -os (F II) exhibit, show
paruoštas, -a (participle) ready
parvež-ti, -a, -ė (I) bring (in a vehicle)
pas (prep. with acc.) at
pasako-ti, -ja, -jo (I) narrate, tell
pasas, -o (M I) passport
pasidalin-ti, -a, -o (I) divide, take part
pasidar-yti, -o, -ė (III) become, turn into
pasikalb-ėti, -a, -ėjo (I refl.) talk to one another
pasilikti, pasilieka, pasiliko (I refl.) stay
pasimatuoti, pasimatuoja, pasimatavo (I refl.) try on
pasipiršimas, -o (M I) proposal
pasipiršti, pasiperša, pasipiršo (I refl.) propose
pasirod-yti, -o, -ė (III refl.) show oneself
pasiruoš-ti, -ia, -ė (I refl.) get ready
pasišalin-ti, -a, -o (I refl.) get away, retire
pasišnek-ėti, -a, -ėjo (I refl.) talk to one another
pasiūlymas, -o (M I) proposal
pasivaikščio-ti, -ja, -jo (I refl.) take a walk
pasivėluoti, pasivėluoja, pasivėlavo (I refl.) be late
paskyrimas, -o (M I) assignment, appointment
paskirti, paskiria, paskyrė (I) assign
paskaita, -os (F II) lecture
paskambin-ti, -a, -o (I) ring, call up
paskolin-ti, -a, -o (I) loan, lend
paskubėti, paskuba, paskubėjo (I) hurry up
paskutinis, -io (M I) last
pastorius, -iaus (M IV) minister, reverend
pasveikinti gimtadienio proga wish a happy birthday
pasveikin-ti, -a, -o (I) greet, say hello
paštas, -o (M I) post office, mail
pašto ženklas, -o (M I) postage stamp
pataik-yti, -o, -ė (III) hit
patikrinimas, -o (M I) test, checking
patikrin-ti, -a, -o (I) check, test
pats, -i (pron.) self
patikti, patinka, patiko (I) like
patogus, -i (adj.) comfortable
paukštis, -čio (M I) bird
paukštytė, -ės (F II) little bird, common name for Girl Scout
pavardė, -ės (F II) surname, last name
pavargęs, -usi (participle) tired
pavasaris, -io (M I) spring; **pavasarį** (acc.) in the spring
paveikslas, -o (M I) picture, painting
pavesti, paveda, pavedė (I) assign
pavydus, -i (adj.) jealous
pavojus, -aus (M IV) danger
pažinti, pažįsta, pažino (I) know someone, recognize
peilis, -io (M I) knife
pelenai, -ų (M I pl.) ashes
peleninė, -ės (F II) ashtray
penki, -ių (num.) five
penkiasdešimt (num.) fifty
penkiolika, -os (num.) fifteen
penktas, -a (num.) fifth

penktadienis, -io (M I) Friday
pensija, -os (F II) pension, retirement
per (prep. with acc.) over, through
per daug (adv.) too much, too many
pergalvo-ti, -ja, -jo (I) to think over
perkalb-ėti, -a, -ėjo (I) talk over
peršalti, peršąla, peršalo (I) catch cold, catch a chill
pertrauka, -os (F II) intermission
peš-ti, -a, -ė (I) tear, pull
petys, -ies (M III) shoulder
pjauti, pjauna, pjovė (I) cut
pienas, -o (M I) milk
pieštukas, -o (M I) pencil
pietauti, pietauja, pietavo (I) dine
pietūs, -ų (M IV pl.) dinner; **pasaulio dalis** — south
piešimas, -o (M I) drawing
pieš-ti, -ia, -ė (I) draw
pigus, -i (adj.) cheap
piknikas, -o (M I) picnic
piktai (adv.) angrily
piktas, -a (adj.) angry
pyktis, -čio (M I) anger
pilkas, -a (adj.) grey
pilnas, -a (adj.) full
pilvas, -o (M I) stomach, belly
pinigas, -o (M I) (**pinigai, -ų** pl.) money
piniginė, -ės (F II) purse
pyragaitis, -čio (M I) cooky
pyragas, -o (M I) cake
pirkti, perka, pirko (I) buy, purchase, shop
pirmadienis, -io (M I) Monday; **pirmadienį** (acc.) on Monday
pirmas, -a (num.) first
pirmas aukštas, -o (M I) first floor

pirmiausia (adv.) first of all, mainly
pirmyn (adv.) forward
pirštas, -o (M I) finger
pirštinė, -ės (F II) glove; **kumštinė pirštinė** mitten
planuoti, planuoja, planavo (I) intend, plan
plauti, plauna, plovė (I) wash
plauk-ti, -ia, ė (I) swim
plaukyti, plauko, plaukė (III) swim
plaukas, -o (M I) hair
plaukų džiovintuvas, -o (M I) hair dryer
plėš-yti, -o, -ė (III) tear, rip
plyta, -os (F II) brick
plunksna, -os (F II) feather; **rašymui** pen
plokštelė, -ės (F II) (music) record
plonas, -a (adj.) thin
plo-ti, -ja, -jo (I) applaud
po (prep. with gen. or inst.) after, past, under
poezija, -os (F II) poetry
poilsis, -io (M I) rest, relaxation
pokylis, -io (M I) party, ball
policija, -os (F II) police
pomėgis, -io (M I) hobby
pomidoras, -o (M I) tomato
ponas, -o (M I) Mister, Mr. (abbr.)
ponia, -ios (F II) Missis, Mrs. (abbr.)
popietis, -čio (M I) afternoon
popierius, -iaus (M IV) paper
pora, -os (F II) couple, pair
poryt (adv.) day after tomorrow
posėdis, -džio (M I) meeting
pradėti, pradeda, pradėjo (I) start, begin
pradžia, -ios (F II) beginning, start

pradžios (pradinė) mokykla, -os (F II) elementary school
praeitis, -ies (F III) past
praktika, -os (F II) practice
pramieg-oti, -a, -ojo (I) oversleep
prarasti, praranda, prarado (I) lose
prasidėti, prasideda, prasidėjo (I refl.) begin
prašau welcome; here you are (when handing something), please
pratimas, -o (M I) exercise
praus-tis, -iasi, -ėsi (I refl.) wash (oneself)
prekystalis, -io (M I) counter
premija, -os (F II) prize
prie (prep. with gen.) nearby, near, at, close by, beside
priekyje (loc.) ahead, in front
priekis, -io (M I) front
priešpietis, -čio (M I) forenoon
prieš (prep. with acc.) before, against
priimti, priima, priėmė (I) receive
priraš-yti, -o, -ė (III) write down, register
pristat-yti, -o, -ė (III) deliver
pritrauk-ti, -ia, -ė (I) pull up
pritrūkti, pritrūksta, pritrūko (I) lack, be short, not have enough
problema, -os (F II) problem
profesorius, -iaus (M IV); **profesorė, -ės** (F II) professor
protas, -o (M I) mind
puikus, -i (adj.) wonderful, fine
pulkas, -o (M I) regiment
puodukas, -o (M I) cup
pusbrolis, -io (M I) cousin (male)
pusė, -ės (F II) half, side (**kryptis** direction)
pusė kainos half price
puslapis, -io (M I) page
pusryčiai, -ių (M I pl.) breakfast
pusseserė, -ės (F II) cousin (female)

R

ragauti, ragauja, ragavo (I) taste
raidė, -ės (F II) letter (alphabet)
rajonas, -o (M I) district, ward, area
rakin-ti, -a, -o (I) lock
raktas, -o (M I) key
ramiai (adv.) quietly
ramunė, -ės (F II) daisy
ramus, -i (adj.) quiet, calm
ranka, -os (F II) arm (and hand); hand (and arm)
rankdarbis, -io (M I) needlework, handcraft
rankinis laikrodis, -džio (M I) wrist watch
rankinukas, -o (M I) pocketbook, purse
rankšluostis, -čio (M I) towel
rašymas, -o (M I) writing
raš-yti, -o, -ė (III) write
rašomasis stalas, -o (M I) desk
raštinė, -ės (F II) office
raudonas, -a (adj.) red
raud-oti, -a, -ojo (I) weep, lament, cry
registracija, -os (F II) registration
reikalauti, reikalauja, reikalavo (I) demand
reik-ėti, -ia, -ėjo (I) need
reikšti, reiškia, reiškė (I) mean
Rentgeno spinduliai, -ių (M I pl.) X-ray
reng-ti, -ia, -ė (I) get ready, prepare

reng-tis, -iasi, -ėsi (I ref.) get ready, dress oneself, prepare
restoranas, -o (M I) restaurant
retai (adv.) seldom, rarely
retas, -a (adj.) rare, uncommon, infrequent
rezervuoti, rezervuoja, rezervavo (I) reserve
rezultatas, -o (M I) result
riebus, -i (adj.) fat
riešutas, -o (M I) nut
riš-ti, -a, -o (I) tie
rytai, -ų (M I pl.) east; **rytuose** (loc.) in the east
rytas, -o (M I) morning
ryti, ryja, rijo (I) swallow
rytoj (adv.) tomorrow
ryžiai, -ių (M I pl.) rice
rod-yti, -o, -ė (III) show
rod-ytis, -osi, -ėsi (III refl.) seem
romanas, -o (M I) novel
rožė, -ės (F II) rose
rudas, -a (adj.) brown
ruduo, -ens (M V) autumn, fall; **rudenį** (acc.) in the fall
rūgštus, -i (adj.) sour
rugštūs kopūstai, -ų (M I) sauerkraut
rugpjūtis, -čio (M I) August; **rugpjūčio mėnesį** In August
rugsėjis, -o (M I) September; **rugsėjo mėnesį** in September (in the month of September)
ruoš-tis, -iasi, -ėsi (I refl.) prepare, make
rūpestingas, -a (adj.) painstaking, careful
rūpestis, -čio (M I) trouble
rūpin-tis, -asi, -osi (I refl.) take care of
rūsys, -io (M I) basement

S

saga, -os (F II) button
sagė, -ės (F II) broach
sąjunga, -os (F II) union, society
sak-yti, -o, -ė (III) say, tell, speak
saldainis, -io (M I) candy
saldus, -i (adj.) sweet
saldusis valgis, -io (M I) dessert
salė, -ės (F II) hall, assembly hall
salotas, -o (M I) lettuce
salotos, -ų (F II pl.) salad
sandėliukas, -o (M I) pantry (closet)
sau (pron.) self
saulė, -ės (F II) sun
sausainis, -io (M I) cookie, cracker
sausas, -a (adj.) dry
sausis, -io (M I) January; **sausio mėnesį** in January
savaitė, -ės (F II) week
savaitgalis, -io (M I) weekend
savas, -a (pron.) own, one's own
savininkas, -o (M I) owner
savo (naminio darbo) home made, self made
sąžiningas, -a (adj.) honest
sėd-ėti, -i, -ėjo (II) sit
sėdmuo, -ens (M V) buttocks
sekantis, -i (participle) next; **sekantis, prašau!** next, please!
seklys, -io (M I) detective
sekmadienis, -io (M I) Sunday; **sekmadienį** (acc.) on Sunday
sėkmė, -ės (F II) fortune; luck
sek-ti, -a, -ė (I) follow)
sekundė, -ės (F II) second
senas, -a (adj.) old
senelė, -ės (F II) grandmother; old woman
senelis, -io (M I) grandfather; old man
seniai (adv.) long ago
septyni, -ių (num.) seven

septyniasdešimt (num.) seventy
septyniolika, -os (num.) seventeen
septintas, -a (num.) seventh
sergąs, -anti (participle) ill, sick
servetėlė, -ės (F II) napkin
sesuo, -ers(F V) sister
sieninis laikrodis, -džio (M I) (wall) clock
siena, -os (F II) wall
sijonas, -o (M I) skirt
siūti, siuva, siuvo (I) sew
skaičiavimas, -o (M I) counting mathematics
skaič-iuoti, -iuoja, -iavo (I) count, calculate
skaitymas, -o (M I) reading
skait-yti, -o, -ė (III) read
skambin-ti, -a, -o (I) ring
skambus, -i (adj.) loud
skanus, -i (adj.) tasty
skaud-ėti, -a, -ėjo (I) hurt, ache
skautė, -ės (F II) Girl scout, Brownie
skautas, -o (M I) Boy scout, scout
skersai (prep. with gen.) across
skersvėjis, -o (M I) draft
skyrius, -iaus (M IV) grade
skirtingas, -a (adj.) different
skilvis, -io (M I) (upper)stomach
skolin-tis, -asi, -osi (I refl.) borrow
skrandis, -džio (M I) (upper)stomach
skrybėlė, -ės (F II) hat
skristi, skrenda, skrido (I) fly
skub-ėti, -a, -ėjo (I) hurry
skusti, skuta, skuto (barzdą) (I) shave
skustuvas, -o (M I) razor
skutimosi kremas, -o (M I) shaving cream
slaugė, -ės (F II) nurse
sloga, -os (F II) cold (headcold)

smuikas, -o (M I) violin
smuklė, -ės (F II) bar, pub, tavern
smuklelė, -ės (F II) small cozy pub
sniegas, -o (M I) snow
snigti, sninga, snigo (I) to snow
sofa, -os (F II) sofa
spalis, -io (M I) October; **spalio mėnesį** in October
spalva, -os (F II) color
specialus, -i (adj.) special
spind-ėti, -i, -ėjo (II) shine, twinkle
spinta, -os (F II) cupboard
sportas, -o (M I) sport (athletic)
sportininkas, -o (M I) athlete
sporto aikštė, -ės (F II) athletic field
sporto varžybos, -ų (F II) match
sportuoti, sportuoja, sportavo (I) participate in sport
sriuba, -os (F II) soup
stabdžiai, -ių (M I pl.) brakes
stalas, -o (M I) table, desk
staltiesė, -ės (F II) tablecloth
stat-yti, -o, -ė (III) build; put (upon)
stiklas, -o (M I) (window) glass
stiklinė, -ės (F II) (drinking) glass
storas, -a (adj.) thick, fat
stotis, -ies (F III) station
stov-ėti, -i, -ėjo (II) stand; **stovėti eilėje** stand in line
stovykla, -os (F II) camp; **stovyklos krautuvė, -ės** (F II) camp store
studentas, -o (M I) (college, university) student
studijuo-ti, -ja, studijavo (I) study
stum-ti, -ia, stūmė (I) shove, push
su (prep. with instr.) with
su didžiausiu malonumu with greatest pleasure

sudieu (int.) good-bye, bye
suduoti, suduoda, sudavė (I) hit
sueiti, sueina, suėjo (I) come together
suiešk-oti, -o, -ojo (III) find
sujauktas, -a (participle) messy
suknelė, -ės (F II) dress
suk-ti, -a, -o (I) turn
suk-tis, -asi, -osi (I refl.) turn, spin
sumok-ėti, -a, -ėjo (I) pay
sumuštinis, -io (M I) sandwitch
sunka, -os (F II) juice
sunkus, -i (adj.) heavy, hard, difficult
sūnus, -aus (M IV) son
suprasti, supranta, suprato (I) understand, know how
sūris, -io (M I) cheese
suriš-ti, -a, -o (I) tie, tie up
susidomėjimas, -o (M I) interest
susijaudinęs, -usi (participle) exited
susipažinti, susipažįsta, susipažino (I refl.) become acquainted, meet
susirinkimas, -o (M I) meeting
susitikimas, -o (M I) appointment, meeting on schedule
susitikti, susitinka, susitiko (I refl.) meet
susituok-ti, -ia, -ė (I refl.) get married
susižieduoti, susižieduoja, susižiedavo (I refl.) become engaged
susto-ti, -ja, -jo (I) stop
sutais-yti, -o, -ė (III) fix, repair
sutar-ti, -ia, -ė (I) agree
sutikti, sutinka, sutiko (I) meet; get along with; encounter; agree
sutvark-yti, -o, -ė (III) put in order
sutvirtinimas, -o (M I) confirmation
suvažiavimas, -o (M I) congress
sužeisti, sužeidžia, sužeidė (I) injure, hurt
sužieduotuvės, -ių (F II pl.) engagement
svaigti, svaigsta, svaigo (I) become dizzy
svaigulys, -io (M I) dizziness
svečias, -io (M I) (male) guest
svečiuotis, svečiuojasi, svečiavosi (I refl.) visit
sveikas, -a (excl.) hello
sveikas, -a (adj.) healthy, well
sveikata, -os (F II) health
sveikinimo kortelė, -ės (F II) greeting card
sveik-inti, -a, -o (I) greet, congratulate
sveikti, sveiksta, sveiko (I) recover, get better
svetainė, -ės (F II) living room
svetimas, -a (adj.) strange, foreign
svetingumas, -o (M I) hospitality
sviestas, -o (M I) butter
svogūnas, -o (M I) onion
svogūnų padažas, -o (M I) onion dip
svorio persvara, -os (F II) overweight

Š

šakė, -ės (F II) fork (garden)
šakutė, -ės (F II) fork (table)
šaldytuvas, -o (M I) refrigerator
šalia (prep. with gen.) beside
šalin (adv.) away
šalta (man) I am cold
šaltas, -a (adj.) cold
šalti, šąla, šalo (I) freeze
šaltiena, -os (F II) head cheese, jellied meat

šampanas, -o (M I) champagne
šaukštas, -o (M I) spoon
šauk-ti, -ia, -ė (I) call
šeima, -os (F II) family
šeimininkas, -o (M I) landlord, host
šeimininkė, -ės (F II) landlady, hostess
šepetys, -čio (M I) **(plaukų)** hair brush
šepetukas, -o (M I) **(dantų)** toothbrush
šeši, -ių (num.) six
šešiasdešimt (num.) sixty
šešiolika, -os (num.) sixteen
šeštas, -a (num.) sixth
šeštadienis, -io (M I) Saturday; **šeštadienį** (acc.) on Saturday
šiaip ar taip (adv.) anyway
šiąnakt (adv.) tonight
šiandien (adv.) today
šiaurė, -ės (F II) north
šiltai (adv.) warmly
šiltas, -a (adj.) warm
šimtas, -o (num.) hundred
šioks, -ia (pron.) this
širdis, -ies (F III) heart
šįryt (adv.) this morning
šis, ši (pron.) this
šiurpulys, -io (M I) trembling chill
šiuo laiku (instr.) at this time
šįvakar (adv.) tonight, this evening (until 12 midnight)
šleikštulys, -io (M I) nausea
šluost-yti, -o, -ė (III) dry, wipe
šokis, -io (M I) dance
šokoladas, -o (M I) chocolate
šok-ti, -a, -o (I) dance
špinatas, -o (M I) spinach
šukuoti, šukuoja, šukavo (I) brush, comb
šukos, -ų (F II pl.) comb
šuo, šuns (M V) dog

švariai (adv.) neatly
švarin-ti, -a, -o (I) clean
švarkas, -o (M I) coat (men's suit), jacket
švarus, -i (adj.) clean, neat, tidy
šventas, -a (adj.) holy
šventė, -ės (F II) holiday, festival
švęsti, švenčia, šventė (I) celebrate
šviesa, -os (F II) light
šviesus, -i (adj.) light, clear

T

tačiau (conj.) nevertheless, still
tada (adv.) then
tai gali atsitikti that can happen
tai nieko don't mention, it does not matter
taika, -os (F II) peace
taikiai (adv.) peacefully
taip (adv.) so
taip (adv.) yes
taip pat (adv.) also, too
tais-yti, -o, -ė (III) correct, fix
tais-ytis, -osi, -ėsi (III refl.) get ready, get better (well)
taksis, -io (M I) taxi
tamsu (adv.) dark
tapyba, -os (F II) painting
tarp (prep. with gen.) between
tas, ta, tai (pron.) it, that
tai tau pritinka it becomes you
tai tiesa! that's true!
taup-yti, -o, -ė (III) save
tauta, -os (F II) nation
tautiniai drabužiai, -ių (M I pl.) folk dress, national costume
tautiniai šokiai, -ių (M I) folk dance
teatras, -o (M I) theater
teisybė, -ės (F II) truth
teisingai (adv.) right, that's right
teisingai (adv.) correctly

teisingas, -a (adj.) honest; correct
telefonas, -o (M I) telephone
televizija, -os (F II) television
temperatūra, -os (F II) temperature
ten (adv.) there
tenisas, -o (M I) tennis
teta, -os (F II) aunt
tėvai, -ų (M I pl.) parents
tėvas, -o (M I) father, dad
tėvelis, -io (M I) daddy
tie (pron.) they (things)
tiesa, -os (F II) truth
tiesiai (adv.) directly
tik (adv.) barely
tik-ėtis, -isi, -ėjosi (II refl.) hope
tikrai (adv.) definitely, really
tikras, -a (adj.) real, honest
tikrin-ti, -a, -o (I) test
tiksliai (adv.) exactly
tiktai (adv.) only
tiktai truputį just a little
tikti, tinka, tiko (I) fit, become
tyliai (adv.) quietly, silently, softly
tylus, -i (adj.) calm, quiet, silent
tingus, -i (adj.) lazy
tinklinis, -io (M I) volleyball
tirštas, -a (adj.) thick
toks, tokia (pron.) such
toks pat (pron.) similar
toli (adv.) far away
tolimas, -a (adv.) far
tortas, -o M I) cake, torte
tos (pron.) they (fem. things)
traukinys, -io (M I) train
traukinio stotis, -ies (F III) train station
trauk-ti, -ia, -ė (I) pull
trečias, -ia (num.) third
trečiasis valgis, -io (M I) dessert
treniravimasis, -osi (M I) training
treniruotis, treniruojasi, treniravosi (I refl.) practice, train
trylika, -os (num.) thirteen
trys (num.) three
trisdešimt (num.) thirty
troškulys, -io (M I) thirst
trumpa apysaka, -os (F II) short story
trumpas, -a (adj.) short
trūkti, trūksta, trūko (I) lack
truputį (acc.) a little bit
truputis, -čio (M I) a little, small amount
tu (pron.) you, thou
tūkstantis, -čio (num.) thousand
tulpė, -ės (F II) tulip
tuojau (adv.) at once, right away, soon
tuojau pat (adv.) right away
tuo tarpu (adv.) for the time being, while
tur-ėti, -i, -ėjo (II) have, hold
tuščias, -ia (adj.) empty
turtas, -o (M I) wealth, possession
tuzinas, -o (M I) dozen
tvarkingai (adv.) orderly, neatly, well
tvarkingas, -a (adj.) neat, tidy
tvark-yti, -o, -ė (III) order, manage
tvarstis, -čio (M I) bandage
tvarst-yti, -o, -ė (III) bandage
tvenkinys, -io (M I) pond
tvirtas, -a (adj.) firm, strong

U

ugniagesys, -io (M I) fireman
ugniagesių stotis, -ies (F III) fire station
ugnis, -ies (F III) fire
ūkininkas, -o (M I), ūkininkė, -ės (F II) farmer
universitetas, -o (M I) university

uošvė, -ės (vyro ar žmonos motina) mother-in-law
uošvis, -io (M I) (vyro ar žmonos tėvas) father-in-law
upė, -ės (F II) river
uogienė, -ės (F II) preserves, jam
už (prep. with gen. or acc.) behind, beyond
užaug-ti, -a, -o (I) grow up
užbaigimas, -o (M I) conclusion
uždarytas, -a (participle) closed
uždar-yti, -o, -ė (III) close
uždeg-ti, -a, -ė (I) light up
uždeng-ti, -ia, -ė (I) cover
uždėti, uždeda, uždėjo (I) put on
užduotis, -ies (F III) task, assignment
užimti, užima, užėmė (I) occupy, reserve
užkandis, -džio (M I) snack
užmirš-ti, -šta, -o (I) forget
užnugaris, -io (M I) rear
užpakalis, -io (M I) backside; **užpakalyje** (loc.) in rear
užrašų knygutė, -ės (F II) notebook
užsiėmimas, -o (M I) activity
užrakin-ti, -a, -o (I) lock up
užsiraš-yti, -o, -ė (III) take notes
užsivilkti, užsivelka, užsivilko (I refl.) put on clothes
užtekti, užtenka, užteko (I) have enough
užtrauk-ti, -ia, -ė (I) pull on
užtrauktukas, -o (M I) zipper
užuolaida, -os (F II) curtain, drape

V

vadas, -o (M I) leader
vadovas, -o (M I) leader, manager
vadov-auti, -auja, -avo (I) lead, manage
vaidinimas, -o (M I) play
vaikas, -o (M I) child
vaikščio-ti, -ja, -jo (I) walk, stroll
vaikui kraitelis, -io (M I) baby shower
vaikų darželis, -io (M I) kindergarten
vaikų gydytojas, -o (M I); **gydytoja, -os** (F II) pediatrician
vaikaitė, -ės (F II) granddaughter
vaikaitis, -čio (M I) grandson
vainikas, -o (M I) wreath (for national costume — crown)
vaistas, -o (M I) medicine
vaisius, -iaus (M IV) fruit
vaišingumas, -o (M I) hospitality
vaišin-ti, -a, -o (I) treat
vakar (adv.) yesterday
vakarai, -ų (M I pl.) west; **vakaruose** (loc.) in the west
vakaras, -o (M I) evening
vakarienė, -ės (F II) supper
valanda, -os (F II) hour
valgykla, -os (F II) dining room, restaurant
valgis, -io (M I) dish, meal
valg-yti, -o, -ė (III) eat
valgomasis, -ojo (M I) dining room
val-yti, -o, -ė (III) clean
valstybė, -ės (F II) country, state
vandenynas, -o (M I) ocean
vanduo, -ens (M V) water
vardas, -o (M I) first name, name
vardadienis, -io (M I) name-day, feast day
vargonai, -ų (M I pl.) organ
varpas, -o (M I) bell
varškė, -ės (F II) cottage cheese
vasara, -os (F II) summer
vasaris, -io (M I) February; **vasario mėnesį** in February
važiavimas, -o (M I) drive

važiuo-ti, -ja, važiavo (I) drive, (in vehicle) go, ride
veidas, -o (M I) face
veidrodis, -džio (M I) mirror
veiklumas, -o (M I) activity
veiksmas, -o (M I) performance, (in a play) act
vėl (adv.) again
vėliava, -os (F II) flag
Velykos, -ų (F II pl.) Easter
vėlus, -ai (adj.) late
verk-ti, -ia, -ė (I) cry, weep
veršiena, -os (F II) veal
veršis, -io (M I) calf
vesti, veda, vedė (I) marry, lead
vestuvės, -ių (F II pl.) wedding
vėsus, -i (adj.) cool, chilly
vež-ti, -a, -ė (I) (in vehicle) bring
vidudienis, -io (M I) midday, noon
viduj (adv.) inside, in
vidurys, -io (M I) center, middle; viduryje (loc.) in the center, in the middle
vienas, -a (num.) one
vienas pats (pron.) alone
vienišas, -a (adj.) lonely
vienuolika, -os (num.) eleven
viešbutis, -čio (M I) hotel
vieta, -os (F II) place, spot
vikriai (adv.) quickly
vikrus, -i (adj.) quick
vilk-ėti, -i, -ėjo (II) wear, dress
vilkti, velka, vilko (I) pull
vilkiukas, -o (M I) little wolf; cubscout
vynas, -o (M I) wine
vyras, -o (M I) husband, man
virykla, -os (F II) range, stove
virš (prep. with gen.) over, on top
viršūnė, -ės (F II) top, peak
viršus, -aus (M IV) top
virti, verda, virė (I) boil, cook

virtuvė, -ės (F II) kitchen
visas, -a (pron.) whole, all
vis dėlto (adv.) nevertheless, still
visi, -os (pron.) everybody
visiškai (adv.) totally
viskas (pron.) everything
viskas tvarkoje that's all right, everything in order
visai ne (adv.) not at all
viso geriausio all the best
vis tiek it does not matter
vystyklas, -o (M I) diaper
visuomet (adv.) always
visų pirma (adv.) at first, first of all
viščiukas, -o (M I) chicken
vokietis, -čio (M I) German
vokietė, -ės (F II) German (fem.)
vokiškai (adv.) German
vonia, -ios (F II) bathtub, bath
vonios kambarys, -io (M I) bathroom
vos (adv.) barely

Z

zoologijos sodas, -o (M I) zoo

Ž

žad-ėti, -a, -ėjo (I) promise
žadintuvas, -o (M I) alarm clock
žaidimas, -o (M I) game
žaidynių aikštė, -ės (F II) playing field
žaisti, žaidžia, žaidė (I) play
žalias, -ia (adj.) green
žarna, -os (F II) intestine; vandeniui laistyti hose
žąsis, -ies (F III) goose
žemas, -a (adj.) low
žemė, -ės (F II) soil, land, country
žemėlapis, -io (M I) map
žemiau (prep. with gen. or adv.) below, under

žemyn (adv.) down (laiptais), downstairs
žemuogė, -ės (F II) strawberry
žentas, -o (M I) son-in-law
žibuoklė, -ės (F II) violet
žiedas, -o (M I) ring; flower, blossom
žiema, -os (F II) winter; žiemą (acc.) in winter
žinios, -ių (F II pl.) news; žinia, -ios (F II sing.) news
žinoma (adv.) of course
žin-oti, -o, -ojo (III) know
žirnis, -io (M I) pea

žiūr-ėti, -i, -ėjo (II) look
žmona, -os (F II) wife
žmonės, -ių (M IV pl.) people; sing. is žmogus, -aus
žodynas, -o (M I) dictionary
žodis, -džio (M I) word
žolė, -ės (F II) grass
žurnalas, -o (M I) magazine
žurnalistas, -o (M I); žurnalistė, -ės (F II) journalist
žuvis, -ies (F III) fish
žvakė, -ės (F II) candle
žvejo-ti, -ja, -jo (I) (with net) fish
žvėris, -ies (M III) beast

ENGLISH — LITHUANIAN DICTIONARY
ANGLIŠKAI — LIETUVIŠKAS ŽODYNAS

A

able; be able galėti (II)
about apie (prep. with acc.), maždaug (adv.)
accident nelaimingas atsitikimas, -o (M I)
ache skaudėti (I)
across skersai (prep. gen.)
activity užsiėmimas, -o (M I), veikimas, -o (M I)
acquainted (become...with) susipažinti (I refl.)
address adresas, -o (M I)
after po (prep. acc. or instr.)
afternoon popietis, -čio (M I)
again vėl, dar (adv.)
against prieš (prep. acc.)
agree sutikti (I), sutarti (I)

ahead (forward) į priekį; in front priekyje
aid padėti (I), pagelbėti (II)
airplane lėktuvas, -o (M I)
airport aerodromas, -o, aerouostas, -o (both M I)
alcohol alkoholis, -io (M I)
all visas, visa, visi (pron.)
all right gerai (adv.)
alone vienas pats (pron.) vienišas, -a (adj.)
along (get along with) sutikti (I)
already jau (adv.)
always visuomet (adv.)
also taip pat (adv.)
although nors (conj.)
amateur mėgėjas, -o (M I)

amber gintaras, -o (M I)
America Amerika, -os (F II)
American amerikietis, -čio (adj.)
and ir (conj.)
anger pyktis, -čio (M I)
angry piktas, -a (adj.); **-ily** piktai (adv.)
animal gyvulys, -io (M I)
answer atsakymas, -o (M I)
answer atsakyti (III)
any bet koks (pr.)
anyway šiaip ar taip (adv.)
apartment butas, -o (M I)
apologize atsiprašyti (III refl.)
appetite apetitas, -o (M I)
apple obuolys, -io (M I)
applaud ploti (I)
appointment paskyrimas, -o (M I) susitikimo (gen. M I)
April balandis, -džio (M I) mėnuo
approximately apytikriai (adv.)
area rajonas, -o (M I)
argue ginčytis (I refl.)
arm (and hand) ranka, -os (F II)
around aplink (adv.)
arrive atvykti (I); **(show up)** atsirasti (I refl.)
art menas, -o (M I)
ashes pelenai (M I pl.); **ashtray** peleninė, -ės (F II)
Asia Azija, -os (F II)
ask (question) klausti (I); **(beg)** maldauti (I); **(demand)** reikalauti (I)
asparagus smydras, -o (M I)
aspirin aspirinas, -o (M I)
assign paskirti (I), pavesti (I)
assignment paskyrimas, -o (M I), užduotis, -ies (F III)
association bendrovė, -ės (F II), draugija, -os (F II)
at prie (prep. gen.), pas (prep. acc.)
at last pagaliau (adv.)
at least mažiausiai, bent (adv.)

at once tuojau (adv.)
at what time kokiu laiku, kada (adv.)
athlete sportininkas, -o (M I), atletas, -o (M I); **athletic field** sporto aikštė, -ės (F II)
attempt mėginti (I), bandyti (III)
August rugpjūtis, -čio (M I) mėnuo
aunt teta, -os (F II)
Australia Australija, -os (F II) **tomobile** automobilis, -io (M I), mašina, -os (F II)
Autumn ruduo, -ens (M V); **in the-** rudenį
away toli, šalin (adv.); **right away** tuojau pat (adv.)
awful baisus, -i (adj.)

B

back nugara, -os (F II); **move —** atgal (adv.)
backside užpakalis, -io (M I)
bacon lašinukai, -ų (M I pl.); **bacon rolls** lašiniuočiai, -ių (M I pl.)
bad blogas, -a (adj.); **-ly** blogai (adv.); **too —** per daug blogai, gaila (adv.)
bake kepti (I)
banana bananas, -o (M I)
bandage (noun) tvarstis, -čio (M I); **bandaid** limpantis tvarstis
bandage (verb) tvarstyti (III)
bank bankas, -o (M I)
bar baras, -o (M I); smuklė, -ės (F II); užeiga, -os (F II)
barber kirpėjas, -o (M I)
barely vos, tik (adv.)
baseball beisbolas, -o (M I)
basement rūsys, -io (M I)
basketball krepšinis, -io (M I)

bath vonia, -ios (F II); **-tub** vonia, take a- eiti vonion, maudytis (III); **-room** vonios kambarys, -io (M I)
bathe maudytis (III refl.); **-ing suit** maudymosi kostiumas, -o (M I)
be būti, yra, buvo
beach paplūdimys, -io (M I)
beads karoliai, -ių (M I pl.)
beard barzda, -os (F II)
beast žvėris, -ies (M III)
beautiful gražus, -i (adj.)
become (turn into) pasidaryti (III refl.), tikti (I); **that -s you** tas tau pritinka
bed lova, -os (F II); **-room** miegamasis, -ojo (M I)
beef jautiena, -os (F II)
beer alus, -aus (M IV)
before prieš (prep. acc.)
begin pradėti (I); prasidėti (I refl.)
beginning pradžia, -ios (F II)
behind už (prep. gen. or acc.)
bell varpas, -o (M I)
belly pilvas, -o (M I)
below žemiau (prep. gen.), apačioje
belt juosta, -os (F II), diržas, -o (M I)
beside prie, šalia (prep. gen.)
besides be to
best geriausiai (adv.); **all the -!** viso gero! (excl.)
better geriau (adv.)
between tarp (prep. gen.)
beyond už (prep. gen. or acc.)
bicycle dviratis, -čio (M I)
big didelis, -ė (adj.)
billion bilijonas, -o (M I)
biography biografija, -os (F II)
bird paukštis, -čio (M I)
birthday gimtadienis, -io (M I)
bit (a little bit) truputį

bite kąsti (I)
bitter kartus, -i (adj.)
black juodas, -a (adj.)
blanket antklodė, -ės (F II)
block (city) blokas, -o (M I), kvartalas, -o (M I)
blossom žiedas, -o (M I)
blouse palaidinukė, -ės (F II)
blue mėlynas, -a (adj.)
boat laivas, -o (M I)
boil virti (I)
bold drąsus, -i (adj.)
book knyga, -os (F II); **-shelf** knygų lentyna, -os (F II)
boot aulinis batas, -o (M I)
boring nuobodus, -i (adj.)
both abu, -i (pron.)
bottle butelis, -io (M I)
bottom apačia, -ios (F II), dugnas, -o (M I); **at the bottom of** dugne, apačioje
bowl (noun) dubuo, -ens (M V)
bowl (verb) kėgliuoti (I)
box dėžė, -ės (F II)
boy berniukas, -o (M I); **-friend** draugas, -o (M I); **-scout** skautas, -o (M I); **school-** mokinys, -io (M I)
bodice liemenė, -ės (F II)
borrow skolintis (I refl.)
brakes stabdžiai, -ių (M I pl.)
bread duona, -os (F II); **white-** balta duona; **rye-** ruginė duona
break laužti (I); **-off** nulaužti
breakfast pusryčiai, -ių (M I pl.)
breast krūtinė, -ės (F II)
bride jaunoji, -osios; **brides maid** pamergė, -ės (F II)
bridegroom jaunasis, -ojo (adj.)
bring nešti (I); **(in vehicle)** vežti (I) atvežti, parvežti
broil kepti (I)
broach sagė, -ės (F II)
brother brolis, -io (M I)

brown rudas, -a (adj.)
Brownie jauna skautė, -ės (F II)
brush (noun) **hair** — plaukų šepetys, -čio (M I); **tooth** — dantų šepetukas, -o (M I)
brush (verb) šukuoti (I)
bulb (light) elektros lemputė, -ės (F II)
bull bulius, -iaus (M IV); jautis, -čio (M I)
burn deginti (I)
bus autobusas, -o (M I)
but bet (conj.)
butter sviestas, -o (M I)
buttocks sėdmuo, -ens (M V)
button saga, -os (F II), mygtukas, -o (M I)
buy pirkti (I), nupirkti
bye sudieu

C

cabbage kopūstas, -o (M I)
cabin namelis, io (M I), trobelė, -ės (F II), kabina, -os (F II)
cafe kavinė, -ės (F II)
cake tortas, -o (M I), pyragas, -o (M I)
calculate skaičiuoti (I)
calf veršis, -io (M I)
call šaukti (I); **call up** (on telephone) paskambinti (I)
calm ramus, -i (adj.); **-ly** ramiai (adv.)
camera foto aparatas, -o (M I)
camp stovykla, -os (F II)
can (be able) galėti (II); (know how) mokėti (I)
candle žvakė, -ės (F II)
candy saldainis, -io (M I)
car automobilis, -io (M I)
card korta, -os (F II); **playing -s** lošimo kortos; **to play cards** lošti kortomis; kortelė, -ės (F II)

Dictionary 263

care (take care of) rūpintis (I refl.), valyti (III); **I don't-** man vis tiek
careful atsargus, -i, rūpestingas, -a (adj.)
carnation gvazdikas, -o (M I)
carpet kilimas, -o (M I)
carrot morka, -os (F II)
carry nešti (I); **-away** nunešti, -**out** išnešti
cat katė, -ės (F II)
cease baigti (I), liautis (I refl.)
celebrate švęsti (I)
cent centas, -o (M I)
center (middle) vidurys, -io (M I)
ceremony apeiga, -os (F II)
chair kėdė, -ės (F II)
champagne šampanas, -o (M I)
chance atsitikti (I)
change one's mind apsigalvoti (I refl.), pakeisti nuomonę (acc.)
chat kalbėtis (I refl.)
cheap pigus, -i (adj.)
check čekis, -io (M I)
cheese sūris, -io (M I); **cottage-** varškė, -ės (F II)
chemist chemikas, -o (M I), chemikė, -ės (F II)
chemistry chemija, -os (F II)
chest krūtinė, -ės (F II)
chicken viščiukas, -o (M I)
child vaikas, -o (M I)
chilly vėsus, -i (adj.)
chocolate šokoladas, -o (M I)
choir choras, -o (M I)
christening krikštynos, -ų (F II pl.)
Christmas Kalėdos, -ų (F II pl.); -**tree** Kalėdų eglutė
church bažnyčia, -os (F II); **open air-** gamtos šventovė
city miestas, -o (M I)
class klasė, -ės (F II); **-room** klasė (kambarys)

clean švarus, -i (adj.); valyti (III), švarinti (I)
clear (away) giedrytis (I refl.), šviesus, -i, giedras, -a (adj.), make- išaiškinti
clock laikrodis, -džio (M I); **alarm-** žadintuvas, -o (M I)
clothes drabužiai, -ių (M I pl.)
close uždaryti (III)
close arti (adv.); **close by** prie (prep. gen.)
closet sandėliukas, -o (M I)
closed uždarytas, -a
cloth medžiaga, -os (F II), audinys, -io (M I)
clothing drabužiai, -ių (M I pl.)
cloud debesis, -ies (M III); **cloud over** apsiniaukti (I refl.)
coat paltas, -o (M I), apsiaustas, -o (M I); (**men's suit**) švarkas, -o (M I)
cocktail kokteilis, -io (M I)
coffee kava, -os (F II)
cold šaltas, -a (adj.); **cold (in head)** sloga, -os (F II); **catch-** peršalti (I); **I am-** man šalta
collar apykaklė, -ės (F II)
college kolegija, -os (F II)
color spalva, -os (F II)
comb (noun) šukos, -ų (F II pl.)
comb (verb) šukuoti (I)
come ateiti (I); **-here** ateiti čia; **-together** sueiti (I)
comedy komedija, -os (F II)
comfortable patogus, -i (adj.)
common bendras, -a (adj.), kasdieninis
company bendrovė, -ės (F II), kompanija, -os (F II)
compliment pagyrimas, -o (M I), komplimentas, -o (M I)
concert koncertas, -o (M I)

conclusion užbaigimas, -o (M I), pabaiga, -os (F II)
conduct (music) diriguoti (I)
conductor dirigentas, -o (M I)
confirmation sutvirtinimas, -o (M I)
congratulate sveikinti (I)
congress supažiavimas, -o (M I), kongresas, -o (M I)
constantly nuolat (adv.)
contribute aukoti (I)
cook virti (I)
cookie sausainis, -io (M I)
cool vėsus, -i (adj.)
corner kampas, -o (M I); **on the-** prie kampo
correct teisingas, -a (adj.); **-ly** teisingai (adv.)
correct (verb) taisyti (III), gerinti (I)
cost kaina, -os (F II); **how much does that-?** kiek tai kainuoja?
cough kosulys, -io (M I)
count skaičiuoti (I)
counter prekystalis, -io (M I)
country (land) žemė, -ės (F II); **-side** kaimo vietovė, -ės (F II); (state) valstybė, -ės (F II)
couple pora, -os (F II), du, dvi (num.)
courageous drąsus, -i (adj.)
course kursas, -o (M I); **of-** žinoma
cousin pusbrolis, -io (M I), pusseserė, -ės (F II)
cover (noun) dangtis, -čio (M I)
cover (verb) uždengti (I)
cracker sausainis, -io (M I)
craft fair mugė, -ės (F II)
crate dėžė, -ės (F II)
cream grietinė, -ės (F II); **sour-** rūgšti grietinė
credit card kredito kortelė, -ės (F II)

critique kritika, -os (F II)
crowd minia, -ios (F II), būrys, -io (M I)
crown (for national costume) vainikas, -o (M I)
cry verkti (I), raudoti (I)
cucumber agurkas, -o (M I)
Cub Scout vilkiukas, -o (M I), skautas, -o (M I)
cup puodukas, -o (M I)
cupboard spinta, -os (F II)
curtain užuolaida, -os (F II)
cut pjauti (I)

D

daddy tėvelis, -io (M I)
daisy ramunė, -ės (F II)
dance (noun) šokis, -io (M I), balius, -iaus (M IV); **folk-** tautinis šokis
dance (verb) šokti (I)
danger pavojus, -aus (M IV)
dark tamsus, -i (adj.)
date data, -os (F II)
daughter duktė, -ers (F V); **-in-law** marti, -čios (F II)
day diena, -os (F II); **good-** laba diena
December gruodis, -džio (M I)
decoration papuošimas, -o (M I)
definite apibrėžtas, -a, nustatytas, -a (adj.); **-ly** tikrai (adv.), be abejo (adv.)
deliver pristatyti (III), atiduoti (I)
demand reikalauti (I)
descend nusileisti (I), nulipti (I)
desire (want) norėti (II), trokšti (I)
desk rašomasis stalas, -o (M I)
dessert desertas, -o (M I), trečiasis (saldusis) valgis, -io (M I)
detective seklys, -io (M I) **-story** detektyvinis romanas, -o (M I)
diaper vystyklas, -o (M I)

dictionary žodynas, -o (M I)
different skirtingas, -a (adj.), įvairus, -i (adj.), kitoks, -ia (pron.)
difficult sunkus, -i (adj.)
dine pietauti (I); **dining room** valgomasis, -ojo
dinner pietūs, -ų (M IV pl.)
direction kryptis, -ies (F III), pusė, -ės (F II); **in which-?** kurion pusėn, kuria kryptimi?
directly tiesiai (adv.)
dirty nešvarus, -i (adj.)
discharge atleisti (I) (iš darbo)
dish indas, -o (M I), valgis, -io (M I)
disorderly netvarkingas, -a (adj.)
district rajonas, -o (M I), apylinkė, -ės (F II)
dizziness svaigulys, -io (M I); **become dizzy** svaigti (I)
do daryti (III); (on time) padaryti; **how are you doing?** kaip tau /jums einasi, sekasi?
doctor gydytojas, -o (M I), daktaras, -o (M I) (used in titles only)
document dokumentas, -o (M I)
dog šuo, -uns (M V)
dollar doleris, -io (M I)
donate dovanoti (I), aukoti (I)
donation dovanojimas, -o (M I), auka, -os (F II)
door durys, -ų (F III pl.)
double dvigubas, -a (adj.), dvigubai (adv.); **-check** patikrinti (I)
down žemyn (adv.); **-stairs** laiptais žemyn
dozen tuzinas, -o (M I)
draft skersvėjis, -o (M I)
drag vilkti (I)
draw piešti (I), braižyti (III)
drawing piešimas, -o (M I), braižymas, -o (M I)
dress (noun) suknelė, -ės (F II)
dress (verb) apsivilkti (I refl.), vilkti (I)

drink (noun) gėrimas, -o (M I)
drink (verb) gerti (I); **have a drink** išgerti (I)
drive (noun) važiavimas, -o (M I)
drive (verb) važiuoti (I); **-to** išvažiuoti
dry sausas, -a (adj.), šluostyti (III), džiovinti (I)
dryer džiovintuvas, -o (M I); **hair-** plaukų džiovintuvas
dull nuobodus, -i (adj.)

E

each kiekvienas, -a (pron.)
ear ausis, -ies (F III)
early ankstyvas, -a (adj.), anksti (adv.)
east rytai, -ų (M I pl.); **in the-** rytuose
Easter Velykos, -ų (F II pl.)
easy lengvas, -a (adj.); **-ily** lengvai (adv.)
eat valgyti (III); ėsti (as in animal), naikinti (I)
egg kiaušinis, -io (M I)
eight aštuoni, -ios (num.) **eighteen** aštuoniolika; **eighty** aštuoniasdešimt; **eighth** aštuntas
elbow alkūnė, -ės (F II)
elevator keltuvas, -o (M I)
eleven vienuolika, -os (num.)
empty tuščias, -ia (adj.)
end (noun) pabaiga, -os (F II), galas, -o (M I)
end (verb) baigti (I)
English angliškai (adj.); **-woman** anglė, -ės (F II); **-man** anglas, -o (M I)
encounter (meet) sutikti (I) susitikti (I refl.)
engagement sužieduotuvės,-ių (F II pl.); **become engaged** susižieduoti (I refl.), susižadėti (I refl.)

enough gana (adv.); **have-** užtekti (I); **not have-** pritrūkti (I)
error klaida, -os (F II)
especially ypatingai (adv.)
Europe Europa, -os (F II)
evening vakaras, -o (M I)
event įvykis, -io (M I)
every kiekvienas, -a (pron.); **-body** visi, -os (pron.); **-thing** viskas (pron.)
exactly tiksliai (adv.)
examination egzaminas, -o (M I)
examine egzaminuoti (I)
excellent puikus, -i (adj.), puikiai (adv.)
excited susijaudinęs, -usi (part.); **to be-** būti susijaudinusiam
excuse (noun) pasiteisinimas, -o (M I), atsiprašymas, -o (M I)
excuse (verb) atleisti (I), atsiprašyti (III); **-me** atleisk/atleiskite, atsiprašau
exercise (school) pratimas, -o (M I)
exhibit (noun) paroda, -os (F II)
exhibit (verb) išstatyti (III)
exit išėjimas, -o (M I), išvažiavimas, -o (M I)
expect laukti (I)
expensive brangus, -i (adj.)
expressway greitkelis, -io (M I)
eye akis, -ies (F III)

F

face veidas, -o (M I)
factory fabrikas, -o (M I)
fair 1. (honest) garbingas; **-ly** garbingai (adv.); 2. **craft-** mugė, -ės (F II)
family šeima, -os (F II)
fall ruduo, -ens (M V); **in the-** rudenį
fall kristi (I)
far toli (adv.), tolimas, -a (adj.)

farmer ūkininkas, -o (M I), ūkininkė, -ės (F II)
fast greitas, -a (adj.)
fat riebus, -i (adj.)
father tėvas, o (M I); **-in-law** vyro tėvas, žmonos tėvas
feather plunksna, -os (F II)
February vasaris, -io (M I) mėnuo; **in February** vasario mėnesį
feel jausti (I), jaustis (I refl.)
festival šventė, -ės (F II); **song-** dainų šventė
fetch atnešti (I)
few mažai (adv.), nedaug (adv.)
field laukas, -o (M I), aikštė, -ės (F (II); **playing-** žaidynių aikštė
film filmas, -o (M I)
finally pagaliau (adv.)
fine geras, -a, puikus, -i (adj.)
find rasti (I), atrasti (I), suieškoti (III)
finger pirštas, -o (M I)
finish (end) baigti (I), **complete** pabaigti
fir eglė, -ės (F II)
fire (noun) ugnis, -ies (F III); **fireman** ugniagesys, -io (M I); **-station** ugniagesių stotis, -ies (F III)
fire (verb) (dismiss) atleisti (I) (iš darbo)
firm tvirtas, -a (adj.)
first pirmas, -a (num.); **at-** visų pirma; **first name** vardas, -o (M I)
fish (noun) žuvis, -ies (F III)
fish (verb) (with hook and line) meškerioti (I); **-with net** žvejoti (I)
fit tikti (I)
five penki, -ios (num.), **fifteen** penkiolika, **fifty** penkiasdešimt, **fifth** penktas

fix sutaisyti (I)
flag vėliava, -os (F II)
flashbulb lemputė, -ės (F II)
floor grindys, -ų (F III pl.); (of building) aukštas, -o (M I)
flower gėlė, -ės (F II), žiedas, -o (M I); **-bed** gėlių lysvė, -ės (F II)
flu gripas, -o (M I)
fly skristi, skrenda, skrido (I); **- in** įskristi
folk: **-dance** tautiniai šokiai, -ių (M I); **-dress** tautiniai drabužiai, -ių (M I)
follow sekti, seka, sekė (I)
food maistas, -o (M I sing.)
fool kvailys, -io (M I)
foolish kvailas, -a (adj.)
foolishness kvailystė, -ės (F II)
foot (and leg) koja, -os (F II)
football (Amer.) futbolas, -o (M I)
for dėl (prep. gen.); **because** nes (conj.)
forehead kakta, -os (F II)
forenoon priešpietis, -čio (M I)
forget užmiršti, užmiršta, -o (I)
forgive atleisti (I), dovanoti (I)
fork (table) šakutė, -ės (F II); **garden** šakė, -ės (F II)
fortune laimė, -ės (F II), sėkmė, -ės (F II)
forward pirmyn (adv.)
four keturi, -ios (num.); **fourteen** keturiolika, -os; **forty** keturiasdešimt; **fourth** ketvirtas, -a
free laisvas, -a (adj.)
freeze šalti (I)
frequently dažnai (adv.)
Friday penktadienis, -io (M I)
friend draugas, -o (M I), draugė, -ės (F II)
from nuo (prep. gen.)
front priekis, -io (M I); **in — of** priekyje

fruit vaisius, -iaus (M IV)
fry kepti (I)
full pilnas, -a (adj.)
funeral laidotuvės, -ių (F II pl.)
furniture baldai, -ų (M I pl.)

G

game žaidimas, -o (M I)
garage garažas, -o (M I)
garbage atmatos, -ų (F II pl.), liekanos, -ų (F II pl.), šiukšlės, -ių (F II pl.)
garden daržas, -o (M I)
gasoline benzinas, -o (M I); **gasoline station** benzino stotis, -ies (F III)
geography geografija, -os (F II)
German vokietis, -čio (M I), vokietė, -ės (F II); vokiškai (adv.)
get (receive) gauti (I); **-in** įlipti (I); **-off** išlipti (I); **-lost** paklysti (I); **-up** keltis (I refl.); **-married** susituokti (I refl.); **-along with** sutikti (I); **-better** sveikti (I); **-ready** taisytis (III refl.), rengtis (I refl.)
gift dovana, -os (F II); **housewarming** įkurtuvių dovana
gigantic milžiniškas, -a (adj.)
girl mergaitė, -ės (F II); **-friend** draugė, -ės (F II); **-scout** skautė
give duoti (I); **-back** atiduoti (I); **give a gift** dovanoti (I)
glass 1. (drinking) stiklinė, -ės (F II); **-window** stiklas, -o (M I)
glove pirštinė, -ės (F II)
go (on foot) eiti (I), **stroll** vaikščioti (I); **-visit** eiti į svečius; **-away** išeiti; **in a vehicle** važiuoti (I), išvažiuoti
godfather krikštatėvis, -io (M I), krikšto tėvas, -o (M I)

godmother krikšto motina, -os (F II)
gold auksas, -o (M I); **-fish** auksinė žuvelė (F II)
golf golfas, -o (M I)
good geras, -a (adj.); **better** geresnis, -ė; **best** geriausias, -a; **all the best!** viso geriausio!
good-bye sudieu
good day laba diena
good morning labas rytas
good evening labas vakaras
good night labanaktis
goose žąsis, -ies (F III)
grade klasė, -ės (F II), skyrius, -iaus (M IV); **which...are you in?** kurioje klasėje/kuriame skyriuje tu esi?
grand: **-child** vaikaitis, -čio (M I); **-daughter** dukraitė, -ės (vaikaitė, -ės) (F II); **-father** senelis, -io (M I); **-mother** senelė, -ės (F II)
grass žolė, -ės (F II)
gray pilkas, -a (adj.)
green žalias, -a (adj.)
greet sveikinti (I)
group būrys, -io (M I), grupė, -ės (F II)
grow augti (I); **-up** užaugti
guest svečias, -io (M I)
gymnasium gimnastikos salė, -ės (F II)
gymnastics gimnastika, -os (F II)

H

hair (one) plaukas, -o; (all) plaukai, -ų (M I); **-dresser** kirpėjas, -a; **-dryer** plaukų džiovintuvas, -o (M I)
half pusė, -ės (F II)
hall salė, -ės (F II); **assembly** salė
ham kumpis, -io (M I)
hamburger kotletas, -o (M I)

hand (and arm) ranka, -os (F II); **-craft** rankdarbis, -io (M I)
hang kabinti (I), karti (I)
happen atsitikti (I), įvykti (I); **that can-** tai gali atsitikti
happy laimingas, -a (adj.), linksmas, -a (adj.); **-birthday** laimingo gimtadienio; **-ly** laimingai (adv.)
hard sunkus, -i (adj.), kietas, -a (adj.)
hat skrybėlė, -ės (F II)
hate nekęsti (I)
have turėti (II)
he jis (pron.)
head galva, -os (F II); **head cheese** šaltiena, -os (F II)
health sveikata, -os (F II); **-ty** sveikas, -a (adj.)
hear girdėti (II)
heart širdis, -ies (F III)
hello sveikas, sveika, sveiki, labas
help (noun) pagalba, -os (F II)
help (verb) padėti (I), pagelbėti (II)
her (gen.) jos; ją (acc.); see **she**
here čia (adv.) **-you are** (when handing something) prašau; **right-** čia pat (adv.); **-she, he is** ji, jis yra čia pat
high aukštas, -a (adj.)
him jį (for him) jam (pron.); see **he**
his jo (pron.)
history istorija, -os (F II)
hit suduoti (I), pataikyti (III)
hobby pamėgtasis dalykas
hold turėti (II), laikyti (III)
holiday šventė, -ės (F II)
holy šventas, -a (adj.)
home namai, -ų (M I), namas, -o (M I); **at-** namie (adv.); **-made** savo (naminio) darbo
honest doras, -a, sąžiningas, -a, tikras, -a (adjs.); **-ly** dorai (adv.)

hope tikėtis (II refl.)
hors-d'oeuvre užkandis, -džio (M I)
horse arklys, -io (M I)
hose (vandeniui laistyti) žarna, -os (F II)
hospital ligoninė, -ės (F II)
hospitality svetingumas, -o (M I), vaišingumas, -o (M I)
host šeimininkas, -o (M I); **hostess** šeimininkė, -ės (F II)
hot karštas, -a (adj.); **hotly** karštai (adv.)
hotel viešbutis, -čio (M I)
hour valanda, -os (F II)
house namas, -o (M I); **-warming gift** įkurtuvių dovana, -os (F II)
how kaip (adv.); **-much / many** kiek (question part. with gen.)
huge milžiniškas, -a (adj.)
humor humoras, -o (M I)
hundred šimtas, -o (num.)
hunger alkis, -io (M I); **hungry** alkanas, -a (adj.); **I'm hungry** aš esu išalkęs, alkanas
hurry skubėti (I); **-up** paskubėti
hurt (ache) skaudėti (I); kenkti (I) sveikatai; **what - you?** ką tau skauda?
husband vyras, -o (M I)

I

I aš (pron.) see declension chart in supplement
ice ledas, -o (M I), **-cream** ledai, -ų (M I pl.)
if jei (conj.)
ill sergąs, -anti (participle), nesveikas, -a (adj.)
in (inside) viduj (adv.)
incorrect neteisingas, -a (adj.), neteisingai (adv.)
indeed iš tikrųjų (adv.)

inexpensive nebrangus, -i (adj.)
infrequent retas, -a (adj.)
injure sužeisti (I)
intend ketinti (I), planuoti (I)
interest (noun) susidomėjimas, -o (M I), dėmesys, -io (M I)
interest (verb) domėtis (II refl.)
interesting įdomus, -i (adj.)
intermission pertrauka, -os (F II)
invitation pakvietimas, -o (M I), kvietimas, -o (M I)
invite pakviesti (I), kviesti (I)
is yra (3rd person present of būti)
it tas, ta, tai (pron.)

J

jacket švarkas, -o (M I)
jam uogienė, -ės (F II)
January sausis, -io (M I) mėnuo; **in-** sausio mėnesį
jealous pavydus, -i (adj.)
jelly drebučiai, -ų (M I pl.)
jewelry papuošalas, -o (M I)
joint bendras, -a (adj.), jungtinis, -ė (adj.)
journalist žurnalistas, -o (M I); žurnalistė, -ės (F II)
joy džiaugsmas, -o (M I)
juice sunka, -os (F II)
July liepos (gen.) mėnuo; **in-** liepos mėnesį
June birželis, -io (M I) mėnuo; **in-** birželio mėnesį
just (now) dabar, tuojau pat (adv.)

K

keep laikyti (III), išlaikyti (III)
key raktas, -o (M I)
kilometer kilometras, -o (M I)
kind malonus, -i (adj.)
kind: what kind? koks, -ia (pron.)
kindergarten vaikų darželis, -io (M I)

kiss bučinys, -io (M I), pabučiavimas, -o (M I)
kitchen virtuvė, -ės (F II)
knife peilis, -io (M I)
knit megzti (I)
knitting mezgimas, -o (M I)
knock belsti (I)
know žinoti (III); **- someone** pažinti (I); **- how** mokėti (I), suprasti (I)

L

lack trūkti (I), pritrūkti (I)
lake ežeras, -o (M I)
lamp lempa, -os (F II)
land žemė, -ės (F II); **-lady** šeimininkė, -ės (F II); **-lord** šeimininkas, -o (M I)
language kalba, -os (F II)
large didelis, -ė (adj.)
last paskutinis, -ė (adj.); **-name** pavardė, -ės (F II)
late vėlus, -i (adj.); **be-** pavėluoti (I)
Latvia Latvija, -os (F II)
Latvian latvis, -io (M I), latvė, -ės (F II); latviškai (adv.)
laugh juoktis (I refl.)
lawyer advokatas, -o (M I), advokatė, -ės (F II)
lazy tingus, -i (adj.)
lead vesti (I), vadovauti (I)
leader vadovas, -o (M I), vadas, -o (M I)
leaf lapas, -o (M I)
learn mokytis (III refl.)
least mažiausias, -a (adj.); atmažiausiai (adv.), bent
leave palikti (I), išeiti (I)
lecture paskaita, -os (F II)
left kairysis, -ioji (adj.); **-side** kairioji pusė, -ės (F II); **on the-** kairėje
leg (and foot) koja, -os (F II)
lemon citrina, -os (F II)

lemonade limonadas, -o (M I)
lend paskolinti (I)
lesson pamoka, -os (F II)
letter (of alphabet) raidė, -ės (F II); (mail) laiškas, -o (M I)
lettuce salotas, -o (M I)
library knygynas, -o (M I), biblioteka, -os (F II)
lie meluoti (I)
lift kelti (I) **-up** pakelti (I)
light (noun) šviesa, -os (F II); šviesus, -i (adj.); lengvas, -a (adj.)
like patikti (I)
likewise panašiai (adv.)
lily lelija, -os (F II); **- of the valley** pakalnutė, -ės (F II)
line eilė, -ės (F II); **stand in-** stovėti eilėje
lip lūpa, -os (F II)
listen klausyti (III), pasiklausyti (III refl.)
literature literatūra, -os (F II)
Lithuania Lietuva, -os (F II); **Lithuanian** lietuvis, -io (M I), lietuvė, -ės (F II); lietuviškai (adv.)
little mažas, -a (adj.); mažai (adv.); **a-** truputis, -čio (M I); **just a-** tiktai truputį
live gyventi (I), gyvuoti (I)
living room bendrasis kambarys, -io (M I), svetainė, -ės (F II)
loaf kepalas, -o (M I)
lock rakinti (I); **-up** užrakinti (I)
long ilgas, -a (adj.); **for a - time** ilgai (adv.); **-ago** seniai (adv.); **so-** iki pasimatymo
look žiūrėti (II); **-for** ieškoti (III)
lose pamesti (I), prarasti (I); **-one's way** paklysti (I)
loud garsus, -i (adj.), skambus, -i (adj.)
love (noun) meilė, -ės (F II)
love (verb) mylėti (II)
low žemas, -a (adj.); **lower part** apačia, -ios (F II)
luck laimė, -ės (F II); **luckily** laimingai (adv.); **good-** laimės! gero pasisekimo!

M

macaroni makaronai (M I)
machine mašina, -os (F II)
magazine žurnalas, -o (M I)
mail (noun) paštas, -o (M I)
mail (verb) išsiųsti (I) paštu/laišką
mainly labiausiai, pirmiausia (adv.)
make daryti (III), padirbti (I); ruošti (I)
man vyras, -o (M I), žmogus, -aus (M IV)
manage vadovauti (I), tvarkyti (III)
manager vadovas, -o (M I)
manner: in what- kaip (adv.)
many daug (adv.); **not** nedaug
map žemėlapis, -io (M I)
March kovas, -o (M I) mėnuo; **in-** kovo mėnesį
marry vesti (I), ištekėti (I); **get married** susituokti (I refl.)
marvelous nuostabus, -i (adj.)
match sporto varžybos, -ų (F II pl.)
mathematics matematika, -os (F II), skaičiavimas, -o (M I)
matter: what's the kas yra? koks reikalas, -o (M I); **it does not-** vis tiek, tai nieko
May gegužė, -ės (F II) mėnuo; **in-** gegužės mėnesį
may (modified vb.) galėti (II); **may I?** ar aš galiu?
maybe (perhaps) galbūt (adv.); (probably) tikriausiai
me mane, **for-** man (pron.)

mean reikšti (I); **what does that-?** ką tai reiškia?; nemalonus, -i (adj.)
measure matuoti (I)
meat mėsa, -os (F II); **ground meat** malta mėsa; **jellied-** šaltiena, -os (F II); **-patty** kotletas, -o (M I)
medicine medicina, -os (F II), vaistas, -o (M I); **take** išgerti vaistus
meet sutikti (I); **meet my-** susipažink su, susitikti (I)
meeting susirinkimas, -o (M I), posėdis, -džio (M I), susitikimas, -o (M I); **large-** kongresas, -o (M I)
mention: don't — it neminėk, tai nieko, nėra už ką
messy netvarkingas, -a (adj.), sujauktas, -a (adj.)
midday vidudienis, -io (M I); **-meal** pietūs, -ų (M IV pl.)
middle vidurys, -io (M I); **in the-** viduryje (loc.)
mile mylia, -ios (F II)
milk pienas, -o (M I sg.)
million milijonas, -o (num.)
mind (noun) protas, -o (M I)
mind (verb) klausyti (III), paklusti (I)
minister pastorius, -aus (M IV)
minute minutė, -ės (F II)
mirror veidrodis, -džio (M I)
misfortune nelaimė, -ės (F II)
Miss panelė, -ės (F II)
mistake klaida, -os (F II)
mitten (kumštinė) pirštinė, -ės (F II)
mix maišyti (III)
moment akimirksnis, -io (M I), momentas, -o (M I); **in a-** tuojau pat, akimirksnyje!
Monday pirmadienis, -io (M I)

money pinigai, -ų (M I)
month mėnuo, -esio (M I)
mood nuotaika, -os (F II); nuosaka, -os (F II) (gram.)
moon mėnulis, -io (M I)
more daugiau (adv.); **do you want-?** ar tu (jūs) nori (norite) daugiau? dar?
morning rytas, -o (M I); **good** labas rytas; **this-** šįryt (adv.)
mother motina, -os (F II); **mommy** mamytė, -ės (F II); **-in-law** vyro ar žmonos motina, uošvė, -ės (F II)
motorcycle motociklas, -o (M I)
mouth burna, -os (F II)
move kraustyti (III), kraustytis (III refl.)
movie kinas, -o (M I), filmas, -o (M I)
Mr. ponas, -o (M I)
Mrs. ponia, -os (F II)
much daug (adv.); **thank you very-** labai ačiū
museum muziejus, -aus (M IV)
music muzika, -os (F II)
my mano (pron.)

N

name vardas, -o (M I); **what's your name?** koks tavo vardas?; **first —** vardas; **last —** pavardė, -ės (F II); **-s day** vardadienis, -io (M I)
napkin servetėlė, -ės (F II)
narrate pasakoti (I)
nation tauta, -os (F II); **-al costume** tautinis drabužis, -io (M I)
nausea šleikštulys, -io (M I), noras, -o (M I) vemti (I)
near artimas, -a (adj.); **-by** arti (adv.); prie (prep. gen.)

neat švarus, -i (adj.), tvarkingas, -a (adj.); **-ly** švariai, tvarkingai (adv.)
neck kaklas, -o (M I)
necktie kaklaraištis, -čio (M I)
need reikėti (I)
needlework rankdarbis, -io (M I)
neighbor kaimynas, -o (M I); **in the -hood** kaimynystėje
nervous nervingas, -a (adj.)
never niekuomet (adv.)
new naujas, -a (adj.); **what's-?** kas naujo?
news žinios, -ių (F II)
newspaper laikraštis, -čio (M I)
next sekantis, ti (part.), gretimas, -a (adj.); **who's-?** kas sekantis; **-please** sekantis, prašau
nice geras, -a (adj.), malonus, -i (adj.); **that's-** malonu!
night naktis, -ies (F III); **good-** labanaktis; **-club** naktinis klubas, -o (M I); **to-** šįvakar, šiąnakt
nine devyni, -ių (num.); **nineteen** devyniolika, -os; **ninety** devyniasdešimt; **ninth** devintas, -a
no ne
none niekas, -o (pron.), nė vienas, -o (pron.)
nonsense nesąmonė, -ės (F II); **don't talk -** nepasakok niekų
noodles makaronai, -ų (M I)
noon vidudienis, -io (M I); **fore-** priešpietis, -čio (M I); **after-** popietis, -čio (M I)
north šiaurė, -ės (F II)
nose nosis, -ies (F III)
not ne (part.) **-long ago** neseniai (adv.); **-at all** visai ne (adv.)
notebook užrašų knygutė, -ės (F II)
nothing niekas, -o (pron.)
novel romanas, -o (M I)

November lapkritis, -čio (M I) mėnuo; **in-** lapkričio mėnesį
now dabar (adv.)
number numeris, -io (M I)
nurse slaugė, -ės (F II), gailestingoji sesuo, -ers (F V)
nut riešutas, -o (M I)

O

obey klausyti (III)
obtain gauti (I)
ocean vandenynas, -o (M I)
occurance atsitikimas, -o (M I)
October spalis, -io (M I) mėnuo; **in-** spalio mėnesį
odd nelyginis, -ė (adj.); keistas, -a (adj.)
oddly keistai (adv.)
off nuo (prep. gen.)
office raštinė, -ės (F II), įstaiga, -os (F II)
often dažnai (adv.)
oil alyva, -os (F II)
old senas, -a (adj.)
on ant (prep. gen.); **on top of** virš (gen.)
once kartą; **at-** tuojau (adv.); **-more** dar kartą
one vienas, -a (num.)
onion svogūnas, -o (M I); **-dip** svogūnų padažas, -o (M I)
only tiktai (adv.)
open atviras, -a (adj.), atdaras, -a (adj.)
opera opera, -os (F II)
or ar (conj.)
orange 1. apelsinas, -o (M I); 2. **hue** oranžinis, -ė (adj.)
orchestra orkestras, -o (M I)
order (noun) paliepimas, -o (M I), įsakymas, -o (M I); **everything's in-** viskas tvarkoje

order (verb) įsakyti (III), tvarkyti (III), liepti (I); **put in-** sutvarkyti (III)
orderly tvarkingai (adv.)
ordinary paprastas, -a (adj.); **-ly** paprastai (adv.)
organ vargonai, -ų (M I pl.)
ornament papuošimas, -o (M I), papuošalas, -o (M I)
other kitas, -a (pron.); **of an - kind** kitoks, -ia (pron.); **-wise** kitaip (adv.)
out (outside) lauke (adv.); **-doors** lauke (adv.) (loc.)
over virš (prep. gen.), per (prep. acc.)
overweight svorio persvara, -os (F II)
overcoat paltas, -o (M I), apsiaustas, -o (M I)
oversleep pramiegoti (I)
own: one's own savas, -a (pron.)
owner savininkas, -o (M I)

P

page puslapis, -io (M I)
paint (noun) dažai, -ų (M I pl.)
paint (verb) dažyti (III)
painter dailininkas, -o (M I), dažytojas, -o (M I)
painting tapyba, -os (F II), paveikslas, -o (M I)
pair pora, -os (F II)
pants kelnės, -ių (F II pl.)
paper popierius, -iaus (M IV)
parade paradas, -o (M I), eisena, -os (F II)
parents tėvai, -ų (M I pl.)
park parkas, -o (M I)
party balius, -aus (M IV), pokylis, -io (M I)
pass (give) paduoti (I)
passport pasas, -o (M I)

past praeitis, -ies (F III)
past (the hour) po (prep. gen.)
pay mokėti (I), sumokėti (I); **how much is that?** kiek tai kainuoja?
pea žirnis, -io (M I)
peace taika, -os (F II); **peacefully** taikiai (adv.)
pediatrician vaikų gydytojas, -o (M I)
pen plunksna, -os (F II)
pencil pieštukas, -o (M I)
people žmonės, -ių (M IV pl.)
performance atlikimas, -o (M I), veiksmas, -o (M I)
perhaps galbūt (adv.)
person asmuo, -ens (M V)
personal asmeninis, -ė (adj.)
physician gydytojas, -o (M I), gydytoja, -os (F II)
photograph nuotrauka, -os (F II), fotografija, -os (F II)
photographer fotografas, -o (M I)
piano pianinas, -o (M I), fortepijonas, -o (M I)
picnic gegužinė, -ės (F II), piknikas, -o (M I)
piece gabalas, -o (M I)
pig kiaulė, -ės (F II)
pillow pagalvė, -ės (F II)
pity gailėti (I); **that's a-** gaila
place (noun) vieta, -os (F II)
place (verb) padėti (I)
plate (dish) lėkštė, -ės (F II)
play (noun) vaidinimas, -o (M I) - **ground** žaidimų aikštė, -ės (F II)
play (verb) žaisti (I)
player žaidėjas, -o (M I)
pleasant malonus, -i (adj.); **-ly** maloniai (adv.)
please prašau
pleasure malonumas, -o (M I); **with greatest-** su didžiausiu malonumu

pocket kišenė, -ės (F II)
poem eilėraštis, -čio (M I)
poetry poezija, -os (F II)
police policija, -os (F II); **- station** policijos nuovada, -os (F II)
polish blizginti (I)
pond tvenkinys, -io (M I), baseinas, -o (M I)
pool: swimming- maudymosi baseinas, -o (M I)
possessions turtas, -o (M I), nuosavybė, -ės (F II)
pork kiauliena, -os (F II)
post office paštas, -o (M I)
potato bulvė, -ės (F II); **-chip** bulvių skiedros, -ų (F II)
pour lieti (I), **-into** įlieti (I); įpilti (I)
practice (noun) praktika, -os (F II)
practice (verb) treniruotis (I refl.)
pray melstis (I refl.)
prepare ruošti (I), rengti (I)
preserves uogienė, -ės (F II)
pretty gražus, -i (adj.)
price kaina, -os (F II) **halfprice** pusė kainos
priest kunigas, -o (M I)
problem problema, -os (F II), rūpestis, -čio (M I); **pesky-** nemaloni problema
procession eisena, -os (F II), procesija, -os (F II)
professor profesorius, -iaus (M IV)
promise žadėti (I)
promise (noun) pažadas, -o (M I)
proposal pasiūlymas, -o (M I), pasipiršimas, -o (M I)
propose pasipiršti (I refl.), pasiūlyti (III)
pub smuklė, -ės (F II); **cozy-** (jauki) smuklelė, -ės (F II)
pull traukti (I); **-on** užtraukti (I); **-up** pritraukti (I)
pupil (schoolboy) mokinys, -io (M I), mokinė, -ės (F II) (schoolgirl)

purse piniginė, -ės (F II)
push stumti (I)
put dėti (I), statyti (III); **-into** įdėti (I); **-down** padėti (I); **-on** uždėti (I); **-on** (clothes) užsivilkti (I refl.)

Q

quarter (hour) ketvirtis, -čio (M I)
question (noun) klausimas, -o (M I)
question (verb) klausti (I)
quick greitas, -a (adj.), vikrus, -i (adj.)
quickly greitai (adv.), vikriai (adv.)
quiet tylus, -i (adj.), ramus, -i (adj.); **keep-** cit! (excl.); **-ly** ramiai (adv.) tyliai (adv.)

R

race lenktynės, -ių (F II pl.)
raise (noun) pakėlimas, -o (M I), paaukštinimas, -o (M I)
raise (verb) pakelti (I); auginti (I)
rain (noun) lietus, -aus (M IV)
rain (verb) lyti (I)
rake (noun) grėblys, -io (M I)
rake (verb) grėbti (I)
range virykla, -os (F II)
rare (uncommon) retas, -a (adj.); **-ly** retai (adv.)
razor skustuvas, -o (M I)
read skaityti (III)
reading skaitymas, -o (M I)
ready paruoštas, -a (adj.); **get-** taisytis (III refl.), pasiruošti (I refl.)
real tikras, -a (adj.)
really tikrai (adv.), iš tikrųjų (adv.)
rear užnugaris, -io (M I), užpakalinė dalis, -ies (F III); **in-at-** užpakalyje
receive gauti (I), priimti (I)

recognize pažinti (I)
record (music) plokštelė, -ės (F II)
recover sveikti (I)
red raudonas, -a (adj.)
refrigerator šaldytuvas, -o (M I)
refuse (noun) atmatos, -ų (F II pl.)
refuse (verb) atmesti (I), atsisakyti (III refl.)
regiment pulkas, -o (M I)
registration registracija, -os (F II)
relaxation poilsis, -io (M I)
remain palikti (I)
remember atsiminti (I refl.)
remove nuimti (I)
rent (noun) nuoma, -os (F II)
rent (verb) nuomoti (I)
repeat pakartoti (I)
reply atsakyti (III)
reserve užimti (I), rezervuoti (I)
responsibility atsakomybė, -ės (F II)
rest (noun) poilsis, -io (M I); **restroom** išvietė, -ės (F II)
rest (verb) ilsėtis (I refl.)
restaurant restoranas, -o (M I)
result rezultatas, -o (M I)
retire pasišalinti (I), išeiti pensijon
retirement pensija, -os (F II)
return (come back) sugrįžti (I); (give back) atiduoti (I)
reverend didžiai gerbiamas, kunigas, -o (M I), pastorius, -iaus (M IV)
review pakartoti (I)
rice ryžiai, -ių (M I pl.)
ride (in vehicle) važiuoti (I); (horse) joti (I)
right gerai (adv.), teisingai (adv.); **to the-** į dešinę; **-side** dešinioji pusė, -ės (F II); **-now** dabar (adv.); **-away** tuojau; **that's-** teisingai
ring (noun) žiedas, -o (M I)
ring (verb) skambinti (I), paskambinti (I)

rise keltis (I refl.)
river upė, -ės (F II)
road kelias, -io (M I)
roast (noun) kepsnys, -io (M I)
roast (verb) kepti (I)
roll bandelė, -ės (F II); **bacon-** lašiniuotis, -čio (M I); **caraway-** bandelė su kmynais
room kambarys, -io (M I); **bed-** miegamasis, -ojo; **bath-** vonios kambarys; **dining-** valgomasis, -ojo; **cloak-** drabužinė, -ės (F II)
rose rožė, -ės (F II)
row eilė, -ės (F II)
ruler liniuotė, -ės (F II)
run bėgti (I)

S

salad salotos, -ų (F II pl.)
salary alga, -os (F II)
sale išpardavimas, -o (M I); **put on-** išparduoti (I)
salesperson pardavėjas, -o (M I)
salt druska, -os (F II)
sample (food) paragauti (I)
sandwitch sumuštinis, -io (M I)
Saturday šeštadienis, -io (M I)
saucer lėkštelė, -ės (F II)
sauerkraut rūgštūs kopūstai, -ų (M I)
sausage dešra, -os (F II)
save taupyti (III), krauti (I)
say sakyti (III); **-hello** pasveikinti (I)
school mokykla, -os (F II); **elementary-** pradžios mokykla; **high-** aukštesnioji mokykla
science mokslas, -o (M I)
scout skautas, -o (M I); **Cub-** vilkiukas; **Girl-** skautė, -ės (F II)
search ieškoti (III)
second sekundė, -ės (F II); antras, -o (num.)

sea jūra, -os (F II); **-side** jūros pakraštys, -čio (M I), pajūris, -io (M I)
see matyti (III); **- you!** iki pasimatymo!
seem rodytis (III refl.), atrodyti (III); **it -s to me** man atrodo
seldom retai (adv.)
self sau (refl. pron.); pats (pron.); **-made** (homemade) savo (naminio) darbo
sell parduoti (I); **put on sale** išparduoti (I)
sense (perceive) jausti (I), nujausti (I)
September rugsėjis, -io (M I); **in** rugsėjo mėnesį
services (church) pamaldos, -ų (F II pl.)
set (the table) padengti (I)
seven septyni, -ių (num.); **seventeen** septyniolika, -os; **seventy** septyniasdešimt; **seventh** septintas, -a
sew siūti (I)
shave skusti (I) barzdą; **-ing cream** skutimosi kremas, -o (M I)
she ji (pron.)
shawl didelė vilnonė skara, -os (F II)
sheet 1. (of paper) lapas, -o (M I); 2. (on bed) paklodė, -ės (F II)
shelf lentyna, -os (F II)
shine spindėti (II); blizginti (I)
ship laivas, -o (M I)
shirt marškiniai, -ių (M I pl.)
shiver drebėti (I)
shivering drebulys, -io (M I)
shoe batas, -o (M I)
shop krautuvė, -ės (F II); **shopping center** apsipirkimo centras, -o (M I)
shop (verb) pirkti (I)

short trumpas, -a (adj.); **-story** novelė, -ės (F II), trumpa apysaka, -os (F II)
shoulder petys, -ies (M III)
shove stumti (I)
shovel kastuvas, -o (M I)
show (noun) paroda, -os (F II)
show (verb) rodyti (III); **-up** pasirodyti (III)
shower dušas, -o (M I); **baby-** vaikui kraitelis, -io (M I)
sick sergąs, -anti (participle), nesveikas, -a (adj.)
side (direction) pusė, -ės (F II)
silent tylus, -i (adj.); **-ly** tyliai (adv.)
similar panašus, -i (adj.), toks pat (pron.)
simple paprastas, -a (adj.); **simply** paprastai (adv.)
since nuo (prep. gen.)
sing dainuoti (I), giedoti (I)
sink išlaja, -os (F II)
sister sesuo, -ers (F V)
sit sėdėti (II); **-down** atsisėsti (I refl.)
six šeši, -ios (num.); **sixteen** šešiolika, -os; **sixty** šešiasdešimt; **sixth** šeštas, -a
skirt sijonas, -o (M I)
sleep (noun) miegas, -o (M I); **sleep** (verb) miegoti (I)
sleeve rankovė, -ės (F II)
slow lėtas, -a (adj.)
small mažas, -a (adj.)
smart gudrus, -i (adj.)
snack (noun) užkandis, -džio (M I); **snack** (verb) užkąsti (I)
snow (noun) sniegas, -o (M I)
snow (verb) snigti (I)
so taip (adv.)
soap muilas, -o (M I)
soccer futbolas, -o (M I)

sock kojinė, -ės (F II)
sofa sofa, -os (F II)
soft minkštas, -a (adj.); **-ly** minkštai (adv.), tyliai (adv.)
soil žemė, -ės (F II)
some kai kas (pron.); (a few) kai kurie (pron.); **-other time** kitą kartą; **-thing** kažkas (pron.); kas nors (pron.); **-times** kartais (adv.); **-where** kažkur (adv.)
somebody (someone) kažkas (pron.)
son sūnus, -aus (M IV); **-in-law** žentas, -o (M I)
song daina, -os (F II), giesmė, -ės (F II); **-festival** dainų šventė, -ės (F II)
soon tuojau (adv.)
sorry gaila (adv.); **feel...for** gailėti (I); **I'm —** man gaila, atsiprašau
soup sriuba, -os (F II)
sour rūgštus, -i (adj.)
south pietūs, -ų (M I pl.) (pasaulio šalis)
speak kalbėti (I)
special ypatingas, -a (adj.), specialus, -i (adj.)
spinach špinatai, -ų (M I)
spoon šaukštas, -o (M I)
sport (athletics) sportas, -o (M I); **go in for-** sportuoti (I)
spring pavasaris, -io (M I); **in the-** pavasarį
spruce eglė, -ės (F II)
square 1. (measure) kvadratas, -o (M I); (city) aikštė, -ės (F II)
stamp (postage) pašto ženklas, -o (M I)
stand stovėti (II)
start (noun) pradžia, -ios (F II)
start (verb) pradėti (I)

station stotis, -ies (F III), nuovada, -os (F II)
stay pasilikti (I refl.)
still (nevertheless) tačiau, vis dėlto
stocking (long) kojinė, -ės (F II)
stomach skrandis, -džio (M I), skilvis, -io (M I), pilvas, -o (M I)
stop sustoti (I); **-it** pabaik! nustok!
store krautuvė, -ės (F II); **campstovyklos** krautuvė
storm audra, -os (F II)
stove virykla, -os (F II), krosnis, -ies (F III)
strange svetimas, -a (adj.), nepažįstamas, -a (adj.); keistas, -a (adj.)
strawberry žemuogė, -ės (F II), braškė, -ės (F II)
street gatvė, -ės (F II)
stroll vaikščioti (I), vaikštinėti (I)
student (college) studentas, -o (M I), studentė, -ės (F II); (other) mokinys, -io (M I), mokinė, -ės (F II)
study (college) studijuoti (I); (other) mokytis (III refl.)
stupid kvailas, -a (adj.)
such toks, -ia (pron.)
suffer kentėti (I)
sugar cukrus, -aus (M IV sg.)
suit (noun) kostiumas, -o (M I), eilutė, -ės (F II)
suit (verb) (become) tikti (I)
summer vasara, -os (F II)
sun saulė, -ės (F II)
Sunday sekmadienis, -io (M I) **on-** sekmadienį
supper vakarienė, -ės (F II)
surname pavardė, -ės (F II)
swallow ryti (I), nuryti (I)
sweater megztinis, -io (M I)
sweet saldus, -i (adj.)

swim plaukti (I), maudytis (III refl.); **-ing suit** maudymosi kostiumas, -o (M I); **-ing trunks** maudymosi kelnaitės, -čių (F II)

T

table stalas, -o (M I); **-cloth** staltiesė, -ės (F II)
take imti (I), paimti (I); **-leave** atsisveikinti (I); **-notes** užsirašyti (III refl.); **-off** nutraukti (I); **-part** pasidalinti (I refl.)
talk kalbėti (I); **-to one another** pasikalbėti (I refl.), pasišnekėti (I refl.); **-over** perkalbėti (I)
tall aukštas, -a (adj.)
tap (water) kranas, -o (M I), čiaupas, -o (M I)
task užduotis, -ies (F III)
taste ragauti (I), paragauti (I); **I like** (the taste) man skanu; **-ty** skanus, -i (adj.)
tavern smuklė, -ės (F II)
taxi taksis, -io (M I)
tea arbata, -os (F II)
teaspoon arbatinis šaukštukas, -o (M I)
teach mokyti (III)
teacher mokytojas, -o (M I), mokytoja, -os (F II)
team komanda, -os (F II); **captain of the-** komandos kapitonas, -o (M I)
tear plėšti (I), plėšyti (III)
telephone telefonas, -o (M I)
television televizija, -os (F II)
tell pasakoti (I), pasakyti (III)
temperature temperatūra, -os (F II)
ten dešimt (num.); **tenth** dešimtas, -a (num.)
tender minkštas, -a (adj.)
tennis tenisas, -o (M I)

tent palapinė, -ės (F II)
terrible baisus, -i (adj.), blogas, -a (adj.); **-ly** baisiai, blogai (adv.)
test (noun) patikrinimas, -o (M I)
test (verb) tikrinti (I), bandyti (III)
thank you ačiū, dėkui
that 1. tas, ta (pr.) **-'s too bad** tai blogai (adv.), gaila; **-'s allright** gerai (adv.), viskas tvarkoje; 2. kad (conj.)
theater teatras, -o (M I)
then tada (adv.)
there ten (adv.)
they (persons) jie, jos (pron.); (things) tie, tos (pron.)
thick storas, -a (adj.), tirštas, -a (adj.)
thin plonas, -a, laibas, -a (adj.)
thing daiktas, -o (M I)
think mąstyti (III), galvoti (I); **-it over** pergalvoti (I)
thirst troškulys, -io (M I); **I'm thirsty** aš noriu gerti (I)
this šioks, šiokia (pron.); šis, ši (pron.)
thou tu (pron.)
thousand tūkstantis, -čio (num.)
three trys (num.); **thirteen** trylika, -os; **thirty** trisdešimt; **third** trečias, -a
through per (prep. acc.), kiaurai (prep. gen.)
throw mesti (I); **-away** išmesti (I); **-down** numesti (I)
Thursday ketvirtadienis, -io (M I); **on-** ketvirtadienį
ticket bilietas, -o (M I)
tidy švarus, -i (adj.), tvarkingas, -a (adj.); **-up** sutvarkyti (III), nuvalyti (III)
tie (noun) kaklaraištis, -čio (M I)
tie (verb) rišti (I), surišti (I)

time laikas, -o (M I); **at this-** šiuo laiku; **at some other-** kitą kartą; **for the - being** tuo tarpu
tire padanga, -os (F II)
tired pavargęs, -usi (participle)
to į (prep. acc.)
today šiandien (adv.)
together kartu (adv.), drauge (adv.)
tomato pomidoras, -o (M I)
tomorrow rytoj (adv.); **day after-** poryt (adv.)
tongue liežuvis, -io (M I)
tonight šiąnakt (adv.), šįvakar (adv., until 12 midnight)
too taip pat (adv.); **-bad** gaila, labai blogai
tooth dantis, -ies (M III); **-paste** dantų pasta, -os (F II); **-brush** dantų šepetukas, -o (M I)
top viršus, -aus (M IV), viršūnė, -ės (F II)
torte tortas, -o (M I)
totally visiškai (adv.)
towel rankšluostis, -čio (M I)
track and field lengvoji atletika, -os (F II)
train traukinys, -io (M I); **-station** traukinio stotis, -ies (F III)
train treniruotis (I refl.), ruoštis (I refl.)
training treniravimas(is), -o(si) (M I)
travel keliauti (I)
treat vaišinti (I), užmokėti (I)
tree medis, -džio (M I); **Christmas-** Kalėdų eglutė, -ės (F II)
tremble drebėti (I)
trembling drebulys, -io (M I), šiurpulys, -io (M I)
trifle niekniekis, -io (M I), niekas, -o (M I)

trouble rūpestis, -čio (M I), nemalonumas, -o (M I); **now we are in-** dabar esame bėdoje
trousers kelnės, -ių (F II pl.)
true: **that's true** tai tiesa
truth tiesa, -os (F II), teisybė, -ės (F II)
try mėginti (I), pamėginti (I); **-on** pasimatuoti (I)
Tuesday antradienis, -io (M I)
tulip tulpė, -ės (F II)
turkey kalakutas, -o (M I)
turn sukti, pasukti (I)
twelve dvylika, -os (num.)
twenty dvidešimt (num.)
two du, dvi (num.)

U

ugly negražus, -i (adj.), bjaurus, -i (adj.); negražiai (adv.)
uncle dėdė, -ės (M II)
under žemiau (prep. gen.), po (prep. gen.)
understand suprasti (I)
underwear apatiniai baltiniai, -ių (M I pl.)
unfortunately nelaimingai (adv.)
union sąjunga, -os (F II), draugija, -os (F II)
university universitetas, -o (M I), aukštoji mokykla, -os (F II)
unlucky nelaimingas, -a (adj.); **-ly** nelaimingai (adv.)
until ligi (prep. gen.)
up aukštyn (adv.)
upstairs laiptais į viršų
us mus (pron.); **for-** mums (see mes)
usual paprastas, -a (adj.); **-ly** paprastai (adv.)

V

vacation (school) laisvalaikis, -io (M I), atostogos, -ų (F II pl.)
vacuum valyti (III) su dulkių siurbliu; **-cleaner** dulkių siurblys, -io (M I)
various įvairus, -i (adj.)
veal veršiena, -os (F II)
vegetable daržovė, -ės (F II)
very labai (adv.)
vest liemenė, -ės (F II)
violet (flower) žibuoklė, -ės (F II)
violin smuikas, -o (M I)
visit svečiuotis (I refl.), lankyti (III), viešėti (II)
voice balsas, -o (M I)
volleyball tinklinis, -io (M I)

W

wages alga, -os (F II), užmokestis, -čio (M I)
wait laukti (I)
wake 1. (oneself) atsibusti (I refl.); 2. (someone else) budinti (I); **-up** (someone else) pabudinti (I)
walk eiti (I), vaikščioti (I); **take a-** pasivaikščioti (I refl.)
wall siena, -os (F II); **-clock** sieninis laikrodis, -džio (M I)
want norėti (II)
war karas, -o (M I)
warm šiltas, -a (adj.); **-ly** šiltai (adv.)
wash mazgoti (I), plauti (I), praustis (I refl.)
watch laikrodis, -džio (M I), rankinis laikrodis; **pocket-** kišeninis laikrodis
water vanduo, -ens (M V)
way kelias, -io (M I)
wear dėvėti (II), vilkėti (II); **-out** nudėvėti (II)
weather oras, -o (M I)
wedding vestuvės, -ių (̃ II pl.)
week savaitė, -ės (F II); **weekend** savaitgalis, -io (M I)
weep verkti (I), raudoti (I)
welcome: you are- prašau!
well 1. tvarkingai (adv.); 2 gerai (adv.); sveikas, -a (adj.)
west vakarai, -ų (M I pl.); **in the-** vakaruose
what kas, koks (pron.)
when kada (adv.) (conj.)
where kur (adv.) (conj.)
whether ar (part.) (conj.)
which kuris, -i (pron.)
while kol, tuo tarpu (conj.) (adv.)
white baltas, -a (adj.)
who kas (pron. (conj.)
whole visas, -a (pron.)
whom ką (pron.), kuo (pron.)
whose kieno (pron.)
why kodėl (question part) (conj.)
wife žmona, -os (F II)
win laimėti (II)
window langas, -o (M I)
wine vynas, -o (M I)
winter žiema, -os (F II); **in the-** žiemą
wipe šluostyti (III)
wise gudrus, -i (adj.), išmintingas, -a (adj.)
wish norėti (II), linkėti (II); **-a happy birthday** pasveikinti (I) gimimo dienos (gimtadienio) proga
with su (prep. inst.)
without be (prep. gen.)
woman moteris, -ies (F III)
wonderful nuostabus, -i (adj.); **-ly** nuostabiai (adv.)
word žodis, -džio (M I)
work (noun) darbas, -o (M I)
work (verb) dirbti (I)

worker darbininkas, -o (M I), darbininkė, -ės (F II)
worship garbinimas, -o (M I), pamaldos, -ų (F II pl.)
write rašyti (III); **-down** užrašyti (III), prirašyti (III)
writing rašymas, -o (M I)
wrong neteisingas, -a (adj.); **-ly** neteisingai (adv.); **that's-** tai yra neteisinga

X

x-ray rentgeno spinduliai, -ių (M I)

Y

yard kiemas, -o (M I)
year metai, -ų (M I pl.); **new-** nauji metai
yellow geltonas, -a (adj.)
yes taip (part)
yesterday vakar (adv.)
you tu (pron.; 2nd person sg.) informal usage; jūs (pron.; 2nd person pl. formal usage); **how are-?** kaip tau/jums einasi?
young jaunas, -a (adj.)
youth jaunystė, -ės (F II); jaunuolis, -io (M I), jaunuolė, -ės (F II); **-organization** jaunimo organizacija, -os (F II)

Z

zero nulis, -io (M I)
zipper užtrauktukas, -o (M I)
zoo zoologijos sodas, -o (M I)

ANSWERS

The following are answers to all exercises found in the course *Easy Way to Lithuanian*. Most answers are also recorded on the audio tapes.

Lesson Nr. 1 — Hello!

Grammar section: Aš esu, tu esi, jis yra, ji yra, jūs esate, jos yra, aš nesu, aš esu. — **Ex. 1:** Kaip jūsų vardas ir pavardė? — Aš esu Jonas Balčiūnas. b. Kaip jums sekasi? — Ačiū, gerai (sekasi). c. Kaip tau einasi? — Labai gerai. d. Kas naujo? — Nieko ypatingo. — **Ex. 2:** a. evening, b. morning, c. night, d. daytime. — **Ex. 3:** a, P; b. D; c. D; d. P. — **Ex. 4:** a. Alio, Laba diena! or Sveiki; b. Aš esu Jonas Balčiūnas (or give your own name); c. Malonu susipažinti; d. Ačiū, gerai. e. Iki pasimatymo! or Sudieu!

Lesson Nr. 2 — Getting Acquainted

Grammar section: Aš esu..., Aš turiu tris...; Ar tu esi...; Ar tu turi...; Jis yra...; Jis turi...; Mes esame...; Mes turime...; Ar jūs esate...; Jūs turite...; Ar jie yra...; Jie turi... -**Ex. 1:** a. mother; b. grandmother; c. cousin (fem.); d. brother. — **Ex. 2:** a. I have 6 sons; b. I have 5 daughters; c. I have 3 cousins (male); I have 2 grandmothers. — **Ex. 3:** a. 3; b. 2; c. 4; d. 1 — **Ex. 4:** Laba diena! Prašau, įeik vidun or Prašau, įeikite vidun; b. Tai yra mano vyras. c. Kur yra tavo vaikai? d. Aš jį pažįstu. — **Ex. 5:** a. Kaip tau sekasi? b. Ar jūs norite palaukti? c. Kiek tau metų? d. Kur yra jūsų vaikai? — **Ex. 6:** Tai yra mano sesuo. b. Tai yra mano brolis Jonas. c. Tai yra ponas Kalnius. d. Tai yra mano draugė.

Lesson Nr. 3 — Where do you live?

Ex. 1: a. 17 Linden street; b. in the country; c. in the city; d. in the neighborhood. — **Ex. 2:** Koks yra jūsų adresas? — Mano adresas yra 3345 Vašingtono gatvė, Bostone. b. Kur gyvena tavo draugė? — Mano draugė gyvena New Yorke. c. Kokia yra jūsų pavardė? — Mano pavardė yra Liepa. d. Ar tu nori pamatyti daržą? — Mielai. Prašau, parodyk man daržą. — **Ex. 3:** a. 641-9300. b. 427-9931; c. 285-1547; d. 856-8273. — **Ex. 4:** a. Aš esu Jonas Balčiūnas. b. Mano pavardė yra Balčiūnas. c. Mano adresas yra 324 Vašingtono gatvė. d. Mano telefono numeris yra 438-7190. — **Ex. 5:** a. Telefonas yra valgomajame. b. Vonios kambarys yra rūsyje. c. Mano tėvas yra virtuvėje. d. Aš esu čia. Aš esu namie. — **Ex. 6:** a. Ne, man nepatinka modernūs paveikslai. b. Taip, man patinka jūsų namas. c. Taip, man patinka tavo brolis. d. Ne, man nepatinka gėlės.

Lesson Nr. 4 — Do you speak Lithuanian?

Grammar section: Sesers draugas... Kavos puodukas... Motinos nėra...... vaikų? — **Ex. 1:** a. Onutė; b. Charles Berlitz; c. President Bush; d. Robert.; e. you and I, we. — **Ex. 2:** a. What does that mean? b. My friend speaks Lithuanian poorly. c. Please talk more slowly. d. Excuse me. What did you say? — **Ex. 3:** a. No, she lives at home, with her parents. b. Her telephone number is 434-2431. c. No, Elena is an American. d. No, she is still learning Lithuanian. — **Ex. 4:** a. Taip, mes kalbame lietuviškai. b. Aš niekada nekalbu garsiai. c. Tu nekalbi greitai. d. Mano tėvai kalba angliškai ir lietuviškai. — **Ex. 5:** a. Prašau, nekalbėkite taip greitai. b. Ką tai reiškia? c. Aš nesuprantu lietuviškai. d. Ar tu kalbi lietuviškai? — **Ex. 6:** Kaip jūs tą sakote lietuviškai? b. Ar jūs galite tai pakartoti? c. Ar tu esi lietuvis? d. Ar tu tai supranti?

Lesson Nr. 5 — Meals

Grammar section: 1. Aš myliu motiną. 2. Ji mylėjo motiną. 3. Mes mylėdavome motiną. 4. Jie mylės motiną. 5. Taip, aš myliu motiną. 6. Taip, aš mylėjau brolį. 7. Taip, aš mylėdavau seserį. 8. Taip, aš mylėsiu savo vyrą. — **Ex. 1:** a. Tai yra pyragas. b. Tai yra balta duona. c. Tai yra veršienos kepsnys. d. Tai yra salotai. e. Tai yra sumuštiniai. — **Ex. 2:** a. I want some white bread with jam. b. He wants two soft boiled eggs and bacon. c. I want chicken, potatoes and a salad. d. I don't care, I am not hungry. e. They want only coffee with cream and sugar. — **Ex. 3:** What is that? That is a table. What are those? Those are glasses. Put the glasses on the table! Put out three plates, forks, knifes and spoons. Where is Jurgis? He is at work. — **Ex. 4:** Taip, pietūs yra paruošti. b. Aš nenoriu arbatos. c. Taip, man skanu obuolys. d. Taip, sviestas yra šaldytuve. e. Ne, jis nevalgo vakarienės. — **Ex. 5:** Aš taip pat noriu sūrio. Aš taip pat norėčiau kiaulienos kepsnio su raugintais kopūstais. Aš nenoriu žirnių ir morkų. Aš noriu juodos kavos. Aš taip pat noriu arbatos su citrina. — **Ex. 6:** Onutei skanu sūris. Man skanu kalakutas. Jums skanu lašiniuočiai. Ar tau skanu arbata? Jiems skanu pomidorų sriuba.

Lesson Nr. 6 — At the party

Ex. 1: a. flowers; b. cake for dessert; c. a bottle of wine; d. a game for Algis. — **Ex. 2:** a. wash her hands; b. smoke; c. sit next to Martynas; d. some more coffee. — **Ex. 3:** a. The cup is on the table; b. Father is at the table; c. The coat is on the chair; d. The glasses are on the shelf; e. The TV set is next to the bed. — **Ex. 4:** a. Kur tu esi? Aš esu čia. b. Pone Kalvaiti, prašau, jauskitės kaip namie. c. Onute, prašau, sėsk čia. d. Ar galiu pasiūlyti vyno? e. Ačiū už jūsų vaišingumą. — **Ex. 5:** a. Ši kava yra geresnė; b. Čia yra patogiau; c. Šis pyragas yra skanesnis. d. Mano arbata yra karštesnė; e. Onutė yra gražesnė. — **Ex. 6**: a. Pyragai yra skanūs; b. Stiklinės yra švarios; c. Motinos yra malonios; d. Saldainiai yra saldūs; e. Riešutai yra kieti.

Lesson Nr. 7 — What time and when?

Ex. 1: a. time; b. time; c. hurry; d. hurry. — **Ex. 2**: a. Aš išeinu namo penktą valandą; b. Aš lauksiu dar dešimt minučių; c. Dabar yra lygiai antra valanda; d. Pamokos prasideda pusę devynių rytą. — **Ex. 3**: a. Šiandien yra pirmadienis, gruodžio trečioji; b. trečiadienis, sausio dvidešimt pirmoji (diena); c. ketvirtadienis, rugpjūčio trisdešimtoji; d. sekmadienis gegužės keturioliktoji; e. šeštadienis, spalio dvidešimt ketvirtoji.—**Ex. 4**: a. Aš valgau pietus dvyliktą (valandą); b. Aš išeinu į darbą penkiolika (minučių) po aštuonių; c. Koncertas bus 7:30 (septynios trisdešimt) vakaro; d. Aš noriu važiuoti namo dešimtą. e. Aš turiu būti namie vėlai, po dešimtos. — **Ex. 5**: a. Kelinta valanda? b. Ką jūs veikiate? c. Kiek ilgai tu lauksi? d. Kelintą valandą prasideda pamokos? e. Kaip tau sekasi? — **Ex. 6**: a. Darbas prasideda devintą ir baigiasi penktą. b. Koncertas prasideda aštuonios penkiolika, baigiasi dešimt trisdešimt. c. Paroda atdara nuo septynių ligi vienuolikos. d. Daiva bus namie nuo pirmos ligi penkiolikos po dviejų. e. Ar tu būsi namie nuo penkių ligi penkiolikos po šešių?

Lesson Nr. 8 — Weather

Ex. 1: a. Trečiadienį lijo; b. Sekmadieniais Jurgis eina į gegužinę; c. Šiandien yra pirmadienis; d. Šeštadieniais aš einu viešėti; e. Ketvirtadienį bus geras oras. — **Ex. 2**: a. Žiemą daug sniego; b. Rudenį anksti pasidaro tamsu (anksti sutemsta); c. Pavasaris prasideda kovo 21 dieną; d. Metuose yra keturi metų laikai; e. Vasarą žydi gražios gėlės. — **Ex. 3**: a. jūs; b. tu; c. tu; d. jūs; e. jūs. — **Ex. 4**: a. Taip, lauke jau tamsu; b. Taip, darosi šalta; c. Taip, žiemą sninga; d. Taip, sekmadieniais aš einu pasivaikščioti; e. Ne, dar nevėlu. — **Ex. 5**: a. Pasilikime šiandien namie; b. Koncertai yra šeštadieniais; c. Rytais aš valgau pusryčius; d. Spalio mėnesį paprastai lyja; e. Lauke yra šalta ir lietinga. — **Ex. 6**: a. Tu negali eiti laukan, nes lauke lyja; b. Jis negali važiuoti namo, nes lauke sninga; c. Aš nenoriu važiuoti į gegužinę, nes lauke sninga; d. Jis negali atidaryti lango, nes lauke šalta; e. Gerai, eikime viešėti, nes oras yra šiltas.

Lesson Nr. 9. — The telephone

Ex. 1: The telephone numbers belong to Onutė, Algis, Petras and Jurgis. — **Ex. 2**: a. Čia kalba Rita; b. Taip, aš ją pakviesiu; c. Ne, Petro nėra namie; d. Mano telefono numeris yra 234-1085; e. Ne, ačiū, aš paskambinsiu rytoj. —**Ex. 3**: Laima Kerulytė reads at least one book per day. Pranas

Gailius reads two newspapers daily. Marija Petrulienė reads about three books per week. Jonas Girnius does not like reading. — **Ex. 4**: a. Aš noriu paskambinti savo motinai; b. Aš noriu paskambinti tetai Emilijai; c. Marytė nori paskambinti dėdei Jonui; d. Albertas nori paskambinti poniai Kalniuvienei; e. Tu nori paskambinti savo draugei Mildai. — **Ex. 5**: a. Ne, Martyno nėra namie; b. Ne, motina neturi duonos; c. Ne, aš neturiu laikraščio; d. Ne, ji neturi didelio namo; e. Ne, mes neturime daug pinigų. — **Ex. 6**: a. Dainų šventė bus nuo dešimtos ligi penkioliktos; b. Aš važiuosiu į Londoną nuo lapkričio dvidešimtos ligi gruodžio trečios; c. Algis važiuoja į stovyklą nuo liepos ketvirtos ligi rugpjūčio pirmos; d. Ar tu važiuosi į Dainavą nuo vasario dešimtos ligi kovo dvidešimt ketvirtos?

Lesson Nr. 10 — What shall we do?

Ex. 1: a. fish; b. milk and newspaper; c. candles; d. flowers; e. a roast. — **Ex. 2**: a. Yes; b. go shopping; c. in a restaurant; d. go to the movies; e. Tadas. — **Ex. 3**: a. I'd like to go to the hairdresser; b. Ieva would like to play golf; c. I have to go to work; d. Could I listen to some music tonight? e. Could I go visit grandmother tomorrow? — **Ex. 4**: a. Vakarais aš einu gulti; b. Sekmadieniais Laimutė važiuoja viešėti; c. Laurynas vasaromis daug maudosi; d. Pirmadieniais mes valgome picas; e. Žiemomis aš klausaus muzikos. — **Ex. 5**: a. Rudytė yra darbe; b. Sviestas yra šaldytuve; c. Tai yra čia pat kaimynystėje; d. Indai yra spintoje; e. Vakarais mes einame namo. — **Ex. 6**: a. Mums patinka eiti į restoraną; b. Taip, man patinka lietuviška mokykla; c. Jam patinka šokti; d. Mums nepatinka kėgliavimas; e. Man nepatinka važiuoti į darbą.

Lesson Nr. 11 — Hobbies

Ex. 1: a. Šįryt aš gulėjau ligi septynių; b. Aš skubu į darbą; c. Pietus mes valgome kiniečių restorane; d. Ketvirtą valandą popiet buvo draugijos posėdis; e. Vakare aš viešėjau pas draugus. — **Ex. 2**: a. Linksmų Kalėdų! b. Laimingų Naujų Metų! c. Daug laimės gimimo dienos proga! d. Linksmų Velykų! — **Ex. 3**: a. tomorrow/visiting; b. tonight/resting; c. Sunday/movies; d. summer/working in the garden; e. December/a trip to Lithuania. —**Ex. 4**: a. Jis skaito istorijos knygą; b. Jis žiūri televiziją; c. Ji maudosi ir bėgioja; d. Ji eina į sporto rungtynes; e. Ji perka kalėdines dovanas. — **Ex. 5**: a. Žodynas yra ant stalo.; b. Arūnas važiuoja į mokyklą; c. Man patinka eiti į teatrą; d. Filmas yra ant lentynos; e. Aš noriu eiti (or važiuoti) į pikniką. — **Ex. 6**: a. Taip, aš perku Kalėdų dovanas; b. Taip, aš pirksiu dovanas rytoj; c. Taip, aš perku Birutei knygą; d. Ne, aš nenupirkau motinai skrybėlės; e. Ne, aš nepirksiu Petrui gėlių.

Lesson Nr. 12 — More about the family

Ex. 1: a. Šis yra mano vyras Jonas; b. Šie yra mano vaikai Arūnas ir Rita; c. Kuriame skyriuje tu mokaisi? d. Kada mes važiuosime viešėti? e. Kaip vadinasi tavo katė? — **Ex. 2**: a. Algis — Algiukas; b. sūnus — sūnelis; c. vaikas — vaikelis; d. brolis — brolelis; e. Jonas — Jonelis; f. švarkas — švarkelis; g. katė — katytė; h. šuo — šunelis. —**Ex. 3**: a. Pakelk mėlyną rankšluostį; b. Kas turi plaukų džiovintuvą? c. Paduok man dantų pastą; d. Ar tai yra vonia? e. Kristina ima dušą. — **Ex. 4**: a. Aš buvau pasivaikščioti. Mano kojos yra nešvarios; b. Čia ateina senelė. Algiukai, susišukuok plaukus; c. Vakaras. Ar tau reikia eiti vonion? d. Pusryčiai jau paruošti. Nusimazgok rankas! — **Ex. 5**: a. Kazys turi baltą automobilį; b. Elenytė gyvena rudame name; c. Aš mėgstu geltonas rožes; d. Mano palaidinukė yra raudona; e. Aš turiu mėlynas maudymosi kelnaites. — **Ex. 6**: a. Senelis vilki mėlyną švarką; b. Mano pusbrolis Arūnas užsivelka žalią paltą; c. Sesuo užsimauna juodas kojines; d. Aš vilkiu baltus marškinius; e. Sesutė Onutė užsimauna pilkas pirštines.

Lesson Nr. 13 — Going places

Ex. 1: a. Algiukas; b. Jurgis; c. Onutė; d. Rudys; e. Kristina. — **Ex. 2**: a. Church — to the left of the bank; b. Post office — to the right, south of the school; c. Theater — to the right of the museum; d. The Balčiūnas — east of the airport. — **Ex. 3**: a. Mes važiuojame traukiniu; b. Aš skrendu lėktuvu; c. Algiukas važiuoja dviračiu; d. Ar tu plauksi laivu? e. Jie važiuoja autobusu. — **Ex. 4**: a. Praėjusį mėnesį aš turėjau važiuoti į New Yorką; b. Aš norėjau važiuoti automobiliu, bet. . .; c. Aš neturėjau laiko; d. Aš skridau pono Kalniaus lėktuvu; e. Aš mėgstu skristi. — **Ex. 5**: a. Kur yra jūsų dviratis? b. Ar jums patinka skristi? c. Pažiūrėkit, kas ten yra; d. Jums reikės važiuoti ligi bažnyčios; e. Pas ką jūs važiuojate? — **Ex. 6**: a. Taip, aš galiu uždaryti duris; b. Ne, aš negaliu nupirkti benzino; c. Galbūt aš galiu užeiti į paštą; d. Žinoma, aš galiu važiuoti į darbą; e. Aš galiu pamėginti atrasti Ievos rankinuką.

Lesson Nr. 14 — To school

Ex. 1: a. Mokytoja moko skaitymo; b. Profesorius moko chemijos; c. Studentas studijuoja muziką; d. Mokinys mokosi istorijos; e. Studentė studijuoja mediciną. — **Ex. 2**: a. Taip, aš einu į pradinę mokyklą; b. Aš mokausi penktame skyriuje; c. Mano mokytojas yra ponas Kalnius; e. Patikrinimas bus rytoj. — **Ex. 3**: a. kolegiją; b. vidurinę mokyklą; c. vaikų darželyje; d. universitete; e. pradinę mokyklą. — **Ex. 4**: a. Taip, aš turiu tavo knygą; b. Taip, mes turime jūsų pieštukus; c. Ne, aš neturiu jos palaidinukės; d. Ne, aš neturiu jos plunksnos; e. Ne, mes neturime jų sąsiuvinių. — **Ex. 5**: a. Aš mokausi virti; b. Aš mokausi istorijos; c. Mes mokomės literatūros; d. Jis mokosi rašyti; e. Aš mokausi geografijos. — **Ex. 6**: a. Aš ėjau į mokyklą; b. Jurgis apie tave kalbėjo; c. Kur tu buvai? d. Aš eisiu į darbą; e. Ar tai bus aišku?

Lesson Nr. 15 — At camp

Ex. 1: a. Aš turiu atostogas; b. Mes turime mokytis; c. Ar tu turi šokolado? d. Jie turi daug daiktų; e. Ji turi gražią suknelę. — **Ex. 2**: a. T; b. N; c. N; d. T; e. T. — **Ex. 3**: a. 10 hours; b. Wednesdays; c. spring; d. June; e. four weeks. — **Ex. 4**: a. Kur yra berniukų trobelės? b. Kur yra mergaičių trobelės? c. Kur yra sporto aikštė? d. Kur yra stovyklos krautuvėlė? e. Kur yra išvietės? — **Ex. 5**: a. Pusė keturių; b. Mes pasiliksime tik savaitgaliui; c. Algiui yra ketveri metai; d. Aš tavęs laukiau dvi valandas; e. Aš viešėjau visą dieną. — **Ex. 6**: a. Koks yra tavo mergaitės vardas? b. Kur yra raštinė? c. Kas tas yra? or Ar tai yra tavo miegmaišis? c. Kada (kelintą valandą) bus pietūs? e. Kur tu eini? or Ar tu eini į šokius?

Lesson Nr. 16 — Athletics

Ex. 1: a. Ar tu žaidi tenisą? b. Ar tavo sesuo žaidžia ledo ritulį? c. Ar jūs žaidžiate krepšinį? d. Ar jūs ketvirtadieniais žaidžiate futbolą? e. Ar Edis žaidžia tinklinį? — **Ex. 2**: a. New York 18, Boston 16; b. Toronto 13, Kalamazoo 19; c. Milwaukee 15, Minneapolis 6; d. New York 14, Indianapolis 16; e. Chicago 15, San Francisco 11. — **Ex. 3**: a. T; b. T; c. N; d. T; e. N. — **Ex. 4**: a. Kur tu bėgi? b. Ar tu žaidi tenisą? c. Kas yra komandos kapitonas? d. Kelintą valandą yra krepšinio rungtynės? e. Ar tau patinka meškerioti? or Ar tau patinka žvejoti? — **Ex. 5**: a. Petras rytoj eis slidinėti; b. Mano draugas laimėjo pirmą vietą; c. Aš žiūriu televiziją; d. Ketvirtadieniais nėra treniruočių; e. Aš nelošiu kortomis. — **Ex. 6**: a. Aš nežaidžiu teniso; b. Aš noriu mokytis žaisti tenisą; c. Aš moku gerai gimnastikuotis; d. Aš nenoriu tavęs išmokyti gimnastikuotis; e. Jis nori eiti su mumis.

Lesson Nr. 17 — I don't feel well

Ex. 1: a. paltas; b. žiedas; c. dešra; d. sesuo; e. staltiesė. — **Ex. 2**: a. Man reikia važiuoti pas daktarą; b. Man reikia važiuoti pas dantų gydytoją; c. Jurgiui reikia užsisakyti pasimatymą su daktaru Jonaičiu; d. Mums reikia važiuoti pas vaikų daktarą; e. Ar tau reikia eiti pas gailestingąją seserį? — **Ex. 3** a. Jis eina pas vaikų daktarą; b. Ji važiuoja pas dantų gydytoją; c. Ji serga; d. Jam reikia vaistų nuo kosulio; e. Aš esu sveikas. — **Ex. 4**: a. Aš nesijaučiu gerai; b. Aš turiu karščio; c. Man skauda galvą; d. Taip, aš esu persišaldęs; e. Taip, aš noriu dviejų aspirinų. — **Ex. 5**: a. Man skauda nugarą; b. Jurgiui svaigsta galva; c. Senelė turi gripą; d.

Petras yra peršalęs; e. Onutė turi slogą. — **Ex. 6**: a. Man neskauda; b. Albertas nesusilaužė kojos; c. Motina neserga (sveika); d. Aš neturiu slogos; e. Aš nesu persišaldęs.

Lesson Nr. 18 — Excuses

Ex. 1: a. Ar jūs galėtute man padėti? b. Aš jūs galėtute atnešti man kavos? c. Ar tu galėtum išvalyti namą? d. Ar tu galėtum išskalbti baltinius? e. Ar tu galėtum išnešti šiukšles? — **Ex. 2**: a. Aš esu linksma; b. Tu esi liūdnas; c. Jis yra piktas; d. Mes vėluojamės; e. Jūs esate per ankstyvi. — **Ex. 3**: a. Aš pamečiau pinigus; b. Tas neteisinga (negarbinga); c. Aš neturiu laiko; d. Aš užmiršau; e. Aš tavęs negirdėjau. — **Ex. 4**: a. Pirmiausia aš pramiegojau; b. Tada mano vyras susirgo; c. Po to aš pamečiau savo raktus; d. Mašinai (automobiliui) nuleido padangą; e. Ir galų gale aš pavėlavau į autobusą. — **Ex. 5**: a. Ar tu esi laimingas (masc.) or Ar tu esi laiminga (fem.)? b. Ar ji yra pikta? c. Ar jis yra geroje nuotaikoje? d. Ar jie yra blogoje nuotaikoje? e. Ar aš esu liūdnas (masc.) or Ar aš esu liūdna (fem.)? — **Ex. 6**: a. Aš nežinau, kiek laiko; b. Aš negaliu atnešti tau knygos; c. Aš neatsimenu praėjusių atostogų; d. Jis neužmiršo pavalgyti pietų; e. Mes nenorime važiuoti namo.

Lesson Nr. 19 — At a concert

Ex. 1: a. Aš ėjau į koncertą; b. Aš buvau koncerte; c. Mes einame į bažnyčią; d. Mes buvome bažnyčioje; e. Tu ėjai į banką; e. Tu buvai banke. — **Ex. 2**: a. Aš eisiu namo; b. Aš būsiu namie; c. Birutė eis į klasę; d. Birutė bus klasėje; e. Mes eisime į restoraną; f. Mes būsime restorane. — **Ex. 3**: a. Ar tu jį matei? b. Ar tu jį girdėjai? c. Ar jūs jį matėte? d. Ar jūs ten buvote? e. Ar tu ten buvai? — **Ex. 4**: a. Ne, jos yra užimtos; b. Taip, tos vietos yra laisvos; c. Taip, tu gali čia sėdėti; d. Taip, aš turiu programą; e. Taip, aš galiu gerai matyti. — **Ex. 5**: a. Man patiko koncertas; b. Man jis (koncertas) nepatiko; c. Vaidinimas buvo nuobodus; d. Jis buvo nuostabus; e. Gaila, kad aš atėjau; f. Aš esu patenkinta (fem.), kad atėjau. — **Ex. 6**: a. Kiek kainuoja bilietai? b. Prašau keturis bilietus suaugusiems; c. Ačiū. Kur yra programos? d. Kur yra drabužinė? e. Ar eisime vidun?

Lesson Nr. 20 — During the intermission

Ex. 1: a. laisva, torto, pasiimsiu, vyno, telefonas. — **Ex. 2**: Tickets for adults — $10.00 apiece, for children, $5.00. Programs are free, the sandwitches are three for a dollar. Coffee or tea .25 per cup. — **Ex. 3**: a. N; b. T; c. N; d. T; e. T. — **Ex. 4**: Taip, aš pažįstu tavo krikšto tėvą or Taip, aš jį pažįstu; b. Taip, aš pažįstu tavo tėvus or Taip, aš juos pažįstu; c. Taip, aš pažįstu mūsų kunigą or Taip, aš jį pažįstu; d. Ne, aš nepažįstu tavo mokytojos or Ne, aš jos nepažįstu; e. Ne, aš nepažįstu tavo seserų or Ne, aš jų nepažįstu. — **Ex. 5**: a. Ar jūs žinote, kur yra telefonas? (Ar tu žinai, kur yra telefonas?); b. Ar jūs ilgai būsite? (Ar tu ilgai būsi?); c. Ar jūs esate sekantis? (Ar tu esi sekantis?); d. Kiek jūs turite pinigų? (Kiek tu turi pinigų?); e. Ar jūs turite paskambinti namo? (Ar tu turi paskambinti namo?). — **Ex. 6**: a. Čia yra daug žmonių; b. Aš turiu mažai draugų; c. Marytė valgo daug pyragaičių; d. Jonas geria daug kavos; e. Aš turiu mažai pinigų.

Lesson Nr. 21 — To the Song Festival

Ex. 1: a. 2; b. 5; c. 4; d. 1; e. 3. — **Ex. 2**: a. N; b. N; c. T; d. N; e. T. — **Ex. 3**: a. Man reikia dainuoti chore; b. Tau reikia važiuoti į Dainų šventę; c. Mums reikia nusipirkti kojines; d. Arvydui reikia išnešti lagaminus; e. Žiūrovams reikia ploti. —**Ex. 4**: a. Mes važiuosime į Dainų šventę; b. Taip, visa mūsų šeima dainuoja chore; c. Taip, mes turime labai gerą dirigentą; d. Ligi Toronto reikia važiuoti maždaug vienuolika valandų; e. Pirmiausia mes giedosime "Lietuva, tėvyne mūsų". — **Ex. 5**: a. Jis ieško draugų; b. Ji dainuoja chore; c. Mes nešame lagaminus; d. Jie važiuoja į Lietuvą; e. Jie valgo sūrį. — **Ex. 6**: a. Man patinka Dainų šventė; b. Man labiau patiko teatras; c. Man labiausiai patiko didysis koncertas; d. Jai labiau patiko paroda; e. Algiukui labiausiai patiko važiuoti keltuvu.

Lesson Nr. 22 — In a Lithuanian store

Ex. 1: Gold ring — $250.00; Records — $9.00; Amber beads — $175.00; Knit items — from $19.95 to $190.00; Greeting cards — 75 cents apiece. — **Ex. 2**: a. Papuošalai yra stiklinėje dėžutėje; b. Sveikinimo kortelės yra apatinėje lentynoje; c. Istorijos knygos yra viršutinėje lentynoje; d. Vaikų knygos yra apatinėje lentynoje, kairėje pusėje; e. Žurnalai yra ant prekystalio. — **Ex. 3**: a. Yes; b. Yes; c. No; d. A book of history by Adolfas Šapoka; e. The history book and two song books. — **Ex. 4**: a. Kiek kainuoja šis žiedas? b. Kiek kainuoja tuzinas? c. Kiek kainuoja trys sveikinimo kortelės? d. Kiek kainuoja ta knyga? e. Kiek kainuoja gintaro karoliai? — **Ex. 5**: a. Prašau, parodykite man papuošalus; b. Ką jūs norėtute pamatyti? c. Tą žiedą; Ne, man jis nepatinka; d. Jis man per mažas; c. Tas yra brangus, bet aš jį pirksiu. — **Ex. 6**: a. Aš pirksiu šias pirštines; b. Aš norėčiau (pirkti) šias keturias knygas; c. Ar Arūnas perka lietuvišką laikraštį? d. Aš taip pat norėčiau pirkti lietuvišką laikraštį; e. Mano sesuo nori pirkti sidabrinę sagę.

Lesson Nr. 23 — On the job

Ex. 1: mokytojas — teacher, male; gydytoja — doctor, fem.; kunigas — priest, male; chemikas — chemist, male; inžinierė — engineer, fem.;

sekretorė — secretary, fem. — **Ex. 2**: a. Aš pažįstu tavo gydytoją. — I know your doctor; b. Ta yra mano mokykla — That is my school; c. Aš žinau, kur yra tavo raštinė. — I know where your office is; d. Ar tu dirbi mūsų fabrike? — Do you work in our factory? e. Aš nežinau, kur yra jūsų krautuvė. — I do not know where your store is. — **Ex. 3**: a. T; b. N; c. N; d. T; e. N. — **Ex. 4**: a. Man gerai sekasi; b. Aš turiu per daug darbo; c. Mane praėjusią savaitę atleido; d. Aš tik ką gavau naują darbą; e. Aš tik ką gavau geresnį darbą. — **Ex. 5**: a. Aš turiu per daug ką veikti; b. Algis turi per daug namų darbų; c. Onutė neturi per daug atsakomybės; d. Antanas turi per mažai ką veikti; e. Mes neturime pakankamai draugų. — **Ex. 6**: a. Kur tu gyveni?/Kur jūs gyvenate? b. Kiek darbo tu turi?/Kiek darbo jūs turite? c. Kiek vaikų tu turi?/Kiek vaikų jūs turite? d. Kur tu dirbi?/Kur jūs dirbate? e. Ką tu veiki?/Ką jūs veikiate?

Lesson Nr. 24 — Friendship and love

Ex. 1: a. N; b. T; c. N; d. T; e. T. — **Ex. 2**: Arūnas yra mano draugas. Jis man patinka, bet aš myliu Martyną. Martynas man pasipiršo. Aš pasakiau taip, ir dabar jis yra mano sužadėtinis. Aš esu Arūno draugė, bet Martyno sužadėtinė. Maloniausia yra tai, kad Martynas yra mano draugas ir sužadėtinis. — **Ex. 3**: a. Bus gražios vestuvės; b. Ji eina į laidotuves; c. Aš einu į vaiko kraitelio pobūvį; d. Sekmadienį bus krikštynos; e. Jam buvo didelė šventė. — **Ex. 4**: a. Aš esu nevedęs; b. Aš esu vedęs; c. Ne, bet aš esu susižadėjęs; d. Ne, ji nėra ištekėjusi; e. Žinoma, jis yra vedęs. Jis turi tris vaikus. — **Ex. 5**: a. Aš sugrįžau dvi trisdešimt (or pusė trijų); b. Tu sugrįžai dešimt penkiolika (or penkiolika minučių po dešimtos); c. Jis grįžo namo šešios trisdešimt (or pusė septynių) vakaro; d. Mes sugrįžome trys trisdešimt (or pusę keturių) popiet; e. Jo dar nėra namie. — **Ex. 6**: a. Iki pasimatymo! Sudieu! b. Kaip gaila, kad jau reikia važiuoti; c. Kada tu man paskambinsi? d. Su! Tik neužmiršk! e. Pasveikink visus savo draugus!

List of books and places to study

LITHUANIAN EDUCATIONAL COUNCIL OF THE USA, INC.
Current President — Mrs. Regina Kučienė (1988-1991)
2711 West 71st Street, Chicago, Illinois 60629

DRAUGAS Daily Lithuanian Newspaper, 4545 West 63rd Street, Chicago, Illinois 60629

DARBININKAS, a Lithuanian Newspaper, 361 Highland Boulevard, Brooklyn, NY 11207

BALZEKAS MUSEUM OF LITHUANIAN CULTURE, 6500 South Pulaski Avenue, Chicago, Illinois 60629

Encyclopedia LITUANICA, P.O. Box 95, South Boston, MA 02127.

This is an encyclopedia about Lithuania published in English (6 volumes).

RESOURCES AND MATERIALS

UNIVERSITY CREDIT COURSES IN BALTIC STUDIES

The University of Illinois, Chicago has a Lithuanian Chair and grants major and minor degrees in Lithuanian language and literature. Courses offered include: Elementary Lithuanian I, II and III; Intermediate Lithuanian I, II, III; Major Authors of Lithuanian Prose, Major Lithuanian Poets, Translation of Lithuanian Texts, Lithuanian Culture, Lithuanian Emigre Literature, Lithuanian Drama, History of the Lithuanian language, Structure of Lithuanian. An independent study course can include research in Baltic history.

Kent State University. The university offers four language courses and Lithuanian civilization workshops. The courses are based on independent study with tapes and textbooks and a monthly visit by a specialist examiner. It is possible for a student to receive a certificate in Lithuanian studies by selecting courses relevant to the field. Library holdings are excellent. Contact Professor John F. Cadzow, Department of History, Kent State University, Kent, Ohio. Tel. 216/672-2389.

The Pennsylvania State University, N 438 Burrowes Bldg., University Park, PA 16802. For further information contact Professor Antanas Klimas, Department of Languages and Linguistics, The University of Rochester, Rochester, N.Y. 14627.

University of Pennsylvania. Annenberg Center, 3680 Walnut St., c/o Aldona Page. Lithuanian for beginners.

University of Connecticut. Lectures offered when enough students are interested. Further information can be obtained from Professor B. Bilokus, Critical Languages Program, U-57 University of Connecticut, Storrs, Connecticut, 06268. Tel. 203/429-1288.

University of California, Berkeley Campus, Berkeley, CA 94720. Cantact Danutė (Janutienė) Januta, tel. 415/849-1147 or Dalia Grybinas tel. 415/665-8632.

Ohio State University, Lithuanian Institute. President: Professor Rimvydas R. Šilbajoris, Slavic Language Department, 1841 Millikin Rd., Columbus, OH 43210.

LITHUANIAN LANGUAGE CLASSES

Lithuanian Language and Culture Club, Joana Slavikienė, 851 Hollins St., Baltimore, MD 21201. Tel. 301/247-9573.

Balzekas Museum of Lithuanian Culture, 6500 So. Pulaski Ave., Chicago, IL 60629. Tel. 312/582-6500.

Lithuanian Classes of Pittsburg, Sist. M. Francesca, St. Francis Convent, Grove and McRoberts Rd., Pittsburg, PA 15234. Tel. 412/882-0911. Classes offered are intermediate, beginners and advanced.

Philadelphia Adult Classes, Bronius Krokys, 1124 Hedgerow Lane, Philadelphia, PA 19115. Tel. 215/671-0397.

Lithuanian Educational Council of the U.S.A., Inc. 2711 W. 71st St., Chicago, IL 60629. Every year during the month of August it conducts a week-long summer camp in Michigan for the teachers. At the same time Lithuanian language classes for those wishing to learn Lithuanian are offered.

USBA Graduate School, Washington, D.C. Tel. 202/447-5885.

LIBRARIES

Lithuanian Pedagogical Institute Library, 5620 S. Claremont Ave., Chicago, IL 60636.

Sisters of St. Casimir Library, 2601 W. Marquette Rd., Chicago, IL 60629. Very extensive holdings of books and periodicals from pre-1940 Lithuania.

ADDITIONAL SOURCES OF INFORMATION

Lithuanian Research and Studies Center, 5620 S. Claremont Ave., Chicago, IL 60632. Tel. 312/434-4545.

Draugas Daily Lithuanian Newspaper, 4545 W. 63rd St., Chicago, IL 60629. Tel. 312/585-9500. Carries several dictionaries and a Geographic Puzzle of Lithuania: also a number of books and records.

Balzekas Museum of Lithuanian Culture, 6500 S. Pulaski Ave., Chicago, IL 60629. Tel. 312/582-6500. Comprehensive collection of antiquities, art, literature and memorabilia spanning 1,000 years of Lithuanian culture.

Gifts International, 2501 W. 71st St., Chicago, IL 60629. Tel. 312/471-1424. Mr. Jonas Vaznelis, proprietor, carries a number of books and a large variety of amber jewelry, among other items.

DICTIONARIES AND GRAMMAR BOOKS

Anglų lietuvių kalbos žodynas, Vaclovas Baravykas. 1958, 1961.
To be published: *Lietuvių anglų kalbų žodynas.* Editor Vilius Peteraitis. Darbininkas, Brooklyn, N.Y. 1991.
Dambriūnas, Leonardas; Klimas, Antanas; Schmalstieg, William R. *Introduction to Modern Lithuanian* is a comprehensive hardbound Lithuanian grammar book for adults, has accompanying cassettes. To obtain it write to „Dariininkas", 361 Highland Blvd., Brooklyn, N.Y. 11207.
ENCYCLOPEDIA LITUANICA, P.O. Box, 95, South Boston, MA 02127. Six volume encyclopedia published in English, 1973.

For more detailed information to obtain publicatins please write to the Lithuanian Educational Council of the U.S.A., Inc., 8626 S. Mozart St., Chicago, IL 60652. Tel. 312/778-3058.

BILINGUAL BOOKS PUBLISHED AND DISTRIBUTED BY THE LITHUANIAN EDUCATIONAL COUNCIL

Namų ir artimiausios aplinkos žodynėlis. Abbreviated dictionary for everyday household words, primarily for children.
Klimas, Antanas, Barzdukas, Stasys, eds. *Lietuvių kalbos žodynas.* Children's dictionary for school and home.
Mackevičienė, Nijolė. *Aš esu.* Short bilingual phrases with humorous illustrations for children beginning to read.
Mackevičienė, Nijolė. *Kalbėkime lietuviškai.* Workbook for very young children with large illustrations suitable for coloring; includes numbers, colors, objects at home and school.
Mackevičienė, Nijolė; Račkauskienė, Ramunė; Valiulienė, Gailutė. *Pelenė* or *Cinderella.* Bilingual story beautifully illustrated. Also accompanying cassette in Lithuanian for listening and following the story.
Račkauskienė, Ramunė. *Eglė, žalčių karalienė* or *Eglė, serpent queen.* Old Lithuanian folk tale beautifully illustrated with line-by-line translations.
Scarry, Richard. *Mano žodynas.* Based on Scarry's "The Best Word Book ever". An illustrated dictionary in full color grouped by categories.
Tamulionytė, Danguolė Marija. *Lietuviais norime ir būt.* Hardbound bilingual textbook including grammar, history, geography for children from about 6th grade and up; often used for adult education.

Tamulionytė, Danguolė Marija. *Lietuvių kalbos pratimai*. Workbook for "Lietuviais norime ir būt." To obtain this book write to ESRA/AG Connection Bookstore, 12th and Independence Ave., S.W. Washington, DC 20250. Tel. 212/447-5611.

Krokys, Bronius, producer. *Lietuviais norime ir būt* cassette tapes in conjunctiion with "Lietuviais norime ir būt" — 90 minutes each.

Malėnas, Ignas. *A-ŽŪ*. Color illustrated alphabet, each Lithuanian word is color coded by syllable.

Krokys, Bronius, producer. *Gintarinės šaknys — "Amber roots."*

www.ingramcontent.com/pod-product-compliance
Lightning Source LLC
Chambersburg PA
CBHW022106150426
43195CB00008B/290